T&P BOOKS

HINDI
VOCABULÁRIO

PORTUGUÊS BRASILEIRO

PORTUGUÊS HINDI

Para alargar o seu léxico e apurar
as suas competências linguísticas

9000 palavras

Vocabulário Português Brasileiro-Hindi - 9000 palavras

Por Andrey Taranov

Os vocabulários da T&P Books destinam-se a ajudar a aprender, a memorizar, e a rever palavras estrangeiras. O dicionário é dividido em temas, cobrindo todas as principais esferas de atividades quotidianas, negócios, ciência, cultura, etc.

O processo de aprendizagem, utilizando os dicionários baseados em temáticas da T&P Books dá-lhe as seguintes vantagens:

- Informação de origem corretamente agrupada predetermina o sucesso em fases subsequentes da memorização de palavras
- Disponibilização de palavras derivadas da mesma raiz, o que permite a memorização de unidades de texto (em vez de palavras separadas)
- Pequenas unidades de palavras facilitam o processo de estabelecimento de vínculos associativos necessários para a consolidação do vocabulário
- O nível de conhecimento da língua pode ser estimado pelo número de palavras aprendidas

T&P Books Publishing
www.tpbooks.com

ISBN: 978-1-78767-304-5

Este livro também está disponível em formato E-book.
Por favor visite www.tpbooks.com ou as principais livrarias on-line.

VOCABULÁRIO HINDI
palavras mais úteis

Os vocabulários da T&P Books destinam-se a ajudar a aprender, a memorizar, e a rever palavras estrangeiras. O vocabulário contém mais de 9000 palavras de uso comum organizadas tematicamente.

O vocabulário contém as palavras mais comummente usadas
Recomendado como adicional para qualquer curso de línguas
Satisfaz as necessidades dos iniciados e dos alunos avançados de línguas estrangeiras
Conveniente para o uso diário, sessões de revisão e atividades de auto-teste
Permite avaliar o seu vocabulário

Características especias do vocabulário

• As palavras estão organizadas de acordo com o seu significado, e não por ordem alfabética
• As palavras são apresentadas em três colunas para facilitar os processos de revisão e auto-teste
• As palavras compostas são divididas em pequenos blocos para facilitar o processo de aprendizagem
• O vocabulário oferece uma transcrição simples e adequada de cada palavra estrangeira

O vocabulário contém 256 tópicos incluindo:

Conceitos básicos, Números, Cores, Meses, Estações do ano, Unidades de medida, Roupas & Acessórios, Alimentos & Nutrição, Restaurante, Membros da Família, Parentes, Caráter, Sentimentos, Emoções, Doenças, Cidade, Passeios, Compras, Dinheiro, Casa, Lar, Escritório, Trabalho no Escritório, Importação & Exportação, Marketing, Pesquisa de Emprego, Esportes, Educação, Computador, Internet, Ferramentas, Natureza, Países, Nacionalidades e muito mais ...

TABELA DE CONTEÚDOS

9

GUIA DE PRONUNCIAÇÃO

Letra	Exemplo Hindi	Alfabeto fonético T&P	Exemplo Português
अ	अक्सर	[a]; [ɒ], [ə]	chamar; milagre
आ	आगमन	[aː]	rapaz
इ	इनाम	[i]	sinônimo
ई	ईश्वर	[i], [iː]	sinônimo
उ	उठना	[ʊ]	bonita
ऊ	ऊपर	[uː]	blusa
ऋ	ऋग्वेद	[r, rʲ]	abril
ए	एकता	[eː]	plateia
ऐ	ऐनक	[aj]	baixar
ओ	ओला	[oː]	albatroz
औ	औरत	[au]	produção
अं	अंजीर	[ŋ]	alcançar
अः	अ से अः	[h]	[h] aspirada
ऑ	ऑफिस	[ɒ]	chamar

Consoantes

क	कमरा	[k]	aquilo
ख	खिड़की	[kh]	[k] aspirada
ग	गरज	[g]	gosto
घ	घर	[gh]	[g] aspirada
ङ	डाकू	[ŋ]	alcançar
च	चक्कर	[ʧ]	Tchau!
छ	छात्र	[ʧh]	[tsch] aspirado
ज	जाना	[ʤ]	adjetivo
झ	झलक	[ʤ]	adjetivo
ञ	विज्ञान	[ɲ]	ninhada
ट	मटर	[t]	tulipa
ठ	ठेका	[th]	[t] aspirada
ड	डंडा	[d]	dentista
ढ	ढलान	[d]	dentista
ण	क्षण	[n]	O nasal retroflexo
त	ताकत	[t]	tulipa
थ	थकना	[th]	[t] aspirada
द	दरवाज़ा	[d]	dentista
ध	धोना	[d]	dentista
न	नाई	[n]	natureza

Letra	Exemplo Hindi	Alfabeto fonético T&P	Exemplo Português
प	पिता	[p]	presente
फ	फल	[f]	safári
ब	बच्चा	[b]	barril
भ	भाई	[b]	barril
म	माता	[m]	magnólia
य	याद	[j]	Vietnã
र	रीछ	[r]	riscar
ल	लाल	[l]	libra
व	वचन	[v]	fava
श	शिक्षक	[ʃ]	mês
ष	भाषा	[ʃ]	mês
स	सोना	[s]	sanita
ह	हज़ार	[h]	[h] aspirada

Consoantes adicionais

क़	क़लम	[q]	teckel
ख़	ख़बर	[h]	[h] aspirada
ड़	लड़का	[r]	riscar
ढ़	पढ़ना	[r]	riscar
ग़	ग़लती	[ɣ]	agora
ज़	ज़िन्दगी	[z]	sésamo
झ़	ट्रेझ़र	[ʒ]	talvez
फ़	फ़ौज	[f]	safári

ABREVIATURAS
usadas no vocabulário

Abreviaturas do Português

adj	-	adjetivo
adv	-	advérbio
anim.	-	animado
conj.	-	conjunção
desp.	-	esporte
etc.	-	Etcetera
ex.	-	por exemplo
f	-	nome feminino
f pl	-	feminino plural
fem.	-	feminino
inanim.	-	inanimado
m	-	nome masculino
m pl	-	masculino plural
m, f	-	masculino, feminino
masc.	-	masculino
mat.	-	matemática
mil.	-	militar
pl	-	plural
prep.	-	preposição
pron.	-	pronome
sb.	-	sobre
sing.	-	singular
v aux	-	verbo auxiliar
vi	-	verbo intransitivo
vi, vt	-	verbo intransitivo, transitivo
vr	-	verbo reflexivo
vt	-	verbo transitivo

Abreviaturas do Hindi

f	-	nome feminino
f pl	-	feminino plural
m	-	nome masculino
m pl	-	masculino plural

CONCEITOS BÁSICOS

Conceitos básicos. Parte 1

1. Pronomes

eu	मैं	main
você	तुम	tum
ele, ela	वह	vah
nós	हम	ham
vocês	आप	āp
eles, elas	वे	ve

2. Cumprimentos. Saudações. Despedidas

Oi!	नमस्कार!	namaskār!
Olá!	नमस्ते!	namaste!
Bom dia!	नमस्ते!	namaste!
Boa tarde!	नमस्ते!	namaste!
Boa noite!	नमस्ते!	namaste!
cumprimentar (vt)	नमस्कार कहना	namaskār kahana
Oi!	नमस्कार!	namaskār!
saudação (f)	अभिवादन (m)	abhivādan
saudar (vt)	अभिवादन करना	abhivādan karana
Tudo bem?	आप कैसे हैं?	āp kaise hain?
E aí, novidades?	क्या हाल है?	kya hāl hai?
Tchau! Até logo!	अलविदा!	alavida!
Até breve!	फिर मिलेंगे!	fir milenge!
Adeus! (sing.)	अलिवदा!	alivada!
Adeus! (pl)	अलविदा!	alavida!
despedir-se (dizer adeus)	अलविदा कहना	alavida kahana
Até mais!	अलविदा!	alavida!
Obrigado! -a!	धन्यवाद!	dhanyavād!
Muito obrigado! -a!	बहुत बहुत शुक्रिया!	bahut bahut shukriya!
De nada	कोई बात नहीं	koī bāt nahin
Não tem de quê	कोई बात नहीं	koī bāt nahin
Não foi nada!	कोई बात नहीं	koī bāt nahin
Desculpa!	माफ़ कीजिएगा!	māf kījiega!
Desculpe!	माफ़ी कीजियेगा!	māfī kījiyega!
desculpar (vt)	माफ़ करना	māf karana
desculpar-se (vr)	माफ़ी मांगना	māfī māngana
Me desculpe	मुझे माफ़ कीजिएगा	mujhe māf kījiega

Desculpe!	मुझे माफ़ कीजिएगा!	mujhe māf kījiega!
perdoar (vt)	माफ़ करना	māf karana
por favor	कृप्या	krpya

Não se esqueça!	भूलना नहीं!	bhūlana nahin!
Com certeza!	ज़रूर!	zarūr!
Claro que não!	बिल्कुल नहीं!	bilkul nahin!
Está bem! De acordo!	ठीक है!	thīk hai!
Chega!	बहुत हुआ!	bahut hua!

3. Como se dirigir a alguém

senhor	श्रीमान	shrīmān
senhora	श्रीमती	shrīmatī
senhorita	मैम	maim
jovem	बेटा	beta
menino	बेटा	beta
menina	कुमारी	kumārī

4. Números cardinais. Parte 1

zero	ज़ीरो	zīro
um	एक	ek
dois	दो	do
três	तीन	tīn
quatro	चार	chār

cinco	पाँच	pānch
seis	छह	chhah
sete	सात	sāt
oito	आठ	āth
nove	नौ	nau

dez	दस	das
onze	ग्यारह	gyārah
doze	बारह	bārah
treze	तेरह	terah
catorze	चौदह	chaudah

quinze	पन्द्रह	pandrah
dezesseis	सोलह	solah
dezessete	सत्रह	satrah
dezoito	अठारह	athārah
dezenove	उन्नीस	unnīs

vinte	बीस	bīs
vinte e um	इक्कीस	ikkīs
vinte e dois	बाईस	baīs
vinte e três	तेईस	teīs

trinta	तीस	tīs
trinta e um	इकतीस	ikattīs

| trinta e dois | बत्तीस | battīs |
| trinta e três | तैंतीस | taintīs |

quarenta	चालीस	chālīs
quarenta e um	इकतालीस	iktālīs
quarenta e dois	बयालीस	bayālīs
quarenta e três	तैंतालीस	taintālīs

cinquenta	पचास	pachās
cinquenta e um	इक्यावन	ikyāvan
cinquenta e dois	बावन	bāvan
cinquenta e três	तिरपन	tirapan

sessenta	साठ	sāth
sessenta e um	इकसठ	ikasath
sessenta e dois	बासठ	bāsath
sessenta e três	तिरसठ	tirasath

setenta	सत्तर	sattar
setenta e um	इकहत्तर	ikahattar
setenta e dois	बहत्तर	bahattar
setenta e três	तिहत्तर	tihattar

oitenta	अस्सी	assī
oitenta e um	इक्यासी	ikyāsī
oitenta e dois	बयासी	bayāsī
oitenta e três	तिरासी	tirāsī

noventa	नब्बे	nabbe
noventa e um	इक्यानवे	ikyānave
noventa e dois	बानवे	bānave
noventa e três	तिरानवे	tirānave

5. Números cardinais. Parte 2

cem	सौ	sau
duzentos	दो सौ	do sau
trezentos	तीन सौ	tīn sau
quatrocentos	चार सौ	chār sau
quinhentos	पाँच सौ	pānch sau

seiscentos	छह सौ	chhah sau
setecentos	सात सो	sāt so
oitocentos	आठ सौ	āth sau
novecentos	नौ सौ	nau sau

mil	एक हज़ार	ek hazār
dois mil	दो हज़ार	do hazār
três mil	तीन हज़ार	tīn hazār
dez mil	दस हज़ार	das hazār
cem mil	एक लाख	ek lākh

| um milhão | दस लाख (m) | das lākh |
| um bilhão | अरब (m) | arab |

6. Números ordinais

primeiro (adj)	पहला	pahala
segundo (adj)	दूसरा	dūsara
terceiro (adj)	तीसरा	tīsara
quarto (adj)	चौथा	chautha
quinto (adj)	पाँचवाँ	pānchavān
sexto (adj)	छठा	chhatha
sétimo (adj)	सातवाँ	sātavān
oitavo (adj)	आठवाँ	āthavān
nono (adj)	नौवाँ	nauvān
décimo (adj)	दसवाँ	dasavān

7. Números. Frações

fração (f)	अपूर्णांक (m)	apūrnānk
um meio	आधा	ādha
um terço	एक तीहाई	ek tīhaī
um quarto	एक चौथाई	ek chauthaī
um oitavo	आठवां हिस्सा	āthavān hissa
um décimo	दसवां हिस्सा	dasavān hissa
dois terços	दो तिहाई	do tihaī
três quartos	पौना	pauna

8. Números. Operações básicas

subtração (f)	घटाव (m)	ghatāv
subtrair (vi, vt)	घटाना	ghatāna
divisão (f)	विभाजन (m)	vibhājan
dividir (vt)	विभाजित करना	vibhājit karana
adição (f)	जोड़ (m)	jor
somar (vt)	जोड़ करना	jor karana
adicionar (vt)	जोड़ना	jorana
multiplicação (f)	गुणन (m)	gunan
multiplicar (vt)	गुणा करना	guna karana

9. Números. Diversos

algarismo, dígito (m)	अंक (m)	ank
número (m)	संख्या (f)	sankhya
numeral (m)	संख्यावाचक (m)	sankhyāvāchak
menos (m)	घटाव चिह्न (m)	ghatāv chihn
mais (m)	जोड़ चिह्न (m)	jor chihn
fórmula (f)	फ़ार्मूला (m)	fāramūla
cálculo (m)	गणना (f)	ganana
contar (vt)	गिनना	ginana

| calcular (vt) | गिनती करना | ginatī karana |
| comparar (vt) | तुलना करना | tulana karana |

Quanto, -os, -as?	कितना?	kitana?
soma (f)	कुल (m)	kul
resultado (m)	नतीजा (m)	natīja
resto (m)	शेष (m)	shesh

alguns, algumas ...	कुछ	kuchh
pouco (~ tempo)	थोड़ा ...	thora ...
resto (m)	बाक़ी	bāqī
um e meio	डेढ़	derh
dúzia (f)	दर्जन (m)	darjan

ao meio	दो भागों में	do bhāgon men
em partes iguais	बराबर	barābar
metade (f)	आधा (m)	ādha
vez (f)	बार (m)	bār

10. Os verbos mais importantes. Parte 1

abrir (vt)	खोलना	kholana
acabar, terminar (vt)	ख़त्म करना	khatm karana
aconselhar (vt)	सलाह देना	salāh dena
adivinhar (vt)	अंदाज़ा लगाना	andāza lagāna
advertir (vt)	चेतावनी देना	chetāvanī dena

ajudar (vt)	मदद करना	madad karana
almoçar (vi)	दोपहर का भोजन करना	dopahar ka bhojan karana
alugar (~ um apartamento)	किराए पर लेना	kirae par lena
amar (pessoa)	प्यार करना	pyār karana
ameaçar (vt)	धमकाना	dhamakāna

anotar (escrever)	लिख लेना	likh lena
apressar-se (vr)	जल्दी करना	jaldī karana
arrepender-se (vr)	अफ़सोस जताना	afasos jatāna
assinar (vt)	हस्ताक्षर करना	hastākshar karana
brincar (vi)	मज़ाक करना	mazāk karana

brincar, jogar (vi, vt)	खेलना	khelana
buscar (vt)	तलाश करना	talāsh karana
caçar (vi)	शिकार करना	shikār karana
cair (vi)	गिरना	girana
cavar (vt)	खोदना	khodana
chamar (~ por socorro)	बुलाना	bulāna

chegar (vi)	पहुँचना	pahunchana
chorar (vi)	रोना	rona
começar (vt)	शुरू करना	shurū karana
comparar (vt)	तुलना करना	tulana karana
concordar (dizer "sim")	राज़ी होना	rāzī hona

| confiar (vt) | यकीन करना | yakīn karana |
| confundir (equivocar-se) | गड़बड़ा जाना | garabara jāna |

conhecer (vt)	जानना	jānana
contar (fazer contas)	गिनना	ginana
contar com ...	भरोसा रखना	bharosa rakhana
continuar (vt)	जारी रखना	jārī rakhana

controlar (vt)	नियंत्रित करना	niyantrit karana
convidar (vt)	आमंत्रित करना	āmantrit karana
correr (vi)	दौड़ना	daurana
criar (vt)	बनाना	banāna
custar (vt)	दाम होना	dām hona

11. Os verbos mais importantes. Parte 2

dar (vt)	देना	dena
dar uma dica	इशारा करना	ishāra karana
decorar (enfeitar)	सजाना	sajāna
defender (vt)	रक्षा करना	raksha karana
deixar cair (vt)	गिराना	girāna

descer (para baixo)	उतरना	utarana
desculpar-se (vr)	माफ़ी मांगना	māfī māngana
dirigir (~ uma empresa)	प्रबंधन करना	prabandhan karana
discutir (notícias, etc.)	चर्चा करना	charcha karana

disparar, atirar (vi)	गोली चलाना	golī chalāna
dizer (vt)	कहना	kahana
duvidar (vt)	शक करना	shak karana
encontrar (achar)	ढूंढना	dhūrhana
enganar (vt)	धोखा देना	dhokha dena

entender (vt)	समझना	samajhana
entrar (na sala, etc.)	अंदर आना	andar āna
enviar (uma carta)	भेजना	bhejana
errar (enganar-se)	गलती करना	galatī karana
escolher (vt)	चुनना	chunana

esconder (vt)	छिपाना	chhipāna
escrever (vt)	लिखना	likhana
esperar (aguardar)	इंतज़ार करना	intazār karana
esperar (ter esperança)	आशा करना	āsha karana
esquecer (vt)	भूलना	bhūlana

estudar (vt)	पढ़ाई करना	parhaī karana
exigir (vt)	माँगना	māngana
existir (vi)	होना	hona
explicar (vt)	समझाना	samajhāna

falar (vi)	बोलना	bolana
faltar (a la escuela, etc.)	ग़ैर-हाज़िर होना	gair-hāzir hona
fazer (vt)	करना	karana
ficar em silêncio	चुप रहना	chup rahana
gabar-se (vr)	डींग मारना	dīng mārana
gostar (apreciar)	पसंद करना	pasand karana
gritar (vi)	चिल्लाना	chillāna

guardar (fotos, etc.)	रखना	rakhana
informar (vt)	खबर देना	khabar dena
insistir (vi)	आग्रह करना	āgrah karana
insultar (vt)	अपमान करना	apamān karana
interessar-se (vr)	रुचि लेना	ruchi lena
ir (a pé)	जाना	jāna
ir nadar	तैरना	tairana
jantar (vi)	रात्रिभोज करना	rātribhoj karana

12. Os verbos mais importantes. Parte 3

ler (vt)	पढ़ना	parhana
libertar, liberar (vt)	आज़ाद करना	āzād karana
matar (vt)	मार डालना	mār dālana
mencionar (vt)	उल्लेख करना	ullekh karana
mostrar (vt)	दिखाना	dikhāna
mudar (modificar)	बदलना	badalana
nadar (vi)	तैरना	tairana
negar-se a … (vr)	इन्कार करना	inkār karana
objetar (vt)	एतराज़ करना	etarāz karana
observar (vt)	देखना	dekhana
ordenar (mil.)	हुक्म देना	hukm dena
ouvir (vt)	सुनना	sunana
pagar (vt)	दाम चुकाना	dām chukāna
parar (vi)	रुकना	rukana
parar, cessar (vt)	बंद करना	band karana
participar (vi)	भाग लेना	bhāg lena
pedir (comida, etc.)	ऑर्डर करना	ordar karana
pedir (um favor, etc.)	माँगना	māngana
pegar (tomar)	लेना	lena
pegar (uma bola)	पकड़ना	pakarana
pensar (vi, vt)	सोचना	sochana
perceber (ver)	देखना	dekhana
perdoar (vt)	क्षमा करना	kshama karana
perguntar (vt)	पूछना	pūchhana
permitir (vt)	अनुमति देना	anumati dena
pertencer a … (vi)	स्वामी होना	svāmī hona
planejar (vt)	योजना बनाना	yojana banāna
poder (~ fazer algo)	सकना	sakana
possuir (uma casa, etc.)	मालिक होना	mālik hona
preferir (vt)	तरजीह देना	tarajīh dena
preparar (vt)	खाना बनाना	khāna banāna
prever (vt)	उम्मीद करना	ummīd karana
prometer (vt)	वचन देना	vachan dena
pronunciar (vt)	उच्चारण करना	uchchāran karana
propor (vt)	प्रस्ताव रखना	prastāv rakhana
punir (castigar)	सज़ा देना	saza dena

quebrar (vt)	तोड़ना	torana
queixar-se de ...	शिकायत करना	shikāyat karana
querer (desejar)	चाहना	chāhana

13. Os verbos mais importantes. Parte 4

ralhar, repreender (vt)	डाँटना	dāntana
recomendar (vt)	सिफ़ारिश करना	sifārish karana
repetir (dizer outra vez)	दोहराना	doharāna
reservar (~ um quarto)	बुक करना	buk karana
responder (vt)	जवाब देना	javāb dena

rezar, orar (vi)	दुआ देना	dua dena
rir (vi)	हंसना	hansana
roubar (vt)	चुराना	churāna
saber (vt)	मालूम होना	mālūm hona
sair (~ de casa)	बाहर जाना	bāhar jāna

salvar (resgatar)	बचाना	bachāna
seguir (~ alguém)	पीछे चलना	pīchhe chalana
sentar-se (vr)	बैठना	baithana
ser necessário	आवश्यक होना	āvashyak hona

ser, estar	होना	hona
significar (vt)	अर्थ होना	arth hona
sorrir (vi)	मुस्कुराना	muskurāna
subestimar (vt)	कम मूल्यांकन करना	kam mūlyānkan karana
surpreender-se (vr)	हैरान होना	hairān hona

tentar (~ fazer)	कोशिश करना	koshish karana
ter (vt)	होना	hona
ter fome	भूख लगना	bhūkh lagana

ter medo	डरना	darana
ter sede	प्यास लगना	pyās lagana
tocar (com as mãos)	छूना	chhūna
tomar café da manhã	नाश्ता करना	nāshta karana
trabalhar (vi)	काम करना	kām karana
traduzir (vt)	अनुवाद करना	anuvād karana

unir (vt)	संयुक्त करना	sanyukt karana
vender (vt)	बेचना	bechana
ver (vt)	देखना	dekhana
virar (~ para a direita)	मुड़ जाना	mur jāna
voar (vi)	उड़ना	urana

14. Cores

cor (f)	रंग (m)	rang
tom (m)	रंग (m)	rang
tonalidade (m)	रंग (m)	rang
arco-íris (m)	इन्द्रधनुष (f)	indradhanush

branco (adj)	सफ़ेद	safed
preto (adj)	काला	kāla
cinza (adj)	धूसर	dhūsar

verde (adj)	हरा	hara
amarelo (adj)	पीला	pīla
vermelho (adj)	लाल	lāl

azul (adj)	नीला	nīla
azul claro (adj)	हल्का नीला	halka nīla
rosa (adj)	गुलाबी	gulābī
laranja (adj)	नारंगी	nārangī
violeta (adj)	बैंगनी	bainganī
marrom (adj)	भूरा	bhūra

dourado (adj)	सुनहरा	sunahara
prateado (adj)	चांदी-जैसा	chāndī-jaisa

bege (adj)	हल्का भूरा	halka bhūra
creme (adj)	क्रीम	krīm
turquesa (adj)	फ़ीरोज़ी	fīrozī
vermelho cereja (adj)	चेरी जैसा लाल	cherī jaisa lāl
lilás (adj)	हल्का बैंगनी	halka bainganī
carmim (adj)	गहरा लाल	gahara lāl

claro (adj)	हल्का	halka
escuro (adj)	गहरा	gahara
vivo (adj)	चमकीला	chamakīla

de cor	रंगीन	rangīn
a cores	रंगीन	rangīn
preto e branco (adj)	काला-सफ़ेद	kāla-safed
unicolor (de uma só cor)	एक रंग का	ek rang ka
multicolor (adj)	बहुरंगी	bahurangī

15. Questões

Quem?	कौन?	kaun?
O que?	क्या?	kya?
Onde?	कहाँ?	kahān?
Para onde?	किधर?	kidhar?
De onde?	कहाँ से?	kahān se?
Quando?	कब?	kab?
Para quê?	क्यों?	kyon?
Por quê?	क्यों?	kyon?

Para quê?	किस लिये?	kis liye?
Como?	कैसे?	kaise?
Qual (~ é o problema?)	कौन-सा?	kaun-sa?
Qual (~ deles?)	कौन-सा?	kaun-sa?

A quem?	किसको?	kisako?
De quem?	किसके बारे में?	kisake bāre men?
Do quê?	किसके बारे में?	kisake bāre men?

Com quem?	किसके?	kisake?
Quanto, -os, -as?	कितना?	kitana?
De quem? (masc.)	किसका?	kisaka?

16. Preposições

com (prep.)	के साथ	ke sāth
sem (prep.)	के बिना	ke bina
a, para (exprime lugar)	की तरफ़	kī taraf
sobre (ex. falar ~)	के बारे में	ke bāre men
antes de ...	के पहले	ke pahale
em frente de ...	के सामने	ke sāmane

debaixo de ...	के नीचे	ke nīche
sobre (em cima de)	के ऊपर	ke ūpar
em ..., sobre ...	पर	par
de, do (sou ~ Rio de Janeiro)	से	se
de (feito ~ pedra)	से	se

| em (~ 3 dias) | में | men |
| por cima de ... | के ऊपर चढ़कर | ke ūpar charhakar |

17. Palavras funcionais. Advérbios. Parte 1

Onde?	कहाँ?	kahān?
aqui	यहाँ	yahān
lá, ali	वहां	vahān

| em algum lugar | कहीं | kahīn |
| em lugar nenhum | कहीं नहीं | kahīn nahin |

| perto de ... | के पास | ke pās |
| perto da janela | खिड़की के पास | khirakī ke pās |

Para onde?	किधर?	kidhar?
aqui	इधर	idhar
para lá	उधर	udhar
daqui	यहां से	yahān se
de lá, dali	वहां से	vahān se

| perto | पास | pās |
| longe | दूर | dūr |

perto de ...	निकट	nikat
à mão, perto	पास	pās
não fica longe	दूर नहीं	dūr nahin

esquerdo (adj)	बायाँ	bāyān
à esquerda	बायीं तरफ़	bāyīn taraf
para a esquerda	बायीं तरफ़	bāyīn taraf
direito (adj)	दायां	dāyān
à direita	दायीं तरफ़	dāyīn taraf

para a direita	दायीं तरफ़	dāyīn taraf
em frente	सामने	sāmane
da frente	सामने का	sāmane ka
adiante (para a frente)	आगे	āge
atrás de ...	पीछे	pīchhe
de trás	पीछे से	pīchhe se
para trás	पीछे	pīchhe
meio (m), metade (f)	बीच (m)	bīch
no meio	बीच में	bīch men
do lado	कोने में	kone men
em todo lugar	सभी	sabhī
por todos os lados	आस-पास	ās-pās
de dentro	अंदर से	andar se
para algum lugar	कहीं	kahīn
diretamente	सीधे	sīdhe
de volta	वापस	vāpas
de algum lugar	कहीं से भी	kahīn se bhī
de algum lugar	कहीं से	kahīn se
em primeiro lugar	पहले	pahale
em segundo lugar	दूसरा	dūsara
em terceiro lugar	तीसरा	tīsara
de repente	अचानक	achānak
no início	शुरू में	shurū men
pela primeira vez	पहली बार	pahalī bār
muito antes de ...	बहुत समय पहले ...	bahut samay pahale ...
de novo	नई शुरुआत	naī shurūāt
para sempre	हमेशा के लिए	hamesha ke lie
nunca	कभी नहीं	kabhī nahin
de novo	फिर से	fir se
agora	अब	ab
frequentemente	अकसर	akasar
então	तब	tab
urgentemente	तत्काल	tatkāl
normalmente	आमतौर पर	āmataur par
a propósito, ...	प्रसंगवश	prasangavash
é possível	मुमकिन	mumakin
provavelmente	संभव	sambhav
talvez	शायद	shāyad
além disso, ...	इस के अलावा	is ke alāva
por isso ...	इस लिए	is lie
apesar de ...	फिर भी ...	fir bhī ...
graças a ...	... की मेहरबानी से	... kī meharabānī se
que (pron.)	क्या	kya
que (conj.)	कि	ki
algo	कुछ	kuchh
alguma coisa	कुछ भी	kuchh bhī

nada	कुछ नहीं	kuchh nahin
quem	कौन	kaun
alguém (~ que …)	कोई	koī
alguém (com ~)	कोई	koī

ninguém	कोई नहीं	koī nahin
para lugar nenhum	कहीं नहीं	kahīn nahin
de ninguém	किसी का नहीं	kisī ka nahin
de alguém	किसी का	kisī ka

tão	कितना	kitana
também (gostaria ~ de …)	भी	bhī
também (~ eu)	भी	bhī

18. Palavras funcionais. Advérbios. Parte 2

Por quê?	क्यों?	kyon?
por alguma razão	किसी कारणवश	kisī kāranavash
porque …	क्यों कि …	kyon ki …
por qualquer razão	किसी वजह से	kisī vajah se

e (tu ~ eu)	और	aur
ou (ser ~ não ser)	या	ya
mas (porém)	लेकिन	lekin
para (~ a minha mãe)	के लिए	ke lie

muito, demais	ज़्यादा	zyāda
só, somente	सिर्फ़	sirf
exatamente	ठीक	thīk
cerca de (~ 10 kg)	करीब	karīb

aproximadamente	लगभग	lagabhag
aproximado (adj)	अनुमानित	anumānit
quase	करीब	karīb
resto (m)	बाक़ी	bāqī

cada (adj)	हर एक	har ek
qualquer (adj)	कोई	koī
muito, muitos, muitas	बहुत	bahut
muitas pessoas	बहुत लोग	bahut log
todos	सभी	sabhī

em troca de …	… के बदले में	… ke badale men
em troca	की जगह	kī jagah
à mão	हाथ से	hāth se
pouco provável	शायद ही	shāyad hī

provavelmente	शायद	shāyad
de propósito	जानबूझकर	jānabūjhakar
por acidente	संयोगवश	sanyogavash

muito	बहुत	bahut
por exemplo	उदाहरण के लिए	udāharan ke lie
entre	के बीच	ke bīch

entre (no meio de)	में	men
tanto	इतना	itana
especialmente	ख़ासतौर पर	khāsataur par

Conceitos básicos. Parte 2

19. Opostos

rico (adj)	अमीर	amīr
pobre (adj)	ग़रीब	garīb
doente (adj)	बीमार	bīmār
bem (adj)	तंदरुस्त	tandarūst
grande (adj)	बड़ा	bara
pequeno (adj)	छोटा	chhota
rapidamente	जल्दी से	jaldī se
lentamente	धीरे	dhīre
rápido (adj)	तेज़	tez
lento (adj)	धीमा	dhīma
alegre (adj)	हँसमुख	hansamukh
triste (adj)	उदास	udās
juntos (ir ~)	साथ-साथ	sāth-sāth
separadamente	अलग-अलग	alag-alag
em voz alta (ler ~)	बोलकर	bolakar
para si (em silêncio)	मन ही मन	man hī man
alto (adj)	लंबा	lamba
baixo (adj)	नीचा	nīcha
profundo (adj)	गहरा	gahara
raso (adj)	छिछला	chhichhala
sim	हाँ	hān
não	नहीं	nahin
distante (adj)	दूर	dūr
próximo (adj)	निकट	nikat
longe	दूर	dūr
à mão, perto	पास	pās
longo (adj)	लंबा	lamba
curto (adj)	छोटा	chhota
bom (bondoso)	नेक	nek
mal (adj)	दुष्ट	dusht
casado (adj)	शादीशुदा	shādīshuda

solteiro (adj)	अविवाहित	avivāhit
proibir (vt)	प्रतिबंधित करना	pratibandhit karana
permitir (vt)	अनुमति देना	anumati dena
fim (m)	अंत (m)	ant
início (m)	शुरू (m)	shurū
esquerdo (adj)	बायाँ	bāyān
direito (adj)	दायां	dāyān
primeiro (adj)	पहला	pahala
último (adj)	आखिरी	ākhirī
crime (m)	जुर्म (m)	jurm
castigo (m)	सज़ा (f)	saza
ordenar (vt)	हुक्म देना	hukm dena
obedecer (vt)	मानना	mānana
reto (adj)	सीधा	sīdha
curvo (adj)	टेढ़ा	terha
paraíso (m)	जन्नत (m)	jannat
inferno (m)	नरक (m)	narak
nascer (vi)	जन्म होना	janm hona
morrer (vi)	मरना	marana
forte (adj)	शक्तिशाली	shaktishālī
fraco, débil (adj)	कमज़ोर	kamazor
velho, idoso (adj)	बूढ़ा	būrha
jovem (adj)	जवान	javān
velho (adj)	पुराना	purāna
novo (adj)	नया	naya
duro (adj)	कठोर	kathor
macio (adj)	नरम	naram
quente (adj)	गरम	garam
frio (adj)	ठंडा	thanda
gordo (adj)	मोटा	mota
magro (adj)	दुबला	dubala
estreito (adj)	तंग	tang
largo (adj)	चौड़ा	chaura
bom (adj)	अच्छा	achchha
mau (adj)	बुरा	bura
valente, corajoso (adj)	बहादुर	bahādur
covarde (adj)	कायर	kāyar

20. Dias da semana

segunda-feira (f)	सोमवार (m)	somavār
terça-feira (f)	मंगलवार (m)	mangalavār
quarta-feira (f)	बुधवार (m)	budhavār
quinta-feira (f)	गुरूवार (m)	gurūvār
sexta-feira (f)	शुक्रवार (m)	shukravār
sábado (m)	शनिवार (m)	shanivār
domingo (m)	रविवार (m)	ravivār

hoje	आज	āj
amanhã	कल	kal
depois de amanhã	परसों	parason
ontem	कल	kal
anteontem	परसों	parason

dia (m)	दिन (m)	din
dia (m) de trabalho	कार्यदिवस (m)	kāryadivas
feriado (m)	सार्वजनिक छुट्टी (f)	sārvajanik chhuttī
dia (m) de folga	छुट्टी का दिन (m)	chhuttī ka din
fim (m) de semana	सप्ताहांत (m)	saptāhānt

o dia todo	सारा दिन	sāra din
no dia seguinte	अगला दिन	agala din
há dois dias	दो दिन पहले	do din pahale
na véspera	एक दिन पहले	ek din pahale
diário (adj)	दैनिक	dainik
todos os dias	हर दिन	har din

semana (f)	हफ़्ता (f)	hafata
na semana passada	पिछले हफ़्ते	pichhale hafate
semana que vem	अगले हफ़्ते	agale hafate
semanal (adj)	साप्ताहिक	saptāhik
toda semana	हर हफ़्ते	har hafate
duas vezes por semana	हफ़्ते में दो बार	hafate men do bār
toda terça-feira	हर मंगलवार को	har mangalavār ko

21. Horas. Dia e noite

manhã (f)	सुबह (m)	subah
de manhã	सुबह में	subah men
meio-dia (m)	दोपहर (m)	dopahar
à tarde	दोपहर में	dopahar men

tardinha (f)	शाम (m)	shām
à tardinha	शाम में	shām men
noite (f)	रात (f)	rāt
à noite	रात में	rāt men
meia-noite (f)	आधी रात (f)	ādhī rāt

segundo (m)	सेकन्ड (m)	sekand
minuto (m)	मिनट (m)	minat
hora (f)	घंटा (m)	ghanta

meia hora (f)	आधा घंटा	ādha ghanta
quarto (m) de hora	सवा	sava
quinze minutos	पंद्रह मीनट	pandrah mīnat
vinte e quatro horas	24 घंटे (m)	chaubīs ghante

nascer (m) do sol	सूर्योदय (m)	sūryoday
amanhecer (m)	सूर्योदय (m)	sūryoday
madrugada (f)	प्रातःकाल (m)	prātahkāl
pôr-do-sol (m)	सूर्यास्त (m)	sūryāst

de madrugada	सुबह-सवेरे	subah-savere
esta manhã	इस सुबह	is subah
amanhã de manhã	कल सुबह	kal subah

esta tarde	आज शाम	āj shām
à tarde	दोपहर में	dopahar men
amanhã à tarde	कल दोपहर	kal dopahar

| esta noite, hoje à noite | आज शाम | āj shām |
| amanhã à noite | कल रात | kal rāt |

às três horas em ponto	ठीक तीन बजे में	thīk tīn baje men
por volta das quatro	लगभग चार बजे	lagabhag chār baje
às doze	बारह बजे तक	bārah baje tak

em vinte minutos	बीस मीनट में	bīs mīnat men
em uma hora	एक घंटे में	ek ghante men
a tempo	ठीक समय पर	thīk samay par

... um quarto para	पौने ... बजे	paune ... baje
dentro de uma hora	एक घंटे के अंदर	ek ghante ke andar
a cada quinze minutos	हर पंद्रह मीनट	har pandrah mīnat
as vinte e quatro horas	दिन-रात (m pl)	din-rāt

22. Meses. Estações

janeiro (m)	जनवरी (m)	janavarī
fevereiro (m)	फ़रवरी (m)	faravarī
março (m)	मार्च (m)	mārch
abril (m)	अप्रैल (m)	aprail
maio (m)	माई (m)	maī
junho (m)	जून (m)	jūn

julho (m)	जुलाई (m)	julaī
agosto (m)	अगस्त (m)	agast
setembro (m)	सितम्बर (m)	sitambar
outubro (m)	अक्तूबर (m)	aktūbar
novembro (m)	नवम्बर (m)	navambar
dezembro (m)	दिसम्बर (m)	disambar

primavera (f)	वसन्त (m)	vasant
na primavera	वसन्त में	vasant men
primaveril (adj)	वसन्त	vasant
verão (m)	गरमी (f)	garamī

| no verão | गरमियों में | garamiyon men |
| de verão | गरमी | garamī |

outono (m)	शरद (m)	sharad
no outono	शरद में	sharad men
outonal (adj)	शरद	sharad

inverno (m)	सर्दी (f)	sardī
no inverno	सर्दियों में	sardiyon men
de inverno	सर्दी	sardī
mês (m)	महीना (m)	mahīna
este mês	इस महीने	is mahīne
mês que vem	अगले महीने	agale mahīne
no mês passado	पिछले महीने	pichhale mahīne

um mês atrás	एक महीने पहले	ek mahīne pahale
em um mês	एक महीने में	ek mahīne men
em dois meses	दो महीने में	do mahīne men
todo o mês	पूरे महीने	pūre mahīne
um mês inteiro	पूरे महीने	pūre mahīne

mensal (adj)	मासिक	māsik
mensalmente	हर महीने	har mahīne
todo mês	हर महीने	har mahīne
duas vezes por mês	महीने में दो बार	mahine men do bār

ano (m)	वर्ष (m)	varsh
este ano	इस साल	is sāl
ano que vem	अगले साल	agale sāl
no ano passado	पिछले साल	pichhale sāl
há um ano	एक साल पहले	ek sāl pahale
em um ano	एक साल में	ek sāl men
dentro de dois anos	दो साल में	do sāl men
todo o ano	पूरा साल	pūra sāl
um ano inteiro	पूरा साल	pūra sāl

cada ano	हर साल	har sāl
anual (adj)	वार्षिक	vārshik
anualmente	वार्षिक	vārshik
quatro vezes por ano	साल में चार बार	sāl men chār bār

data (~ de hoje)	तारीख़ (f)	tārīkh
data (ex. ~ de nascimento)	तारीख़ (f)	tārīkh
calendário (m)	कैलेन्डर (m)	kailendar

meio ano	आधे वर्ष (m)	ādhe varsh
seis meses	छमाही (f)	chhamāhī
estação (f)	मौसम (m)	mausam
século (m)	शताब्दी (f)	shatābadī

23. Tempo. Diversos

| tempo (m) | वक्त (m) | vakt |
| momento (m) | क्षण (m) | kshan |

instante (m)	क्षण (m)	kshan
instantâneo (adj)	तुरंत	turant
lapso (m) de tempo	बीता (m)	bīta
vida (f)	जीवन (m)	jīvan
eternidade (f)	शाश्वतता (f)	shāshvatata

época (f)	युग (f)	yug
era (f)	सम्वत् (f)	samvat
ciclo (m)	काल (m)	kāl
período (m)	काल (m)	kāl
prazo (m)	समय (m)	samay

futuro (m)	भविष्य (m)	bhavishy
futuro (adj)	आगामी	āgāmī
da próxima vez	अगली बार	agalī bār
passado (m)	भूतकाल (m)	bhūtakāl
passado (adj)	पिछला	pichhala
na última vez	पिछली बार	pichhalī bār
mais tarde	बाद में	bād men
depois de ...	के बाद	ke bād
atualmente	आजकल	ājakāl
agora	अभी	abhī
imediatamente	तुरंत	turant
em breve	थोड़ी ही देर में	thorī hī der men
de antemão	पहले से	pahale se

há muito tempo	बहुत समय पहले	bahut samay pahale
recentemente	हाल ही में	hāl hī men
destino (m)	भाग्य (f)	bhāgy
recordações (f pl)	यादगार (f)	yādagār
arquivo (m)	पुरालेखागार (m)	purālekhāgār
durante ...	... के दौरान	... ke daurān
durante muito tempo	ज्यादा समय	zyāda samay
pouco tempo	ज्यादा समय नहीं	zyāda samay nahin
cedo (levantar-se ~)	जल्दी	jaldī
tarde (deitar-se ~)	देर	der

para sempre	सदा के लिए	sada ke lie
começar (vt)	शुरू करना	shurū karana
adiar (vt)	स्थगित करना	sthagit karana

ao mesmo tempo	एक ही समय पर	ek hī samay par
permanentemente	स्थायी रूप से	sthāyī rūp se
constante (~ ruído, etc.)	लगातार	lagātār
temporário (adj)	अस्थायी रूप से	asthāyī rūp se

às vezes	कभी-कभी	kabhī-kabhī
raras vezes, raramente	शायद ही	shāyad hī
frequentemente	अक्सर	aksar

24. Linhas e formas

quadrado (m)	चतुष्कोण (m)	chatushkon
quadrado (adj)	चौकोना	chaukona

círculo (m)	घेरा (m)	ghera
redondo (adj)	गोलाकार	golākār
triângulo (m)	त्रिकोण (m)	trikon
triangular (adj)	त्रिकोना	trikona

oval (f)	ओवल (m)	oval
oval (adj)	ओवल	oval
retângulo (m)	आयत (m)	āyat
retangular (adj)	आयताकार	āyatākār

pirâmide (f)	शुंडाकार स्तंभ (m)	shundākār stambh
losango (m)	रोम्बस (m)	rombas
trapézio (m)	विषम चतुर्भुज (m)	visham chaturbhuj
cubo (m)	घनक्षेत्र (m)	ghanakshetr
prisma (m)	क्रकच आयत (m)	krakach āyat

circunferência (f)	परिधि (f)	paridhi
esfera (f)	गोला (m)	gola
globo (m)	गोला (m)	gola
diâmetro (m)	व्यास (m)	vyās
raio (m)	व्यासार्ध (m)	vyāsārdh
perímetro (m)	परिणिति (f)	pariniti
centro (m)	केन्द्र (m)	kendr

horizontal (adj)	क्षैतिज	kshaitij
vertical (adj)	ऊर्ध्व	ūrdhv
paralela (f)	समांतर-रेखा (f)	samāntar-rekha
paralelo (adj)	समानान्तर	samānāntar

linha (f)	रेखा (f)	rekha
traço (m)	लकीर (f)	lakīr
reta (f)	सीधी रेखा (f)	sīdhī rekha
curva (f)	टेढ़ी रेखा (f)	terhī rekha
fino (linha ~a)	पतली	patalī
contorno (m)	परिरेखा (f)	parirekha

interseção (f)	प्रतिच्छेदन (f)	pratichchhedan
ângulo (m) reto	समकोण (m)	samakon
segmento (m)	खंड (m)	khand
setor (m)	क्षेत्र (m)	kshetr
lado (de um triângulo, etc.)	साइड (m)	said
ângulo (m)	कोण (m)	kon

25. Unidades de medida

peso (m)	वज़न (m)	vazan
comprimento (m)	लम्बाई (f)	lambaī
largura (f)	चौड़ाई (f)	chauraī
altura (f)	ऊंचाई (f)	ūnchaī
profundidade (f)	गहराई (f)	gaharaī
volume (m)	घनत्व (f)	ghanatv
área (f)	क्षेत्रफल (m)	kshetrafal
grama (m)	ग्राम (m)	grām
miligrama (m)	मिलीग्राम (m)	milīgrām

quilograma (m)	किलोग्राम (m)	kilogrām
tonelada (f)	टन (m)	tan
libra (453,6 gramas)	पौण्ड (m)	paund
onça (f)	औन्स (m)	auns

metro (m)	मीटर (m)	mītar
milímetro (m)	मिलीमीटर (m)	milīmītar
centímetro (m)	सेंटीमीटर (m)	sentīmītar
quilômetro (m)	किलोमीटर (m)	kilomītar
milha (f)	मील (m)	mīl

polegada (f)	इंच (m)	inch
pé (304,74 mm)	फुट (m)	fut
jarda (914,383 mm)	गज (m)	gaj

| metro (m) quadrado | वर्ग मीटर (m) | varg mītar |
| hectare (m) | हेक्टेयर (m) | hekteyar |

litro (m)	लीटर (m)	lītar
grau (m)	डिग्री (m)	digrī
volt (m)	वोल्ट (m)	volt
ampère (m)	ऐम्पेयर (m)	aimpeyar
cavalo (m) de potência	अश्व शक्ति (f)	ashv shakti

quantidade (f)	मात्रा (f)	mātra
um pouco de ...	कुछ ...	kuchh ...
metade (f)	आधा (m)	ādha
dúzia (f)	दर्जन (m)	darjan
peça (f)	टुकड़ा (m)	tukara

| tamanho (m), dimensão (f) | माप (m) | māp |
| escala (f) | पैमाना (m) | paimāna |

mínimo (adj)	न्यूनतम	nyūnatam
menor, mais pequeno	सब से छोटा	sab se chhota
médio (adj)	मध्य	madhy
máximo (adj)	अधिकतम	adhikatam
maior, mais grande	सबसे बड़ा	sabase bara

26. Recipientes

pote (m) de vidro	शीशी (f)	shīshī
lata (~ de cerveja)	डिब्बा (m)	dibba
balde (m)	बाल्टी (f)	bālṭī
barril (m)	पीपा (m)	pīpa

bacia (~ de plástico)	चिलमची (f)	chilamachī
tanque (m)	कुण्ड (m)	kund
cantil (m) de bolso	फ्लास्क (m)	flāsk
galão (m) de gasolina	जेरिकैन (m)	jerikain
cisterna (f)	टंकी (f)	tankī

| caneca (f) | मग (m) | mag |
| xícara (f) | प्याली (f) | pyālī |

pires (m)	सॉसर (m)	sosar
copo (m)	गिलास (m)	gilās
taça (f) de vinho	वाइन गिलास (m)	vain gilās
panela (f)	सॉसपैन (m)	sosapain

| garrafa (f) | बोतल (f) | botal |
| gargalo (m) | गला (m) | gala |

jarra (f)	जग (m)	jag
jarro (m)	सुराही (f)	surāhī
recipiente (m)	बरतन (m)	baratan
pote (m)	घड़ा (m)	ghara
vaso (m)	फूलदान (m)	fūladān

frasco (~ de perfume)	शीशी (f)	shīshī
frasquinho (m)	शीशी (f)	shīshī
tubo (m)	ट्यूब (m)	tyūb

saco (ex. ~ de açúcar)	थैला (m)	thaila
sacola (~ plastica)	थैली (f)	thailī
maço (de cigarros, etc.)	पैकेट (f)	paiket

caixa (~ de sapatos, etc.)	डिब्बा (m)	dibba
caixote (~ de madeira)	डिब्बा (m)	dibba
cesto (m)	टोकरी (f)	tokarī

27. Materiais

material (m)	सामग्री (f)	sāmagrī
madeira (f)	लकड़ी (f)	lakarī
de madeira	लकड़ी का बना	lakarī ka bana

| vidro (m) | कांच (f) | kānch |
| de vidro | कांच का | kānch ka |

| pedra (f) | पत्थर (m) | patthar |
| de pedra | पत्थर का | patthar ka |

| plástico (m) | प्लास्टिक (m) | plāstik |
| plástico (adj) | प्लास्टिक का | plāstik ka |

| borracha (f) | रबड़ (f) | rabar |
| de borracha | रबड़ का | rabar ka |

| tecido, pano (m) | कपड़ा (m) | kapara |
| de tecido | कपड़े का | kapare ka |

| papel (m) | कागज़ (m) | kāgaz |
| de papel | कागज़ का | kāgaz ka |

papelão (m)	दफ़्ती (f)	dafatī
de papelão	दफ़्ती का	dafatī ka
polietileno (m)	पॉलीएथीलीन (m)	polīethīlīn
celofane (m)	सेल्लोफ़ेन (m)	sellofen

madeira (f) compensada	प्लाईवुड (m)	plaīvud
porcelana (f)	चीनी मिट्टी (f)	chīnī mittī
de porcelana	चीनी मिट्टी का	chīnī mittī ka
argila (f), barro (m)	मिट्टी (f)	mittī
de barro	मिट्टी का	mittī ka
cerâmica (f)	चीनी मिट्टी (f)	chīnī mittī
de cerâmica	चीनी मिट्टी का	chīnī mittī ka

28. Metais

metal (m)	धातु (m)	dhātu
metálico (adj)	धात्वीय	dhātvīy
liga (f)	मिश्रधातु (m)	mishradhātu
ouro (m)	सोना (m)	sona
de ouro	सोना	sona
prata (f)	चाँदी (f)	chāndī
de prata	चाँदी का	chāndī ka
ferro (m)	लोहा (m)	loha
de ferro	लोहे का बना	lohe ka bana
aço (m)	इस्पात (f)	ispāt
de aço (adj)	इस्पात का	ispāt ka
cobre (m)	तांबा (f)	tānba
de cobre	तांबे का	tānbe ka
alumínio (m)	अल्युमीनियम (m)	alyumīniyam
de alumínio	अलुमीनियम का बना	alumīniyam ka bana
bronze (m)	कांसा (f)	kānsa
de bronze	कांसे का	kānse ka
latão (m)	पीतल (f)	pītal
níquel (m)	निकल (m)	nikal
platina (f)	प्लैटिनम (m)	plaitinam
mercúrio (m)	पारा (f)	pāra
estanho (m)	टिन (m)	tin
chumbo (m)	सीसा (f)	sīsa
zinco (m)	जस्ता (m)	jasta

O SER HUMANO

O ser humano. O corpo

29. Humanos. Conceitos básicos

ser (m) humano	मुनष्य (m)	munashy
homem (m)	आदमी (m)	ādamī
mulher (f)	औरत (f)	aurat
criança (f)	बच्चा (m)	bachcha
menina (f)	लड़की (f)	larakī
menino (m)	लड़का (m)	laraka
adolescente (m)	किशोर (m)	kishor
velho (m)	बूढ़ा (m)	būrha
velha (f)	बूढ़िया (f)	būrhiya

30. Anatomia humana

organismo (m)	शरीर (m)	sharīr
coração (m)	दिल (m)	dil
sangue (m)	खून (f)	khūn
artéria (f)	धमनी (f)	dhamanī
veia (f)	नस (f)	nas
cérebro (m)	मास्तिष्क (m)	māstishk
nervo (m)	नस (f)	nas
nervos (m pl)	नसें (f)	nasen
vértebra (f)	कशेरुका (m)	kasheruka
coluna (f) vertebral	रीढ़ की हड्डी	rīrh kī haddī
estômago (m)	पेट (m)	pet
intestinos (m pl)	आँतें (f)	ānten
intestino (m)	आँत (f)	ānt
fígado (m)	जिगर (f)	jigar
rim (m)	गुर्दा (f)	gurda
osso (m)	हड्डी (f)	haddī
esqueleto (m)	कंकाल (m)	kankāl
costela (f)	पसली (f)	pasalī
crânio (m)	खोपड़ी (f)	khoparī
músculo (m)	मांसपेशी (f)	mānsapeshī
bíceps (m)	बाइसेप्स (m)	baiseps
tríceps (m)	ट्राईसेप्स (m)	traīseps
tendão (m)	कंडरा (m)	kandara
articulação (f)	जोड़ (m)	jor

pulmões (m pl)	फेफड़े (m pl)	fefare
órgãos (m pl) genitais	गुसांग (m)	guptāng
pele (f)	त्वचा (f)	tvacha

31. Cabeça

cabeça (f)	सिर (m)	sir
rosto, cara (f)	चेहरा (m)	chehara
nariz (m)	नाक (f)	nāk
boca (f)	मुँह (m)	munh

olho (m)	आँख (f)	ānkh
olhos (m pl)	आँखें (f)	ānkhen
pupila (f)	आँख की पुतली (f)	ānkh kī putalī
sobrancelha (f)	भौंह (f)	bhaunh
cílio (f)	बरौनी (f)	baraunī
pálpebra (f)	पलक (m)	palak

língua (f)	जीभ (m)	jībh
dente (m)	दाँत (f)	dānt
lábios (m pl)	होंठ (m)	honth
maçãs (f pl) do rosto	गाल की हड्डी (f)	gāl kī haddī
gengiva (f)	मसूड़ा (m)	masūra
palato (m)	तालु (m)	tālu

narinas (f pl)	नथने (m pl)	nathane
queixo (m)	ठोड़ी (f)	thorī
mandíbula (f)	जबड़ा (m)	jabara
bochecha (f)	गाल (m)	gāl

testa (f)	माथा (m)	mātha
têmpora (f)	कनपट्टी (f)	kanapattī
orelha (f)	कान (m)	kān
costas (f pl) da cabeça	सिर का पिछला हिस्सा (m)	sir ka pichhala hissa
pescoço (m)	गरदन (m)	garadan
garganta (f)	गला (m)	gala

cabelo (m)	बाल (m pl)	bāl
penteado (m)	हेयरस्टाइल (m)	heyarastail
corte (m) de cabelo	हेयरकट (m)	heyarakat
peruca (f)	नकली बाल (m)	nakalī bāl

bigode (m)	मूँछें (f pl)	mūnchhen
barba (f)	दाढ़ी (f)	dārhī
ter (~ barba, etc.)	होना	hona
trança (f)	चोटी (f)	chotī
suíças (f pl)	गलमुच्छा (m)	galamuchchha

ruivo (adj)	लाल बाल	lāl bāl
grisalho (adj)	सफ़ेद बाल	safed bāl
careca (adj)	गंजा	ganja
calva (f)	गंजाई (f)	ganjaī
rabo-de-cavalo (m)	पोनी-टेल (f)	ponī-tel
franja (f)	बेंग (m)	beng

32. Corpo humano

mão (f)	हाथ (m)	hāth
braço (m)	बाँह (m)	bānh
dedo (m)	उँगली (m)	ungalī
polegar (m)	अँगूठा (m)	angūtha
dedo (m) mindinho	छोटी उंगली (f)	chhotī ungalī
unha (f)	नाखून (m)	nākhūn
punho (m)	मुट्ठी (m)	mutthī
palma (f)	हथेली (f)	hathelī
pulso (m)	कलाई (f)	kalaī
antebraço (m)	प्रकोष्ठ (m)	prakoshth
cotovelo (m)	कोहनी (f)	kohanī
ombro (m)	कंधा (m)	kandha
perna (f)	टाँग (f)	tāng
pé (m)	पैर का तलवा (m)	pair ka talava
joelho (m)	घुटना (m)	ghutana
panturrilha (f)	पिंडली (f)	pindalī
quadril (m)	जाँघ (f)	jāngh
calcanhar (m)	एड़ी (f)	erī
corpo (m)	शरीर (m)	sharīr
barriga (f), ventre (m)	पेट (m)	pet
peito (m)	सीना (m)	sīna
seio (m)	स्तन (f)	stan
lado (m)	कूल्हा (m)	kūlha
costas (dorso)	पीठ (f)	pīth
região (f) lombar	पीठ का निचला हिस्सा (m)	pīth ka nichala hissa
cintura (f)	कमर (f)	kamar
umbigo (m)	नाभी (f)	nābhī
nádegas (f pl)	नितंब (m pl)	nitamb
traseiro (m)	नितम्ब (m)	nitamb
sinal (m), pinta (f)	सौंदर्य चिन्ह (f)	saundary chinh
sinal (m) de nascença	जन्म चिह्न (m)	janm chihn
tatuagem (f)	टैटू (m)	taitū
cicatriz (f)	घाव का निशान (m)	ghāv ka nishān

Vestuário & Acessórios

33. Roupa exterior. Casacos

roupa (f)	कपड़े (m)	kapare
roupa (f) exterior	बाहरी पोशाक (m)	bāharī poshāk
roupa (f) de inverno	सर्दियों की पोशक (f)	sardiyon kī poshak
sobretudo (m)	ओवरकोट (m)	ovarakot
casaco (m) de pele	फरकोट (m)	farakot
jaqueta (f) de pele	फ़र की जैकेट (f)	far kī jaiket
casaco (m) acolchoado	फ़ेदर कोट (m)	fedar kot
casaco (m), jaqueta (f)	जैकेट (f)	jaiket
impermeável (m)	बरसाती (f)	barasātī
a prova d'água	जलरोधक	jalarodhak

34. Vestuário de homem & mulher

camisa (f)	कमीज़ (f)	kamīz
calça (f)	पैंट (m)	paint
jeans (m)	जीन्स (m)	jīns
paletó, terno (m)	कोट (m)	kot
terno (m)	सूट (m)	sūt
vestido (ex. ~ de noiva)	फ़्रॉक (f)	frok
saia (f)	स्कर्ट (f)	skart
blusa (f)	ब्लाउज़ (f)	blauz
casaco (m) de malha	कार्डिगन (f)	kārdigan
casaco, blazer (m)	जैकेट (f)	jaiket
camiseta (f)	टी-शर्ट (f)	tī-shart
short (m)	शोर्ट्स (m pl)	shorts
training (m)	ट्रैक सूट (m)	traik sūt
roupão (m) de banho	बाथ रोब (m)	bāth rob
pijama (m)	पजामा (m)	pajāma
suéter (m)	सूटर (m)	sūtar
pulôver (m)	पुलोवर (m)	pulovar
colete (m)	बण्डी (m)	bandī
fraque (m)	टेल-कोट (m)	tel-kot
smoking (m)	डिनर-जैकेट (f)	dinar-jaiket
uniforme (m)	वर्दी (f)	vardī
roupa (f) de trabalho	वर्दी (f)	vardī
macacão (m)	ओवरऑल्स (m)	ovarols
jaleco (m), bata (f)	कोट (m)	kot

35. Vestuário. Roupa interior

roupa (f) íntima	अंगवस्त्र (m)	angavastr
camiseta (f)	बनियान (f)	baniyān
meias (f pl)	मोज़े (m pl)	moze
camisola (f)	नाइट गाउन (m)	nait gaun
sutiã (m)	ब्रा (f)	bra
meias longas (f pl)	घुटनों तक के मोज़े (m)	ghutanon tak ke moze
meias-calças (f pl)	टाइट्स (m pl)	taits
meias (~ de nylon)	स्टॉकिंग (m pl)	stāking
maiô (m)	स्विम सूट (m)	svim sūt

36. Adereços de cabeça

chapéu (m), touca (f)	टोपी (f)	topī
chapéu (m) de feltro	हैट (f)	hait
boné (m) de beisebol	बैस्बॉल कैप (f)	baisbol kaip
boina (~ italiana)	फ्लैट कैप (f)	flait kaip
boina (ex. ~ basca)	बेरेट (m)	beret
capuz (m)	हुड (m)	hūd
chapéu panamá (m)	पनामा हैट (m)	panāma hait
touca (f)	बुनी हुई टोपी (f)	bunī huī topī
lenço (m)	सिर का स्कार्फ़ (m)	sir ka skārf
chapéu (m) feminino	महिलाओं की टोपी (f)	mahilaon kī topī
capacete (m) de proteção	हेलमेट (f)	helamet
bibico (m)	पुलिसीया टोपी (f)	pulisīya topī
capacete (m)	हेलमेट (f)	helamet
chapéu-coco (m)	बॉलर हैट (m)	bolar hait
cartola (f)	टॉप हैट (m)	top hait

37. Calçado

calçado (m)	पनही (f)	panahī
botinas (f pl), sapatos (m pl)	जूते (m pl)	jūte
sapatos (de salto alto, etc.)	जूते (m pl)	jūte
botas (f pl)	बूट (m pl)	būt
pantufas (f pl)	चप्पल (f pl)	chappal
tênis (~ Nike, etc.)	टेनिस के जूते (m)	tenis ke jūte
tênis (~ Converse)	स्नीकर्स (m)	snīkars
sandálias (f pl)	सैन्डल (f)	saindal
sapateiro (m)	मोची (m)	mochī
salto (m)	एड़ी (f)	erī
par (m)	जोड़ा (m)	jora
cadarço (m)	जूते का फ़ीता (m)	jūte ka fīta

amarrar os cadarços	फ़ीता बाँधना	fīta bāndhana
calçadeira (f)	शू-होर्न (m)	shū-horn
graxa (f) para calçado	बूट-पालिश (m)	būt-pālish

38. Têxtil. Tecidos

algodão (m)	कपास (m)	kapās
de algodão	सूती	sūtī
linho (m)	फ़्लैक्स (m)	flaiks
de linho	फ़्लैक्स का	flaiks ka

seda (f)	रेशम (f)	resham
de seda	रेशमी	reshamī
lã (f)	ऊन (m)	ūn
de lã	ऊनी	ūnī

veludo (m)	मख़मल (m)	makhamal
camurça (f)	स्वैड (m)	svaid
veludo (m) cotelê	कॉरेडरॉय (m)	koradaroy

nylon (m)	नायलॉन (m)	nāyalon
de nylon	नायलॉन का	nāyalon ka
poliéster (m)	पॉलिएस्टर (m)	poliestar
de poliéster	पॉलिएस्टर का	poliestar ka

couro (m)	चमड़ा (m)	chamara
de couro	चमड़े का	chamare ka
pele (f)	फ़र (m)	far
de pele	फ़र का	far ka

39. Acessórios pessoais

luva (f)	दस्ताने (m pl)	dastāne
mitenes (f pl)	दस्ताने (m pl)	dastāne
cachecol (m)	मफ़लर (m)	mafalar

óculos (m pl)	ऐनक (m pl)	ainak
armação (f)	चश्मे का फ्रेम (m)	chashme ka frem
guarda-chuva (m)	छतरी (f)	chhatarī
bengala (f)	छड़ी (f)	chharī
escova (f) para o cabelo	ब्रश (m)	brash
leque (m)	पंखा (m)	pankha

gravata (f)	टाई (f)	taī
gravata-borboleta (f)	बो टाई (f)	bo taī
suspensórios (m pl)	पतलून बाँधने का फ़ीता (m)	patalūn bāndhane ka fīta
lenço (m)	रूमाल (m)	rūmāl

pente (m)	कंघा (m)	kangha
fivela (f) para cabelo	बालपिन (f)	bālapin
grampo (m)	हेयरक्लीप (f)	heyaraklīp
fivela (f)	बकसुआ (m)	bakasua

cinto (m)	बेल्ट (m)	belt
alça (f) de ombro	कंधे का पट्टा (m)	kandhe ka patta
bolsa (f)	बैग (m)	baig
bolsa (feminina)	पर्स (m)	pars
mochila (f)	बैकपैक (m)	baikapaik

40. Vestuário. Diversos

moda (f)	फ़ैशन (m)	faishan
na moda (adj)	प्रचलन में	prachalan men
estilista (m)	फ़ैशन डिज़ाइनर (m)	faishan dizainar
colarinho (m)	कॉलर (m)	kolar
bolso (m)	जेब (m)	jeb
de bolso	जेब	jeb
manga (f)	आस्तीन (f)	āstīn
ganchinho (m)	हैंगिंग लूप (f)	hainging lūp
bragueta (f)	ज़िप (f)	zip
zíper (m)	ज़िप (f)	zip
colchete (m)	हुक (m)	huk
botão (m)	बटन (m)	batan
botoeira (casa de botão)	बटन का काज (m)	batan ka kāj
soltar-se (vr)	निकल जाना	nikal jāna
costurar (vi)	सीना	sīna
bordar (vt)	काढ़ना	kārhana
bordado (m)	कढ़ाई (f)	karhaī
agulha (f)	सूई (f)	sūī
fio, linha (f)	धागा (m)	dhāga
costura (f)	सीवन (m)	sīvan
sujar-se (vr)	मैला होना	maila hona
mancha (f)	धब्बा (m)	dhabba
amarrotar-se (vr)	शिकन पड़ जाना	shikan par jāna
rasgar (vt)	फट जाना	fat jāna
traça (f)	कपड़ों के कीड़े (m)	kaparon ke kīre

41. Cuidados pessoais. Cosméticos

pasta (f) de dente	टूथपेस्ट (m)	tūthapest
escova (f) de dente	टूथब्रश (m)	tūthabrash
escovar os dentes	दाँत साफ़ करना	dānt sāf karana
gilete (f)	रेज़र (f)	rezar
creme (m) de barbear	हजामत का क्रीम (m)	hajāmat ka krīm
barbear-se (vr)	शेव करना	shev karana
sabonete (m)	साबुन (m)	sābun
xampu (m)	शैम्पू (m)	shaimpū
tesoura (f)	कैंची (f pl)	kainchī

lixa (f) de unhas	नाख़ून घिसनी (f)	nākhūn ghisanī
corta-unhas (m)	नाख़ून कतरनी (f)	nākhūn kataranī
pinça (f)	ट्वीज़र्स (f)	tvīzars
cosméticos (m pl)	श्रृंगार-सामग्री (f)	shrrngār-sāmagrī
máscara (f)	चेहरे का लेप (m)	chehare ka lep
manicure (f)	मैनीक्योर (m)	mainīkyor
fazer as unhas	मैनीक्योर करवाना	mainīkyor karavāna
pedicure (f)	पेडिक्यूर (m)	pedikyūr
bolsa (f) de maquiagem	श्रृंगार थैली (f)	shrrngār thailī
pó (de arroz)	पाउडर (m)	paudar
pó (m) compacto	कॉम्पैक्ट पाउडर (m)	kompaikt paudar
blush (m)	ब्लशर (m)	blashar
perfume (m)	ख़ुशबू (f)	khushabū
água-de-colônia (f)	टॉयलेट वॉटर (m)	tāyalet votar
loção (f)	लोशन (m)	loshan
colônia (f)	कोलोन (m)	kolon
sombra (f) de olhos	आई-शैडो (m)	āī-shaido
delineador (m)	आई-पेंसिल (f)	āī-pensil
máscara (f), rímel (m)	मस्कारा (m)	maskāra
batom (m)	लिपस्टिक (m)	lipastik
esmalte (m)	नेल पॉलिश (f)	nel polish
laquê (m), spray fixador (m)	हेयर स्प्रे (m)	heyar spre
desodorante (m)	डिओडरेन्ट (m)	diodarent
creme (m)	क्रीम (m)	krīm
creme (m) de rosto	चेहरे की क्रीम (f)	chehare kī krīm
creme (m) de mãos	हाथ की क्रीम (f)	hāth kī krīm
creme (m) antirrugas	एंटी रिंकल क्रीम (f)	entī rinkal krīm
de dia	दिन का	din ka
da noite	रात का	rāt ka
absorvente (m) interno	टैम्पन (m)	taimpan
papel (m) higiênico	टॉयलेट पेपर (m)	toyalet pepar
secador (m) de cabelo	हेयर ड्रायर (m)	heyar drāyar

42. Joalheria

joias (f pl)	ज़ेवर (m pl)	zevar
precioso (adj)	बहुमूल्य	bahumūly
marca (f) de contraste	छाप (m)	chhāp
anel (m)	अंगूठी (f)	angūthī
aliança (f)	शादी की अंगूठी (f)	shādī kī angūthī
pulseira (f)	चूड़ी (m)	chūrī
brincos (m pl)	कान की रिंग (f)	kān kī ring
colar (m)	माला (f)	māla
coroa (f)	ताज (m)	tāj
colar (m) de contas	मोती की माला (f)	motī kī māla

diamante (m)	हीरा (m)	hīra
esmeralda (f)	पन्ना (m)	panna
rubi (m)	माणिक (m)	mānik
safira (f)	नीलम (m)	nīlam
pérola (f)	मुक्ताफल (m)	muktāfal
âmbar (m)	ऍम्बर (m)	embar

43. Relógios de pulso. Relógios

relógio (m) de pulso	घड़ी (f pl)	gharī
mostrador (m)	डायल (m)	dāyal
ponteiro (m)	सुई (f)	suī
bracelete (em aço)	धातु से बनी घड़ी का पट्टा (m)	dhātu se banī gharī ka patta
bracelete (em couro)	घड़ी का पट्टा (m)	gharī ka patta
pilha (f)	बैटरी (f)	baiterī
acabar (vi)	ख़त्म हो जाना	khatm ho jāna
trocar a pilha	बैटरी बदलना	baiterī badalana
estar adiantado	तेज़ चलना	tez chalana
estar atrasado	धीमी चलना	dhīmī chalana
relógio (m) de parede	दीवार-घड़ी (f pl)	dīvār-gharī
ampulheta (f)	रेत-घड़ी (f pl)	ret-gharī
relógio (m) de sol	सूरज-घड़ी (f pl)	sūraj-gharī
despertador (m)	अलार्म घड़ी (f)	alārm gharī
relojoeiro (m)	घड़ीसाज़ (m)	gharīsāz
reparar (vt)	मरम्मत करना	marammat karana

Alimentação. Nutrição

44. Comida

carne (f)	गोश्त (m)	gosht
galinha (f)	चीकन (m)	chīkan
frango (m)	रॉक कोर्निश मुर्गी (f)	rok kornish murgī
pato (m)	बत्तख़ (f)	battakh
ganso (m)	हंस (m)	hans
caça (f)	शिकार के पशुपक्षी (f)	shikār ke pashupakshī
peru (m)	टर्की (m)	tarkī
carne (f) de porco	सुअर का गोश्त (m)	suar ka gosht
carne (f) de vitela	बछड़े का गोश्त (m)	bachhare ka gosht
carne (f) de carneiro	भेड़ का गोश्त (m)	bher ka gosht
carne (f) de vaca	गाय का गोश्त (m)	gāy ka gosht
carne (f) de coelho	ख़रगोश (m)	kharagosh
linguiça (f), salsichão (m)	सॉसेज (f)	sosej
salsicha (f)	वियना सॉसेज (m)	viyana sosej
bacon (m)	बेकन (m)	bekan
presunto (m)	हैम (m)	haim
pernil (m) de porco	सुअर की जांघ (f)	suar kī jāngh
patê (m)	पिसा हुआ गोश्त (m)	pisa hua gosht
fígado (m)	जिगर (f)	jigar
guisado (m)	कीमा (m)	kīma
língua (f)	जीभ (m)	jībh
ovo (m)	अंडा (m)	anda
ovos (m pl)	अंडे (m pl)	ande
clara (f) de ovo	अंडे की सफ़ेदी (m)	ande kī safedī
gema (f) de ovo	अंडे की ज़र्दी (m)	ande kī zardī
peixe (m)	मछली (f)	machhalī
mariscos (m pl)	समुद्री खाना (m)	samudrī khāna
caviar (m)	मछली के अंडे (m)	machhalī ke ande
caranguejo (m)	केकड़ा (m)	kekara
camarão (m)	चिंगड़ा (m)	chingara
ostra (f)	सीप (m)	sīp
lagosta (f)	लोबस्टर (m)	lobastar
polvo (m)	ऑक्टोपस (m)	oktopas
lula (f)	स्कीड (m)	skīd
esturjão (m)	स्टर्जन (f)	starjan
salmão (m)	सालमन (m)	sālaman
halibute (m)	हैलिबट (f)	hailibat
bacalhau (m)	कॉड (f)	kod
cavala, sarda (f)	मार्क्रैल (f)	mãkrail

atum (m)	टूना (f)	tūna
enguia (f)	बाम मछली (f)	bām machhalī
truta (f)	ट्राउट मछली (f)	traut machhalī
sardinha (f)	साड़ीन (f)	sārdīn
lúcio (m)	पाइक (f)	paik
arenque (m)	हेरिंग मछली (f)	hering machhalī
pão (m)	ब्रेड (f)	bred
queijo (m)	पनीर (m)	panīr
açúcar (m)	चीनी (f)	chīnī
sal (m)	नमक (m)	namak
arroz (m)	चावल (m)	chāval
massas (f pl)	पास्ता (m)	pāsta
talharim, miojo (m)	नूडल्स (m)	nūdals
manteiga (f)	मक्खन (m)	makkhan
óleo (m) vegetal	तेल (m)	tel
óleo (m) de girassol	सूरजमुखी तेल (m)	sūrajamukhī tel
margarina (f)	नकली मक्खन (m)	nakalī makkhan
azeitonas (f pl)	जैतून (m)	jaitūn
azeite (m)	जैतून का तेल (m)	jaitūn ka tel
leite (m)	दूध (m)	dūdh
leite (m) condensado	रबड़ी (f)	rabarī
iogurte (m)	दही (m)	dahī
creme (m) azedo	खट्टी क्रीम (f)	khattī krīm
creme (m) de leite	मलाई (f pl)	malaī
maionese (f)	मेयोनेज़ (m)	meyonez
creme (m)	क्रीम (m)	krīm
grãos (m pl) de cereais	अनाज के दाने (m)	anāj ke dāne
farinha (f)	आटा (m)	āta
enlatados (m pl)	डिब्बाबन्द खाना (m)	dibbāband khāna
flocos (m pl) de milho	कॉर्नफ्लेक्स (m)	kornafleks
mel (m)	शहद (m)	shahad
geleia (m)	जैम (m)	jaim
chiclete (m)	चूइन्ग गाम (m)	chūing gam

45. Bebidas

água (f)	पानी (m)	pānī
água (f) potável	पीने का पानी (f)	pīne ka pānī
água (f) mineral	मिनरल वॉटर (m)	minaral votar
sem gás (adj)	स्टिल वॉटर	stil votar
gaseificada (adj)	कार्बोनेटेड	kārboneted
com gás	स्पार्कलिंग	spārkaling
gelo (m)	बर्फ (m)	barf
com gelo	बर्फ के साथ	barf ke sāth

não alcoólico (adj)	शराब रहित	sharāb rahit
refrigerante (m)	कोल्ड ड्रिंक (f)	kold drink
refresco (m)	शीतलक ड्रिंक (f)	shītalak drink
limonada (f)	लेमोनेड (m)	lemoned

bebidas (f pl) alcoólicas	शराब (m pl)	sharāb
vinho (m)	वाइन (f)	vain
vinho (m) branco	सफ़ेद वाइन (f)	safed vain
vinho (m) tinto	लाल वाइन (f)	lāl vain

licor (m)	लिकर (m)	likar
champanhe (m)	शैम्पेन (f)	shaimpen
vermute (m)	वर्मोथ (f)	varmauth

uísque (m)	विस्की (f)	viskī
vodca (f)	वोडका (m)	vodaka
gim (m)	जिन (f)	jin
conhaque (m)	कोन्याक (m)	konyāk
rum (m)	रम (m)	ram

café (m)	कॉफ़ी (f)	kofī
café (m) preto	काली कॉफ़ी (f)	kālī kofī
café (m) com leite	दूध के साथ कॉफ़ी (f)	dūdh ke sāth kofī
cappuccino (m)	कैपूचिनो (f)	kaipūchino
café (m) solúvel	इन्संटेन्ट-काफ़ी (f)	insatent-kāfī

leite (m)	दूध (m)	dūdh
coquetel (m)	कॉकटेल (m)	kokatel
batida (f), milkshake (m)	मिल्कशेक (m)	milkashek

suco (m)	रस (m)	ras
suco (m) de tomate	टमाटर का रस (m)	tamātar ka ras
suco (m) de laranja	संतरे का रस (m)	santare ka ras
suco (m) fresco	ताज़ा रस (m)	tāza ras

cerveja (f)	बियर (m)	biyar
cerveja (f) clara	हल्का बियर (m)	halka biyar
cerveja (f) preta	डार्क बियर (m)	dārk biyar

chá (m)	चाय (f)	chāy
chá (m) preto	काली चाय (f)	kālī chāy
chá (m) verde	हरी चाय (f)	harī chāy

46. Vegetais

| vegetais (m pl) | सब्जियाँ (f pl) | sabziyān |
| verdura (f) | हरी सब्जियाँ (f) | harī sabziyān |

tomate (m)	टमाटर (m)	tamātar
pepino (m)	खीरा (m)	khīra
cenoura (f)	गाजर (f)	gājar
batata (f)	आलू (m)	ālū
cebola (f)	प्याज़ (m)	pyāz
alho (m)	लहसुन (m)	lahasun

couve (f)	पत्ता गोभी (f)	patta gobhī
couve-flor (f)	फूल गोभी (f)	fūl gobhī
couve-de-bruxelas (f)	ब्रसेल्स स्प्राउट्स (m)	brasels sprauts
brócolis (m pl)	ब्रोकोली (f)	brokolī

beterraba (f)	चुकन्दर (m)	chukandar
berinjela (f)	बैंगन (m)	baingan
abobrinha (f)	तुरई (f)	turī
abóbora (f)	कद्दू	kaddū
nabo (m)	शलजम (f)	shalajam

salsa (f)	अजमोद (f)	ajamod
endro, aneto (m)	सोआ (m)	soa
alface (f)	सलाद पत्ता (m)	salād patta
aipo (m)	सेलरी (m)	selarī
aspargo (m)	एस्पैरेगस (m)	espairegas
espinafre (m)	पालक (m)	pālak

ervilha (f)	मटर (m)	matar
feijão (~ soja, etc.)	फली (f pl)	falī
milho (m)	मकई (f)	makī
feijão (m) roxo	राजमा (f)	rājama

pimentão (m)	शिमला मिर्च (m)	shimala mirch
rabanete (m)	मूली (f)	mūlī
alcachofra (f)	हाथीचक (m)	hāthīchak

47. Frutos. Nozes

fruta (f)	फल (m)	fal
maçã (f)	सेब (m)	seb
pera (f)	नाशपाती (f)	nāshapātī
limão (m)	नींबू (m)	nīmbū
laranja (f)	संतरा (m)	santara
morango (m)	स्ट्रॉबेरी (f)	stroberī

tangerina (f)	नारंगी (m)	nārangī
ameixa (f)	आलूबुखारा (m)	ālūbukhāra
pêssego (m)	आड़ू (m)	ārū
damasco (m)	खूबानी (f)	khūbānī
framboesa (f)	रसभरी (f)	rasabharī
abacaxi (m)	अनानास (m)	anānās

banana (f)	केला (m)	kela
melancia (f)	तरबूज (m)	tarabūz
uva (f)	अंगूर (m)	angūr
ginja, cereja (f)	चेरी (f)	cherī
melão (m)	खरबूज़ा (f)	kharabūza

toranja (f)	ग्रेपफ्रूट (m)	grepafrūt
abacate (m)	एवोकाडो (m)	evokādo
mamão (m)	पपीता (f)	papīta
manga (f)	आम (m)	ām
romã (f)	अनार (m)	anār

groselha (f) vermelha	लाल किशमिश (f)	lāl kishamish
groselha (f) negra	काली किशमिश (f)	kālī kishamish
groselha (f) espinhosa	आमला (f)	āmala
mirtilo (m)	बिलबेरी (f)	bilaberī
amora (f) silvestre	ब्लैकबेरी (f)	blaikaberī

passa (f)	किशमिश (m)	kishamish
figo (m)	अंजीर (m)	anjīr
tâmara (f)	खजूर (m)	khajūr

amendoim (m)	मूँगफली (m)	mūngafalī
amêndoa (f)	बादाम (f)	bādām
noz (f)	अखरोट (m)	akharot
avelã (f)	हेज़लनट (m)	hezalanat
coco (m)	नारियल (m)	nāriyal
pistaches (m pl)	पिस्ता (m)	pista

48. Pão. Bolaria

pastelaria (f)	मिठाई (f pl)	mithaī
pão (m)	ब्रेड (f)	bred
biscoito (m), bolacha (f)	बिस्कुट (m)	biskut

chocolate (m)	चॉकलेट (m)	chokalet
de chocolate	चॉकलेटी	chokaletī
bala (f)	टॉफ़ी (f)	tofī
doce (bolo pequeno)	पेस्ट्री (f)	pestrī
bolo (m) de aniversário	केक (m)	kek

torta (f)	पाई (m)	paī
recheio (m)	फ़िलिंग (f)	filing

geleia (m)	जैम (m)	jaim
marmelada (f)	मुरब्बा (m)	murabba
wafers (m pl)	वेफ़र (m pl)	vefar
sorvete (m)	आईस-क्रीम (f)	āīs-krīm

49. Pratos cozinhados

prato (m)	पकवान (m)	pakavān
cozinha (~ portuguesa)	व्यंजन (m)	vyanjan
receita (f)	रैसीपी (f)	raisīpī
porção (f)	भाग (m)	bhāg

salada (f)	सलाद (m)	salād
sopa (f)	सूप (m)	sūp

caldo (m)	यख़नी (f)	yakhanī
sanduíche (m)	सैन्डविच (m)	saindavich
ovos (m pl) fritos	आमलेट (m)	āmalet
hambúrguer (m)	हैमबर्गर (m)	haimabargar
bife (m)	बीफ़स्टीक (m)	bīfastīk

acompanhamento (m)	साइड डिश (f)	said dish
espaguete (m)	स्पेघेटी (f)	speghetī
purê (m) de batata	आलू भरता (f)	ālū bharata
pizza (f)	पीट्ज़ा (f)	pītza
mingau (m)	दलिया (f)	daliya
omelete (f)	आमलेट (m)	āmalet

fervido (adj)	उबला	ubala
defumado (adj)	धुएँ में पकाया हुआ	dhuen men pakāya hua
frito (adj)	भुना	bhuna
seco (adj)	सूखा	sūkha
congelado (adj)	फ़्रोज़न	frozan
em conserva (adj)	अचार	achār

doce (adj)	मीठा	mītha
salgado (adj)	नमकीन	namakīn
frio (adj)	ठंडा	thanda
quente (adj)	गरम	garam
amargo (adj)	कड़वा	karava
gostoso (adj)	स्वादिष्ट	svādisht

cozinhar em água fervente	उबलते पानी में पकाना	ubalate pānī men pakāna
preparar (vt)	खाना बनाना	khāna banāna
fritar (vt)	भूनना	bhūnana
aquecer (vt)	गरम करना	garam karana

salgar (vt)	नमक डालना	namak dālana
apimentar (vt)	मिर्च डालना	mirch dālana
ralar (vt)	कद्दूकश करना	kaddūkash karana
casca (f)	छिलका (f)	chhilaka
descascar (vt)	छिलका निकलना	chhilaka nikalana

50. Especiarias

sal (m)	नमक (m)	namak
salgado (adj)	नमकीन	namakīn
salgar (vt)	नमक डालना	namak dālana

pimenta-do-reino (f)	काली मिर्च (f)	kālī mirch
pimenta (f) vermelha	लाल मिर्च (m)	lāl mirch
mostarda (f)	सरसों (m)	sarason
raiz-forte (f)	अरब मूली (f)	arab mūlī

condimento (m)	मसाला (m)	masāla
especiaria (f)	मसाला (m)	masāla
molho (~ inglês)	चटनी (f)	chatanī
vinagre (m)	सिरका (m)	siraka

anis estrelado (m)	सौंफ़ (f)	saumf
manjericão (m)	तुलसी (f)	tulasī
cravo (m)	लौंग (f)	laung
gengibre (m)	अदरक (m)	adarak
coentro (m)	धनिया (m)	dhaniya
canela (f)	दालचीनी (f)	dālachīnī

gergelim (m)	तिल (m)	til
folha (f) de louro	तेजपत्ता (m)	tejapatta
páprica (f)	लाल शिमला मिर्च पाउडर (m)	lāl shimala mirch paudar
cominho (m)	जीरा (m)	zīra
açafrão (m)	ज़ाफ़रान (m)	zāfarān

51. Refeições

| comida (f) | खाना (m) | khāna |
| comer (vt) | खाना खाना | khāna khāna |

café (m) da manhã	नाश्ता (m)	nāshta
tomar café da manhã	नाश्ता करना	nāshta karana
almoço (m)	दोपहर का भोजन (m)	dopahar ka bhojan
almoçar (vi)	दोपहर का भोजन करना	dopahar ka bhojan karana
jantar (m)	रात्रिभोज (m)	rātribhoj
jantar (vi)	रात्रिभोज करना	rātribhoj karana

| apetite (m) | भूख (f) | bhūkh |
| Bom apetite! | अपने भोजन का आनंद उठाएं! | apane bhojan ka ānand uthaen! |

abrir (~ uma lata, etc.)	खोलना	kholana
derramar (~ líquido)	गिराना	girāna
derramar-se (vr)	गिराना	girāna
ferver (vi)	उबालना	ubālana
ferver (vt)	उबालना	ubālana
fervido (adj)	उबला हुआ	ubala hua
esfriar (vt)	ठंडा करना	thanda karana
esfriar-se (vr)	ठंडा करना	thanda karana

| sabor, gosto (m) | स्वाद (m) | svād |
| fim (m) de boca | स्वाद (m) | svād |

emagrecer (vi)	वज़न घटाना	vazan ghatāna
dieta (f)	डाइट (m)	dait
vitamina (f)	विटामिन (m)	vitāmin
caloria (f)	कैलोरी (f)	kailorī
vegetariano (m)	शाकाहारी (m)	shākāhārī
vegetariano (adj)	शाकाहारी	shākāhārī

gorduras (f pl)	वसा (m pl)	vasa
proteínas (f pl)	प्रोटीन (m pl)	protīn
carboidratos (m pl)	कार्बोहाइड्रेट (m)	kārbohaidret
fatia (~ de limão, etc.)	टुकड़ा (m)	tukara
pedaço (~ de bolo)	टुकड़ा (m)	tukara
migalha (f), farelo (m)	टुकड़ा (m)	tukara

52. Por a mesa

| colher (f) | चम्मच (m) | chammach |
| faca (f) | छुरी (f) | chhurī |

garfo (m)	काँटा (m)	kānta
xícara (f)	प्याला (m)	pyāla
prato (m)	तश्तरी (f)	tashtarī
pires (m)	सॉसर (m)	sosar
guardanapo (m)	नैपकीन (m)	naipakīn
palito (m)	टूथपिक (m)	tūthapik

53. Restaurante

restaurante (m)	रेस्टराँ (m)	restarān
cafeteria (f)	कॉफ़ी हाउस (m)	kofī haus
bar (m), cervejaria (f)	बार (m)	bār
salão (m) de chá	चायख़ाना (m)	chāyakhāna

garçom (m)	बैरा (m)	baira
garçonete (f)	बैरी (f)	bairī
barman (m)	बारमैन (m)	bāramain

cardápio (m)	मेनू (m)	menū
lista (f) de vinhos	वाइन सूची (f)	vain sūchī
reservar uma mesa	मेज़ बुक करना	mez buk karana

prato (m)	पकवान (m)	pakavān
pedir (vt)	आर्डर देना	ārdar dena
fazer o pedido	आर्डर देना	ārdar dena

aperitivo (m)	एपेरेतीफ़ (m)	eperetīf
entrada (f)	एपेटाइज़र (m)	epetaizar
sobremesa (f)	मीठा (m)	mītha

conta (f)	बिल (m)	bil
pagar a conta	बील का भुगतान करना	bīl ka bhugatān karana
dar o troco	खुले पैसे देना	khule paise dena
gorjeta (f)	टिप (f)	tip

Família, parentes e amigos

54. Informação pessoal. Formulários

nome (m)	पहला नाम (m)	pahala nãm
sobrenome (m)	उपनाम (m)	upanãm
data (f) de nascimento	जन्म-दिवस (m)	janm-divas
local (m) de nascimento	मातृभूमि (f)	mãtrbhūmi
nacionalidade (f)	नागरिकता (f)	nãgarikata
lugar (m) de residência	निवास स्थान (m)	nivãs sthãn
país (m)	देश (m)	desh
profissão (f)	पेशा (m)	pesha
sexo (m)	लिंग (m)	ling
estatura (f)	क़द (m)	qad
peso (m)	वज़न (m)	vazan

55. Membros da família. Parentes

mãe (f)	माँ (f)	mãn
pai (m)	पिता (m)	pita
filho (m)	बेटा (m)	beta
filha (f)	बेटी (f)	betī
caçula (f)	छोटी बेटी (f)	chhotī betī
caçula (m)	छोटा बेटा (m)	chhota beta
filha (f) mais velha	बड़ी बेटी (f)	barī betī
filho (m) mais velho	बड़ा बेटा (m)	bara beta
irmão (m)	भाई (m)	bhaī
irmã (f)	बहन (f)	bahan
primo (m)	चचेरा भाई (m)	chachera bhaī
prima (f)	चचेरी बहन (f)	chacherī bahan
mamãe (f)	अम्मा (f)	amma
papai (m)	पापा (m)	pãpa
pais (pl)	माँ-बाप (m pl)	mãn-bãp
criança (f)	बच्चा (m)	bachcha
crianças (f pl)	बच्चे (m pl)	bachche
avó (f)	दादी (f)	dãdī
avô (m)	दादा (m)	dãda
neto (m)	पोता (m)	pota
neta (f)	पोती (f)	potī
netos (pl)	पोते (m)	pote
tio (m)	चाचा (m)	chãcha
tia (f)	चाची (f)	chãchī

sobrinho (m)	भतीजा (m)	bhatīja
sobrinha (f)	भतीजी (f)	bhatījī
sogra (f)	सास (f)	sās
sogro (m)	ससुर (m)	sasur
genro (m)	दामाद (m)	dāmād
madrasta (f)	सौतेली माँ (f)	sautelī mān
padrasto (m)	सौतेले पिता (m)	sautele pita
criança (f) de colo	दूधमुँहा बच्चा (m)	dudhamunha bachcha
bebê (m)	शिशु (f)	shishu
menino (m)	छोटा बच्चा (m)	chhota bachcha
mulher (f)	पत्नी (f)	patnī
marido (m)	पति (m)	pati
esposo (m)	पति (m)	pati
esposa (f)	पत्नी (f)	patnī
casado (adj)	शादीशुदा	shādīshuda
casada (adj)	शादीशुदा	shādīshuda
solteiro (adj)	अविवाहित	avivāhit
solteirão (m)	कुँआरा (m)	kunāra
divorciado (adj)	तलाक़शुदा	talāqashuda
viúva (f)	विधवा (f)	vidhava
viúvo (m)	विधुर (m)	vidhur
parente (m)	रिश्तेदार (m)	rishtedār
parente (m) próximo	सम्बंधी (m)	sambandhī
parente (m) distante	दूर का रिश्तेदार (m)	dūr ka rishtedār
parentes (m pl)	रिश्तेदार (m pl)	rishtedār
órfão (m), órfã (f)	अनाथ (m)	anāth
tutor (m)	अभिभावक (m)	abhibhāvak
adotar (um filho)	लड़का गोद लेना	laraka god lena
adotar (uma filha)	लड़की गोद लेना	larakī god lena

56. Amigos. Colegas de trabalho

amigo (m)	दोस्त (m)	dost
amiga (f)	सहेली (f)	sahelī
amizade (f)	दोस्ती (f)	dostī
ser amigos	दोस्त होना	dost hona
amigo (m)	मित्र (m)	mitr
amiga (f)	सहेली (f)	sahelī
parceiro (m)	पार्टनर (m)	pārtanar
chefe (m)	चीफ़ (m)	chīf
superior (m)	अधीक्षक (m)	adhīkshak
subordinado (m)	अधीनस्थ (m)	adhīnasth
colega (m, f)	सहकर्मी (m)	sahakarmī
conhecido (m)	परिचित आदमी (m)	parichit ādamī
companheiro (m) de viagem	सहगामी (m)	sahagāmī

colega (m) de classe	सहपाठी (m)	sahapāthī
vizinho (m)	पड़ोसी (m)	parosī
vizinha (f)	पड़ोसन (f)	parosan
vizinhos (pl)	पड़ोसी (m pl)	parosī

57. Homem. Mulher

mulher (f)	औरत (f)	aurat
menina (f)	लड़की (f)	larakī
noiva (f)	दुल्हन (f)	dulhan

bonita, bela (adj)	सुंदर	sundar
alta (adj)	लम्बा	lamba
esbelta (adj)	सुडौल	sudaul
baixa (adj)	छोटे क़द का	chhote qad ka

| loira (f) | हल्के रंगे के बालोंवाली औरत (f) | halke range ke bālonvālī aurat |
| morena (f) | काले बालोंवाली औरत (f) | kāle bālonvālī aurat |

de senhora	महिलाओं का	mahilaon ka
virgem (f)	कुमारिनी (f)	kumārinī
grávida (adj)	गर्भवती	garbhavatī

homem (m)	आदमी (m)	ādamī
loiro (m)	हल्के रंगे के बालोंवाला आदमी (m)	halke range ke bālonvāla ādamī
moreno (m)	काले बालोंवाला (m)	kāle bālonvāla
alto (adj)	लम्बा	lamba
baixo (adj)	छोटे क़द का	chhote qad ka

rude (adj)	अभद्र	abhadr
atarracado (adj)	हष्ट-पुष्ट	hrasht-pusht
robusto (adj)	तगड़ा	tagara
forte (adj)	ताकतवर	tākatavar
força (f)	ताक़त (f)	tāqat

gordo (adj)	मोटा	mota
moreno (adj)	साँवला	sānvala
esbelto (adj)	सुडौल	sudaul
elegante (adj)	सजिला	sajila

58. Idade

idade (f)	उम्र (f)	umr
juventude (f)	युवा (f)	yuva
jovem (adj)	जवान	javān

mais novo (adj)	कनिष्ठ	kanishth
mais velho (adj)	बड़ा	bara
jovem (m)	युवक (m)	yuvak
adolescente (m)	किशोर (m)	kishor

rapaz (m)	लड़का (m)	laraka
velho (m)	बूढ़ा आदमी (m)	būrha ādamī
velha (f)	बूढ़ी औरत (f)	būrhī aurat

adulto	व्यस्क	vyask
de meia-idade	अधेड़	adhed
idoso, de idade (adj)	बुजुर्ग	buzurg
velho (adj)	साल	sāl

aposentadoria (f)	सेवा-निवृति (f)	seva-nivrtti
aposentar-se (vr)	सेवा-निवृत्त होना	seva-nivrtt hona
aposentado (m)	सेवा-निवृत्त (m)	seva-nivrtt

59. Crianças

criança (f)	बच्चा (m)	bachcha
crianças (f pl)	बच्चे (m pl)	bachche
gêmeos (m pl), gêmeas (f pl)	जुड़वाँ (m pl)	juravān

berço (m)	पालना (m)	pālana
chocalho (m)	झुनझुना (m)	jhunajhuna
fralda (f)	डायपर (m)	dāyapar

chupeta (f), bico (m)	चुसनी (f)	chusanī
carrinho (m) de bebê	बच्चा गाड़ी (f)	bachcha gārī
jardim (m) de infância	बालवाड़ी (f)	bālavārī
babysitter, babá (f)	दाई (f)	daī

infância (f)	बचपन (m)	bachapan
boneca (f)	गुड़िया (f)	guriya
brinquedo (m)	खिलौना (m)	khilauna
jogo (m) de montar	निर्माण सेट खिलौना (m)	nirmān set khilauna
bem-educado (adj)	तमीज़दार	tamīzadār
malcriado (adj)	बदतमीज़	badatamīz
mimado (adj)	सिरचढ़ा	siracharha

ser travesso	शरारत करना	sharārat karana
travesso, traquinas (adj)	नटखट	natakhat
travessura (f)	नटखटपन (m)	natakhatapan
criança (f) travessa	नटखट बच्चा (m)	natakhat bachcha

obediente (adj)	आज्ञाकारी	āgyākārī
desobediente (adj)	अनुज्ञाकारी	anugyākārī

dócil (adj)	विनम्र	vinamr
inteligente (adj)	बुद्धिमान	buddhimān
prodígio (m)	अद्भुत बच्चा (m)	adbhut bachcha

60. Casais. Vida de família

beijar (vt)	चुम्बन करना	chumban karana
beijar-se (vr)	चुम्बन करना	chumban karana

família (f)	परिवार (m)	parivār
familiar (vida ~)	परिवारिक	parivārik
casal (m)	दंपति (m)	dampatti
matrimônio (m)	शादी (f)	shādī
lar (m)	गृह-चूल्हा (m)	grh-chūlha
dinastia (f)	वंश (f)	vansh
encontro (m)	मुलाक़ात (f)	mulāqāt
beijo (m)	चुम्बन (m)	chumban
amor (m)	प्रेम (m)	prem
amar (pessoa)	प्यार करना	pyār karana
amado, querido (adj)	प्यारा	pyāra
ternura (f)	स्नेह (f)	sneh
afetuoso (adj)	स्नेही	snehī
fidelidade (f)	वफ़ादारी (f)	vafādārī
fiel (adj)	वफ़ादार	vafādār
cuidado (m)	देखभाल (f)	dekhabhāl
carinhoso (adj)	परवाह करने वाला	paravāh karane vāla
recém-casados (pl)	नवविवाहित (m pl)	navavivāhit
lua (f) de mel	हनीमून (m)	hanīmūn
casar-se (com um homem)	शादी करना	shādī karana
casar-se (com uma mulher)	शादी करना	shādī karana
casamento (m)	शादी (f)	shādī
bodas (f pl) de ouro	विवाह की पचासवीं वर्षगांठ (m)	vivāh kī pachāsavīn varshagānth
aniversário (m)	वर्षगांठ (m)	varshagānth
amante (m)	प्रेमी (m)	premī
amante (f)	प्रेमिका (f)	premika
adultério (m), traição (f)	व्यभिचार (m)	vyabhichār
cometer adultério	संबंधों में धोखा देना	sambandhon men dhokha dena
ciumento (adj)	ईष्यालु	īshyālu
ser ciumento, -a	ईष्या करना	īshya karana
divórcio (m)	तलाक़ (m)	talāq
divorciar-se (vr)	तलाक़ देना	talāq dena
brigar (discutir)	झगड़ना	jhagarana
fazer as pazes	सुलह करना	sulah karana
juntos (ir ~)	साथ	sāth
sexo (m)	यौन-क्रिया (f)	yaun-kriya
felicidade (f)	खुशी (f)	khushī
feliz (adj)	खुश	khush
infelicidade (f)	दुर्घटना (f)	durghatana
infeliz (adj)	नाखुश	nākhush

Caráter. Sentimentos. Emoções

61. Sentimentos. Emoções

sentimento (m)	भावना (f)	bhāvana
sentimentos (m pl)	भावनाएं (f)	bhāvanaen
sentir (vt)	महसूस करना	mahasūs karana
fome (f)	भूख (f)	bhūkh
ter fome	भूख लगना	bhūkh lagana
sede (f)	प्यास (f)	pyās
ter sede	प्यास लगना	pyās lagana
sonolência (f)	उनींदापन (f)	unīndāpan
estar sonolento	नींद आना	nīnd āna
cansaço (m)	थकान (f)	thakān
cansado (adj)	थका हुआ	thaka hua
ficar cansado	थक जाना	thak jāna
humor (m)	मन (m)	man
tédio (m)	ऊब (m)	ūb
entediar-se (vr)	ऊब जाना	ūb jāna
reclusão (isolamento)	अकेलापन (m)	akelāpan
isolar-se (vr)	एकांत में रहना	ekānt men rahana
preocupar (vt)	चिन्ता करना	chinta karana
estar preocupado	फ़िक्रमंद होना	fikramand hona
preocupação (f)	फ़िक्र (f)	fikr
ansiedade (f)	चिन्ता (f)	chinta
preocupado (adj)	चिंताकुल	chintākul
estar nervoso	घबराना	ghabarāna
entrar em pânico	घबरा जाना	ghabara jāna
esperança (f)	आशा (f)	āsha
esperar (vt)	आशा रखना	āsha rakhana
certeza (f)	विश्वास (m)	vishvās
certo, seguro de ...	विश्वास होना	vishvās hona
indecisão (f)	अविश्वास (m)	avishvās
indeciso (adj)	विश्वास न होना	vishvās na hona
bêbado (adj)	मदहोश	madahosh
sóbrio (adj)	बिना नशे के	bina nashe ke
fraco (adj)	कमज़ोर	kamazor
feliz (adj)	ख़ुश	khush
assustar (vt)	डराना	darāna
fúria (f)	रोष (m)	rosh
ira, raiva (f)	रोष (m)	rosh
depressão (f)	उदासी (f)	udāsī
desconforto (m)	असुविधा (f)	asuvidha

conforto (m)	सुविधा (f)	suvidha
arrepender-se (vr)	अफ़सोस करना	afasos karana
arrependimento (m)	अफ़सोस (m)	afasos
azar (m), má sorte (f)	दुर्भाग्य (f)	durbhāgy
tristeza (f)	दुख (m)	dukh

vergonha (f)	शर्म (m)	sharm
alegria (f)	प्रसन्नता (f)	prasannata
entusiasmo (m)	उत्साह (m)	utsāh
entusiasta (m)	उत्साही (m)	utsāhī
mostrar entusiasmo	उत्साह दिखाना	utsāh dikhāna

62. Caráter. Personalidade

caráter (m)	चरित्र (m)	charitr
falha (f) de caráter	चरित्र दोष (m)	charitr dosh
mente (f)	अक्ल (m)	aql
razão (f)	तर्क करने की क्षमता (f)	tark karane kī kshamata

consciência (f)	अन्तरात्मा (f)	antarātma
hábito, costume (m)	आदत (f)	ādat
habilidade (f)	क्षमता (f)	kshamata
saber (~ nadar, etc.)	कर सकना	kar sakana

paciente (adj)	धैर्यशील	dhairyashīl
impaciente (adj)	बेसब्र	besabr
curioso (adj)	उत्सुक	utsuk
curiosidade (f)	उत्सुकता (f)	utsukata

modéstia (f)	लज्जा (f)	lajja
modesto (adj)	विनम्र	vinamr
imodesto (adj)	अविनम्र	avinamr

preguiça (f)	आलस्य (m)	ālasy
preguiçoso (adj)	आलसी	ālasī
preguiçoso (m)	सुस्त आदमी (m)	sust ādamī

astúcia (f)	चालाक (m)	chālāk
astuto (adj)	चालाकी	chālākī
desconfiança (f)	अविश्वास (m)	avishvās
desconfiado (adj)	अविश्वासपूर्ण	avishvāsapūrn

generosidade (f)	उदारता (f)	udārata
generoso (adj)	उदार	udār
talentoso (adj)	प्रतिभाशाली	pratibhāshālī
talento (m)	प्रतिभा (m)	pratibha

corajoso (adj)	साहसी	sāhasī
coragem (f)	साहस (m)	sāhas
honesto (adj)	ईमानदार	īmānadār
honestidade (f)	ईमानदारी (f)	īmānadārī

prudente, cuidadoso (adj)	सावधान	sāvadhān
valoroso (adj)	बहादुर	bahādur

| sério (adj) | गम्भीर | gambhīr |
| severo (adj) | सख्त | sakht |

decidido (adj)	निर्णयात्मक	nirnayātmak
indeciso (adj)	अनिर्णीयक	anirnāyak
tímido (adj)	शर्मीला	sharmīla
timidez (f)	संकोच (m)	sankoch

confiança (f)	यक़ीन (m)	yaqīn
confiar (vt)	यक़ीन करना	yaqīn karana
crédulo (adj)	भरोसा	bharosa

sinceramente	हार्दिक	hārdik
sincero (adj)	हार्दिक	hārdik
sinceridade (f)	निष्ठा (f)	nishtha
aberto (adj)	अनावृत	anāvrt

calmo (adj)	शांत	shānt
franco (adj)	स्पष्ट	spasht
ingênuo (adj)	भोला	bhola
distraído (adj)	भुलक्कड़	bhulakkar
engraçado (adj)	अजीब	ajīb

ganância (f)	लालच (m)	lālach
ganancioso (adj)	लालची	lālachī
avarento, sovina (adj)	कंजूस	kanjūs
mal (adj)	दुष्ट	dusht
teimoso (adj)	ज़िद्दी	ziddī
desagradável (adj)	अप्रिय	apriy

egoísta (m)	स्वार्थी (m)	svārthī
egoísta (adj)	स्वार्थ	svārth
covarde (m)	कायर (m)	kāyar
covarde (adj)	कायरता	kāyarata

63. O sono. Sonhos

dormir (vi)	सोना	sona
sono (m)	सोना (m)	sona
sonho (m)	सपना (f)	sapana
sonhar (ver sonhos)	सपना देखना	sapana dekhana
sonolento (adj)	उनींदा	uninda

cama (f)	पलंग (m)	palang
colchão (m)	गद्दा (m)	gadda
cobertor (m)	कम्बल (m)	kambal
travesseiro (m)	तकिया (m)	takiya
lençol (m)	चादर (f)	chādar

insônia (f)	अनिद्रा (m)	anidra
sem sono (adj)	अनिद्र	anidr
sonífero (m)	नींद की गोली (f)	nīnd kī golī
tomar um sonífero	नींद की गोली लेना	nīnd kī golī lena
estar sonolento	नींद आना	nīnd āna

bocejar (vi)	जँभाई लेना	janbhaī lena
ir para a cama	सोने जाना	sone jāna
fazer a cama	बिस्तर बिछाना	bistar bichhāna
adormecer (vi)	सो जाना	so jāna
pesadelo (m)	डरावना सपना (m)	darāvana sapana
ronco (m)	खर्राटे (m)	kharrāte
roncar (vi)	खर्राटे लेना	kharrāte lena
despertador (m)	अलार्म घड़ी (f)	alārm gharī
acordar, despertar (vt)	जगाना	jagāna
acordar (vi)	जगना	jagana
levantar-se (vr)	उठना	uthana
lavar-se (vr)	हाथ-मुँह धोना	hāth-munh dhona

64. Humor. Riso. Alegria

humor (m)	हास्य (m)	hāsy
senso (m) de humor	मज़ाक करने की आदत (m)	mazāk karane kī ādat
divertir-se (vr)	आनंद उठाना	ānand uthāna
alegre (adj)	हँसमुख	hansamukh
diversão (f)	उत्सव (m)	utsav
sorriso (m)	मुस्कान (f)	muskān
sorrir (vi)	मुस्कुराना	muskurāna
começar a rir	हंसना शुरू करना	hansana shurū karana
rir (vi)	हंसना	hansana
riso (m)	हंसी (f)	hansī
anedota (f)	चुटकुला (f)	chutakula
engraçado (adj)	मज़ाकीय	mazākīy
ridículo, cômico (adj)	हास्यास्प्रद	hāsyāsprad
brincar (vi)	मज़ाक करना	mazāk karana
piada (f)	लतीफ़ा (f)	latīfa
alegria (f)	ख़ुशी (f)	khushī
regozijar-se (vr)	ख़ुश होना	khush hona
alegre (adj)	ख़ुश	khush

65. Discussão, conversação. Parte 1

comunicação (f)	संवाद (m)	sanvād
comunicar-se (vr)	संवाद करना	sanvād karana
conversa (f)	बातचीत (f)	bātachīt
diálogo (m)	बातचीत (f)	bātachīt
discussão (f)	चर्चा (f)	charcha
debate (m)	बहस (f)	bahas
debater (vt)	बहस करना	bahas karana
interlocutor (m)	वार्ताकार (m)	vārtākār
tema (m)	विषय (m)	vishay

ponto (m) de vista	दृष्टिकोण (m)	drshtikon
opinião (f)	राय (f)	rāy
discurso (m)	भाषण (m)	bhāshan

discussão (f)	चर्चा (f)	charcha
discutir (vt)	चर्चा करना	charcha karana
conversa (f)	बातचीत (f)	bātachīt
conversar (vi)	बात करना	bāt karana
reunião (f)	भेंट (f)	bhent
encontrar-se (vr)	मिलना	milana

provérbio (m)	लोकोक्ति (f)	lokokti
ditado, provérbio (m)	कहावत (f)	kahāvat
adivinha (f)	पहेली (f)	pahelī
dizer uma adivinha	पहेली पूछना	pahelī pūchhana
senha (f)	पासवर्ड (m)	pāsavard
segredo (m)	भेद (m)	bhed

juramento (m)	शपथ (f)	shapath
jurar (vi)	शपथ लेना	shapath lena
promessa (f)	वचन (m)	vachan
prometer (vt)	वचन देना	vachan dena

conselho (m)	सलाह (f)	salāh
aconselhar (vt)	सलाह देना	salāh dena
escutar (~ os conselhos)	कहना मानना	kahana mānana

novidade, notícia (f)	समाचार (m)	samāchār
sensação (f)	सनसनी (f)	sanasanī
informação (f)	सूचना (f)	sūchana
conclusão (f)	निष्कर्ष (m)	nishkarsh
voz (f)	आवाज़ (f)	āvāz
elogio (m)	प्रशंसा (m)	prashansa
amável, querido (adj)	दयालु	dayālu

palavra (f)	शब्द (m)	shabd
frase (f)	जुमला (m)	jumala
resposta (f)	जवाब (m)	javāb

| verdade (f) | सच (f) | sach |
| mentira (f) | झूठ (f) | jhūth |

pensamento (m)	ख्याल (f)	khyāl
ideia (f)	विचार (f)	vichār
fantasia (f)	कल्पना (f)	kalpana

66. Discussão, conversação. Parte 2

estimado, respeitado (adj)	आदरणीय	ādaranīy
respeitar (vt)	आदर करना	ādar karana
respeito (m)	इज़्ज़त (m)	izzat
Estimado ..., Caro ...	माननीय	mānanīy
apresentar (alguém a alguém)	परिचय देना	parichay dena

intenção (f)	इरादा (m)	irāda
tencionar (~ fazer algo)	इरादा करना	irāda karana
desejo (de boa sorte)	इच्छा (f)	ichchha
desejar (ex. ~ boa sorte)	इच्छा करना	ichchha karana
surpresa (f)	हैरानी (f)	hairānī
surpreender (vt)	हैरान करना	hairān karana
surpreender-se (vr)	हैरान होना	hairān hona
dar (vt)	देना	dena
pegar (tomar)	लेना	lena
devolver (vt)	वापस देना	vāpas dena
retornar (vt)	वापस करना	vāpas karana
desculpar-se (vr)	माफ़ी मांगना	māfī māngana
desculpa (f)	माफ़ी (f)	māfī
perdoar (vt)	क्षमा करना	kshama karana
falar (vi)	बात करना	bāt karana
escutar (vt)	सुनना	sunana
ouvir até o fim	सुन लेना	sun lena
entender (compreender)	समझना	samajhana
mostrar (vt)	दिखाना	dikhāna
olhar para ...	देखना	dekhana
chamar (alguém para ...)	बुलाना	bulāna
perturbar (vt)	परेशान करना	pareshān karana
entregar (~ em mãos)	भिजवाना	bhijavāna
pedido (m)	प्रार्थना (f)	prārthana
pedir (ex. ~ ajuda)	अनुरोध करना	anurodh karana
exigência (f)	मांग (f)	māng
exigir (vt)	मांगना	māngana
insultar (chamar nomes)	चिढ़ाना	chirhāna
zombar (vt)	मज़ाक उड़ाना	mazāk urāna
zombaria (f)	मज़ाक (m)	mazāk
alcunha (f), apelido (m)	मुंह बोला नाम (m)	munh bola nām
insinuação (f)	इशारा (m)	ishāra
insinuar (vt)	इशारा करना	ishāra karana
querer dizer	मतलब होना	matalab hona
descrição (f)	वर्णन (m)	varnan
descrever (vt)	वर्णन करना	varnan karana
elogio (m)	प्रशंसा (m)	prashansa
elogiar (vt)	प्रशंसा करना	prashansa karana
desapontamento (m)	निराशा (m)	nirāsha
desapontar (vt)	निराश करना	nirāsh karana
desapontar-se (vr)	निराश होना	nirāsh hona
suposição (f)	अंदाज़ा (m)	andāza
supor (vt)	अंदाज़ा करना	andāza karana
advertência (f)	चेतावनी (f)	chetāvanī
advertir (vt)	चेतावनी देना	chetāvanī dena

67. Discussão, conversação. Parte 3

convencer (vt)	मना लेना	mana lena
acalmar (vt)	शांत करना	shānt karana
silêncio (o ~ é de ouro)	ख़ामोशी (f)	khāmoshī
ficar em silêncio	चुप रहना	chup rahana
sussurrar (vt)	फुसफुसाना	fusafusāna
sussurro (m)	फुसफुस (m)	fusafus
francamente	साफ़ साफ़	sāf sāf
na minha opinião ...	मेरे ख़्याल में ...	mere khyāl men ...
detalhe (~ da história)	विस्तार (m)	vistār
detalhado (adj)	विस्तृत	vistrt
detalhadamente	विस्तार से	vistār se
dica (f)	सुराग़ (m)	surāg
dar uma dica	सुराग़ देना	surāg dena
olhar (m)	नज़र (m)	nazar
dar uma olhada	देखना	dekhana
fixo (olhada ~a)	स्थिर	sthir
piscar (vi)	झपकना	jhapakana
piscar (vt)	आँख मारना	ānkh mārana
acenar com a cabeça	सिर हिलाना	sir hilāna
suspiro (m)	आह (f)	āh
suspirar (vi)	आह भरना	āh bharana
estremecer (vi)	काँपना	kānpana
gesto (m)	इशारा (m)	ishāra
tocar (com as mãos)	छूा	chhūa
agarrar (~ pelo braço)	पकड़ना	pakarana
bater de leve	थपथपाना	thapathapāna
Cuidado!	ख़बरदार!	khabaradār!
Sério?	सचमुच?	sachamuch?
Tem certeza?	क्या तुम्हें यक़ीन है?	kya tumhen yaqīn hai?
Boa sorte!	सफल हो!	safal ho!
Entendi!	समझ आया!	samajh āya!
Que pena!	अफ़सोस की बात है!	afasos kī bāt hai!

68. Acordo. Recusa

consentimento (~ mútuo)	सहमति (f)	sahamati
consentir (vi)	राज़ी होना	rāzī hona
aprovação (f)	स्वीकृति (f)	svīkrti
aprovar (vt)	स्वीकार करना	svīkār karana
recusa (f)	इन्कार (m)	inkār
negar-se a ...	इन्कार करना	inkār karana
Ótimo!	बहुत बढ़िया!	bahut barhiya!
Tudo bem!	अच्छा है!	achchha hai!

Está bem! De acordo!	ठीक!	thīk!
proibido (adj)	वर्जित	varjit
é proibido	मना है	mana hai
é impossível	सम्भव नहीं	sambhav nahin
incorreto (adj)	ग़लत	galat

rejeitar (~ um pedido)	अस्वीकार करना	asvīkār karana
apoiar (vt)	समर्थन करना	samarthan karana
aceitar (desculpas, etc.)	स्वीकार करना	svīkār karana

confirmar (vt)	पुष्टि करना	pushti karana
confirmação (f)	पुष्टि (f)	pushti
permissão (f)	अनुमति (f)	anumati
permitir (vt)	अनुमति देना	anumati dena
decisão (f)	फ़ैसला (m)	faisala
não dizer nada	चुप रहना	chup rahana

condição (com uma ~)	हालत (m)	hālat
pretexto (m)	बहाना (m)	bahāna
elogio (m)	प्रशंसा (m)	prashansa
elogiar (vt)	तारीफ़ करना	tārīf karana

69. Sucesso. Boa sorte. Insucesso

êxito, sucesso (m)	सफलता (f)	safalata
com êxito	सफलतापूर्वक	safalatāpūrvak
bem sucedido (adj)	सफल	safal

sorte (fortuna)	सौभाग्य (m)	saubhāgy
Boa sorte!	सफल हो!	safal ho!
de sorte	भाग्यशाली	bhāgyashālī
sortudo, felizardo (adj)	भाग्यशाली	bhāgyashālī
fracasso (m)	विफलता (f)	vifalata
pouca sorte (f)	नाकामयाबी (f)	nākāmayābī
azar (m), má sorte (f)	दुर्भाग्य (m)	durbhāgy
mal sucedido (adj)	असफल	asafal
catástrofe (f)	दुर्घटना (f)	durghatana

orgulho (m)	गर्व (m)	garv
orgulhoso (adj)	गर्व	garv
estar orgulhoso, -a	गर्व करना	garv karana
vencedor (m)	विजेता (m)	vijeta
vencer (vi, vt)	जीतना	jītana
perder (vt)	हार जाना	hār jāna
tentativa (f)	कोशिश (f)	koshish
tentar (vt)	कोशिश करना	koshish karana
chance (m)	मौक़ा (m)	mauqa

70. Conflitos. Emoções negativas

| grito (m) | चिल्लाहट (f) | chillāhat |
| gritar (vi) | चिल्लाना | chillāna |

começar a gritar	चीख़ना	chīkhana
discussão (f)	झगड़ा (m)	jhagara
brigar (discutir)	झगड़ना	jhagarana
escândalo (m)	झगड़ा (m)	jhagara
criar escândalo	झगड़ना	jhagarana
conflito (m)	टकराव (m)	takarāv
mal-entendido (m)	ग़लतफ़हमी (m)	galatafahamī
insulto (m)	अपमान (m)	apamān
insultar (vt)	अपमान करना	apamān karana
insultado (adj)	अपमानित	apamānit
ofensa (f)	द्वेष (f)	dvesh
ofender (vt)	नाराज़ करना	nārāz karana
ofender-se (vr)	बुरा मानना	bura mānana
indignação (f)	क्रोध (m)	krodh
indignar-se (vr)	ग़ुस्से में आना	gusse men āna
queixa (f)	शिकायत (f)	shikāyat
queixar-se (vr)	शिकायत करना	shikāyat karana
desculpa (f)	माफ़ी (f)	māfī
desculpar-se (vr)	माफ़ी मांगना	māfī māngana
pedir perdão	क्षमा मांगना	kshama māngana
crítica (f)	आलोचना (f)	ālochana
criticar (vt)	आलोचना करना	ālochana karana
acusação (f)	आरोप (m)	ārop
acusar (vt)	आरोप लगाना	ārop lagāna
vingança (f)	बदला (m)	badala
vingar (vt)	बदला लेना	badala lena
vingar-se de	बदला लेना	badala lena
desprezo (m)	नफ़रत (m)	nafarat
desprezar (vt)	नफ़रत करना	nafarat karana
ódio (m)	नफ़रत (m)	nafarat
odiar (vt)	नफ़रत करना	nafarat karana
nervoso (adj)	घबराना	ghabarāna
estar nervoso	घबराना	ghabarāna
zangado (adj)	नाराज़	nārāz
zangar (vt)	नाराज़ करना	nārāz karana
humilhação (f)	बेइज़्ज़ती (f)	bezzatī
humilhar (vt)	निरादर करना	nirādar karana
humilhar-se (vr)	अपमान होना	apamān hona
choque (m)	हैरानी (f)	hairānī
chocar (vt)	हैरान होना	hairān hona
aborrecimento (m)	परेशानियाँ (f)	pareshāniyān
desagradável (adj)	अप्रिय	apriy
medo (m)	डर (f)	dar
terrível (tempestade, etc.)	भयानक	bhayānak
assustador (ex. história ~a)	भयंकर	bhayankar

| horror (m) | दहशत (f) | dahashat |
| horrível (crime, etc.) | भयानक | bhayānak |

chorar (vi)	रोना	rona
começar a chorar	रोने लगना	rone lagana
lágrima (f)	आँसु (f)	ānsu

falta (f)	ग़लती (f)	galatī
culpa (f)	दोष का एहसास (m)	dosh ka ehasās
desonra (f)	बदनामी (f)	badanāmī
protesto (m)	विरोध (m)	virodh
estresse (m)	तनाव (m)	tanāv

perturbar (vt)	परेशान करना	pareshān karana
zangar-se com ...	गुस्सा करना	gussa karana
zangado (irritado)	क्रोधित	krodhit
terminar (vt)	ख़त्म करना	khatm karana
praguejar	कसम खाना	kasam khāna

assustar-se	डराना	darāna
golpear (vt)	मारना	mārana
brigar (na rua, etc.)	झगड़ना	jhagarana

resolver (o conflito)	सुलझाना	sulajhāna
descontente (adj)	असंतुष्ट	asantusht
furioso (adj)	गुस्सा	gussa

| Não está bem! | यह ठीक नहीं! | yah thīk nahin! |
| É ruim! | यह बुरा है! | yah bura hai! |

Medicina

71. Doenças

doença (f)	बीमारी (f)	bīmārī
estar doente	बीमार होना	bīmār hona
saúde (f)	सेहत (f)	sehat

nariz (m) escorrendo	नज़ला (m)	nazala
amigdalite (f)	टॉन्सिल (m)	tonsil
resfriado (m)	ज़ुकाम (f)	zukām
ficar resfriado	ज़ुकाम हो जाना	zukām ho jāna

bronquite (f)	ब्रॉन्काइटिस (m)	bronkaitis
pneumonia (f)	निमोनिया (f)	nimoniya
gripe (f)	फ़्लू (m)	flū

míope (adj)	कमबीन	kamabīn
presbita (adj)	कमज़ोर दूरदृष्टि	kamazor dūradrshti
estrabismo (m)	तिरछी नज़र (m)	tirachhī nazar
estrábico, vesgo (adj)	तिरछी नज़रवाला	tirachhī nazaravāla
catarata (f)	मोतिया बिंद (m)	motiya bind
glaucoma (m)	काला मोतिया (m)	kāla motiya

AVC (m), apoplexia (f)	स्ट्रोक (m)	strok
ataque (m) cardíaco	दिल का दौरा (m)	dil ka daura
enfarte (m) do miocárdio	मायोकार्डियल इन्फ़ाक्शन (m)	māyokārdiyal infārkshan
paralisia (f)	लकवा (m)	lakava
paralisar (vt)	लक़वा मारना	laqava mārana

alergia (f)	एलर्जी (f)	elarjī
asma (f)	दमा (f)	dama
diabetes (f)	शूगर (f)	shūgar

dor (f) de dente	दाँत दर्द (m)	dānt dard
cárie (f)	दाँत में कीड़ा (m)	dānt men kīra

diarreia (f)	दस्त (m)	dast
prisão (f) de ventre	कब्ज़ (m)	kabz
desarranjo (m) intestinal	पेट ख़राब (m)	pet kharāb
intoxicação (f) alimentar	ख़राब खाने से हुई बीमारी (f)	kharāb khāne se huī bīmārī
intoxicar-se	ख़राब खाने से बीमार पड़ना	kharāb khāne se bīmār parana

artrite (f)	गठिया (m)	gathiya
raquitismo (m)	बालवक्र (m)	bālavakr
reumatismo (m)	आमवात (m)	āmavāt
arteriosclerose (f)	धमनीकलाकाठिन्य (m)	dhamanīkalākāthiny
gastrite (f)	जठर-शोथ (m)	jathar-shoth
apendicite (f)	उण्डुक-शोथ (m)	unduk-shoth

colecistite (f)	पिताशय (m)	pittāshay
úlcera (f)	अल्सर (m)	alsar

sarampo (m)	मीज़ल्स (m)	mīzals
rubéola (f)	जर्मन मीज़ल्स (m)	jarman mīzals
icterícia (f)	पीलिया (m)	pīliya
hepatite (f)	हेपेटाइटिस (m)	hepetaitis

esquizofrenia (f)	शीज़ोफ्रेनीय (f)	shīzofrenīy
raiva (f)	रेबीज़ (m)	rebīz
neurose (f)	न्यूरोसिस (m)	nyūrosis
contusão (f) cerebral	आघात (m)	āghāt

câncer (m)	कर्क रोग (m)	kark rog
esclerose (f)	काठिन्य (m)	kāthiny
esclerose (f) múltipla	मल्टीपल स्क्लेरोसिस (m)	maltīpal sklerosis

alcoolismo (m)	शराबीपन (m)	sharābīpan
alcoólico (m)	शराबी (m)	sharābī
sífilis (f)	सीफ़िलिस (m)	sīfilis
AIDS (f)	ऐड्स (m)	aids

tumor (m)	ट्यूमर (m)	tyūmar
maligno (adj)	घातक	ghātak
benigno (adj)	अर्बुद	arbud

febre (f)	बुखार (m)	bukhār
malária (f)	मलेरिया (f)	maleriya
gangrena (f)	गैन्ग्रीन (m)	gaingrīn
enjoo (m)	जहाज़ी मतली (f)	jahāzī matalī
epilepsia (f)	मिरगी (f)	miragī

epidemia (f)	महामारी (f)	mahāmārī
tifo (m)	टाइफ़स (m)	taifas
tuberculose (f)	टीबी (m)	tībī
cólera (f)	हैज़ा (f)	haiza
peste (f) bubônica	प्लेग (f)	pleg

72. Sintomas. Tratamentos. Parte 1

sintoma (m)	लक्षण (m)	lakshan
temperatura (f)	तापमान (m)	tāpamān
febre (f)	बुखार (f)	bukhār
pulso (m)	नब्ज़ (f)	nabz

vertigem (f)	सिर का चक्कर (m)	sir ka chakkar
quente (testa, etc.)	गरम	garam
calafrio (m)	कंपकंपी (f)	kampakampī
pálido (adj)	पीला	pīla

tosse (f)	खाँसी (f)	khānsī
tossir (vi)	खाँसना	khānsana
espirrar (vi)	छींकना	chhīnkana
desmaio (m)	बेहोशी (f)	behoshī

desmaiar (vi)	बेहोश होना	behosh hona
mancha (f) preta	नील (m)	nīl
galo (m)	गुमड़ा (m)	gumara
machucar-se (vr)	चोट लगना	chot lagana
contusão (f)	चोट (f)	chot
machucar-se (vr)	घाव लगना	ghāv lagana

mancar (vi)	लँगड़ाना	langarāna
deslocamento (f)	हड्डी खिसकना (f)	haddī khisakana
deslocar (vt)	हड्डी खिसकना	haddī khisakana
fratura (f)	हड्डी टूट जाना (f)	haddī tūt jāna
fraturar (vt)	हड्डी टूट जाना	haddī tūt jāna

corte (m)	कट जाना (m)	kat jāna
cortar-se (vr)	ख़ुद को काट लेना	khud ko kāt lena
hemorragia (f)	रक्त-स्राव (m)	rakt-srāv

| queimadura (f) | जला होना | jala hona |
| queimar-se (vr) | जल जाना | jal jāna |

picar (vt)	चुभाना	chubhāna
picar-se (vr)	ख़ुद को चुभाना	khud ko chubhāna
lesionar (vt)	घायल करना	ghāyal karana
lesão (m)	चोट (f)	chot
ferida (f), ferimento (m)	घाव (m)	ghāv
trauma (m)	चोट (f)	chot

delirar (vi)	बेहोशी में बड़बड़ाना	behoshī men barabadāna
gaguejar (vi)	हकलाना	hakalāna
insolação (f)	धूप आघात (m)	dhūp āghāt

73. Sintomas. Tratamentos. Parte 2

| dor (f) | दर्द (f) | dard |
| farpa (no dedo, etc.) | चुभ जाना (m) | chubh jāna |

suor (m)	पसीना (f)	pasīna
suar (vi)	पसीना निकलना	pasīna nikalana
vômito (m)	वमन (m)	vaman
convulsões (f pl)	दौरा (m)	daura

grávida (adj)	गर्भवती	garbhavatī
nascer (vi)	जन्म लेना	janm lena
parto (m)	पैदा करना (m)	paida karana
dar à luz	पैदा करना	paida karana
aborto (m)	गर्भपात (m)	garbhapāt

respiração (f)	साँस (f)	sāns
inspiração (f)	साँस अंदर खींचना (f)	sāns andar khīnchana
expiração (f)	साँस बाहर छोड़ना (f)	sāns bāhar chhorana
expirar (vi)	साँस बाहर छोड़ना	sāns bāhar chhorana
inspirar (vi)	साँस अंदर खींचना	sāns andar khīnchana
inválido (m)	अपाहिज (m)	apāhij
aleijado (m)	लूला (m)	lūla

drogado (m)	नशेबाज़ (m)	nashebāz
surdo (adj)	बहरा	bahara
mudo (adj)	गूँगा	gūnga
surdo-mudo (adj)	बहरा और गूँगा	bahara aur gūnga

louco, insano (adj)	पागल	pāgal
louco (m)	पगला (m)	pagala
louca (f)	पगली (f)	pagalī
ficar louco	पागल हो जाना	pāgal ho jāna

gene (m)	वंशाणु (m)	vanshānu
imunidade (f)	रोग प्रतिरोधक शक्ति (f)	rog pratirodhak shakti
hereditário (adj)	जन्मजात	janmajāt
congênito (adj)	पैदाइशी	paidaishī

vírus (m)	विषाणु (m)	vishānu
micróbio (m)	कीटाणु (m)	kītānu
bactéria (f)	जीवाणु (m)	jīvānu
infecção (f)	संक्रमण (m)	sankraman

74. Sintomas. Tratamentos. Parte 3

hospital (m)	अस्पताल (m)	aspatāl
paciente (m)	मरीज़ (m)	marīz

diagnóstico (m)	रोग-निर्णय (m)	rog-nirnay
cura (f)	इलाज (m)	ilāj
tratamento (m) médico	चिकित्सीय उपचार (m)	chikitsīy upachār
curar-se (vr)	इलाज कराना	ilāj karāna
tratar (vt)	इलाज करना	ilāj karana
cuidar (pessoa)	देखभाल करना	dekhabhāl karana
cuidado (m)	देखभाल (f)	dekhabhāl

operação (f)	ऑपरेशन (m)	opareshan
enfaixar (vt)	पट्टी बाँधना	pattī bāndhana
enfaixamento (m)	पट्टी (f)	pattī

vacinação (f)	टीका (m)	tīka
vacinar (vt)	टीका लगाना	tīka lagāna
injeção (f)	इंजेक्शन (m)	injekshan
dar uma injeção	इंजेक्शन लगाना	injekshan lagāna

amputação (f)	अंगविच्छेद (f)	angavichchhed
amputar (vt)	अंगविच्छेद करना	angavichchhed karana
coma (f)	कोमा (m)	koma
estar em coma	कोमा में चले जाना	koma men chale jāna
reanimação (f)	गहन चिकित्सा (f)	gahan chikitsa

recuperar-se (vr)	ठीक हो जाना	thīk ho jāna
estado (~ de saúde)	हालत (m)	hālat
consciência (perder a ~)	होश (m)	hosh
memória (f)	याददाश्त (f)	yādadāsht
tirar (vt)	दाँत निकालना	dānt nikālana
obturação (f)	भराव (m)	bharāv

obturar (vt)	दाँत को भरना	dānt ko bharana
hipnose (f)	हिपनोसिस (m)	hipanosis
hipnotizar (vt)	हिपनोटाइज़ करना	hipanotaiz karana

75. Médicos

médico (m)	डॉक्टर (m)	doktar
enfermeira (f)	नर्स (m)	nars
médico (m) pessoal	निजी डॉक्टर (m)	nijī doktar
dentista (m)	दंत-चिकित्सक (m)	dant-chikitsak
oculista (m)	आँखों का डॉक्टर (m)	ānkhon ka doktar
terapeuta (m)	चिकित्सक (m)	chikitsak
cirurgião (m)	शल्य-चिकित्सक (m)	shaly-chikitsak
psiquiatra (m)	मनोरोग चिकित्सक (m)	manorog chikitsak
pediatra (m)	बाल-चिकित्सक (m)	bāl-chikitsak
psicólogo (m)	मनोवैज्ञानिक (m)	manovaigyānik
ginecologista (m)	प्रसूतिशास्री (f)	prasūtishāsrī
cardiologista (m)	हृदय रोग विशेषज्ञ (m)	hrday rog visheshagy

76. Medicina. Drogas. Acessórios

medicamento (m)	दवा (f)	dava
remédio (m)	दवाई (f)	davaī
receitar (vt)	नुसख़ा लिखना	nusakha likhana
receita (f)	नुसख़ा (m)	nusakha
comprimido (m)	गोली (f)	golī
unguento (m)	मरहम (m)	maraham
ampola (f)	एम्प्यूल (m)	empyūl
solução, preparado (m)	सिरप (m)	sirap
xarope (m)	शरबत (m)	sharabat
cápsula (f)	गोली (f)	golī
pó (m)	चूरन (m)	chūran
atadura (f)	पट्टी (f)	pattī
algodão (m)	रूई का गोला (m)	rūī ka gola
iodo (m)	आयोडीन (m)	āyodīn
curativo (m) adesivo	बैंड-एड (m)	baind-ed
conta-gotas (m)	आई-ड्रॉपर (m)	āī-dropar
termômetro (m)	थरमामीटर (m)	tharamāmītar
seringa (f)	इंजेक्शन (m)	injekshan
cadeira (f) de rodas	व्हीलचेयर (f)	vhīlacheyar
muletas (f pl)	बैसाखी (m pl)	baisākhī
analgésico (m)	दर्द-निवारक (f)	dard-nivārak
laxante (m)	जुलाब की गोली (f)	julāb kī golī
álcool (m)	स्पिरिट (m)	spirit
ervas (f pl) medicinais	जड़ी-बूटी (f)	jarī-būtī
de ervas (chá ~)	जड़ी-बूटियों से बना	jarī-būtiyon se bana

77. Fumar. Produtos tabágicos

tabaco (m)	तम्बाकू (m)	tambākū
cigarro (m)	सिगरेट (m)	sigaret
charuto (m)	सिगार (m)	sigār
cachimbo (m)	पाइप (f)	paip
maço (~ de cigarros)	पैक (m)	paik

fósforos (m pl)	माचिस (f pl)	māchis
caixa (f) de fósforos	माचिस का डिब्बा (m)	māchis ka dibba
isqueiro (m)	लाइटर (f)	laitar
cinzeiro (m)	राखदानी (f)	rākhadānī
cigarreira (f)	सिगरेट केस (m)	sigaret kes

piteira (f)	सिगरेट होलडर (m)	sigaret holadar
filtro (m)	फ़िल्टर (m)	filtar

fumar (vi, vt)	धूम्रपान करना	dhumrapān karana
acender um cigarro	सिगरेट जलाना	sigaret jalāna
tabagismo (m)	धूम्रपान (m)	dhumrapān
fumante (m)	धूम्रपान करने वाला (m)	dhūmrapān karane vāla

bituca (f)	सिगरेट का बचा हुआ टुकड़ा (m)	sigaret ka bacha hua tukara
fumaça (f)	सिगरेट का धुँआ (m)	sigaret ka dhuna
cinza (f)	राख (m)	rākh

HABITAT HUMANO

Cidade

78. Cidade. Vida na cidade

cidade (f)	नगर (m)	nagar
capital (f)	राजधानी (f)	rājadhānī
aldeia (f)	गांव (m)	gānv
mapa (m) da cidade	नगर का नक्शा (m)	nagar ka naksha
centro (m) da cidade	नगर का केन्द्र (m)	nagar ka kendr
subúrbio (m)	उपनगर (m)	upanagar
suburbano (adj)	उपनगरिक	upanagarik
periferia (f)	बाहरी इलाका (m)	bāharī ilāka
arredores (m pl)	इर्दगिर्द के इलाके (m pl)	irdagird ke ilāke
quarteirão (m)	सेक्टर (m)	sektar
quarteirão (m) residencial	मुहल्ला (m)	muhalla
tráfego (m)	यातायात (f)	yātāyāt
semáforo (m)	यातायात सिग्नल (m)	yātāyāt signal
transporte (m) público	जन परिवहन (m)	jan parivahan
cruzamento (m)	चौराहा (m)	chaurāha
faixa (f)	ज़ेबरा क्रॉसिंग (f)	zebara krosing
túnel (m) subterrâneo	पैदल यात्रियों के लिए अंडरपास (f)	paidal yātriyon ke lie andarapās
cruzar, atravessar (vt)	सड़क पार करना	sarak pār karana
pedestre (m)	पैदल-यात्री (m)	paidal-yātrī
calçada (f)	फुटपाथ (m)	futapāth
ponte (f)	पुल (m)	pul
margem (f) do rio	तट (m)	tat
fonte (f)	फौवारा (m)	fauvāra
alameda (f)	छायापथ (f)	chhāyāpath
parque (m)	पार्क (m)	pārk
bulevar (m)	चौड़ी सड़क (m)	chaurī sarak
praça (f)	मैदान (m)	maidān
avenida (f)	मार्ग (m)	mārg
rua (f)	सड़क (f)	sarak
travessa (f)	गली (f)	galī
beco (m) sem saída	बंद गली (f)	band galī
casa (f)	मकान (m)	makān
edifício, prédio (m)	इमारत (f)	imārat
arranha-céu (m)	गगनचुंबी भवन (f)	gaganachumbī bhavan
fachada (f)	अगवाड़ा (m)	agavāra

telhado (m)	छत (f)	chhat
janela (f)	खिड़की (f)	khirakī
arco (m)	मेहराब (m)	meharāb
coluna (f)	स्तंभ (m)	stambh
esquina (f)	कोना (m)	kona

vitrine (f)	दुकान का शो-केस (m)	dukān ka sho-kes
letreiro (m)	साईनबोर्ड (m)	saīnabord
cartaz (do filme, etc.)	पोस्टर (m)	postar
cartaz (m) publicitário	विज्ञापन पोस्टर (m)	vigyāpan postar
painel (m) publicitário	बिलबोर्ड (m)	bilabord

lixo (m)	कूड़ा (m)	kūra
lata (f) de lixo	कूड़े का डिब्बा (m)	kūre ka dibba
jogar lixo na rua	कूड़ा-कर्कट डालना	kūra-karkat dālana
aterro (m) sanitário	डम्पिंग ग्राउंड (m)	damping graund

orelhão (m)	फ़ोन बूथ (m)	fon būth
poste (m) de luz	बिजली का खंभा (m)	bijalī ka khambha
banco (m)	पार्क-बेंच (f)	pārk-bench

polícia (m)	पुलिसवाला (m)	pulisavāla
polícia (instituição)	पुलिस (m)	pulis
mendigo, pedinte (m)	भिखारी (m)	bhikhārī
desabrigado (m)	बेघर (m)	beghar

79. Instituições urbanas

loja (f)	दुकान (f)	dukān
drogaria (f)	दवाख़ाना (m)	davākhāna
ótica (f)	चश्मे की दुकान (f)	chashme kī dukān
centro (m) comercial	शॉपिंग मॉल (m)	shoping mol
supermercado (m)	सुपर बाज़ार (m)	supar bāzār

padaria (f)	बेकरी (f)	bekarī
padeiro (m)	बेकर (m)	bekar
pastelaria (f)	टॉफ़ी की दुकान (f)	tofī kī dukān
mercearia (f)	परचून की दुकान (f)	parachūn kī dukān
açougue (m)	गोश्त की दुकान (f)	gosht kī dukān

| fruteira (f) | सब्ज़ियों की दुकान (f) | sabziyon kī dukān |
| mercado (m) | बाज़ार (m) | bāzār |

cafeteria (f)	काफ़ी हाउस (m)	kāfī haus
restaurante (m)	रेस्टरॉं (m)	restarān
bar (m)	शराबख़ाना (m)	sharābakhāna
pizzaria (f)	पिट्ज़ा की दुकान (f)	pitza kī dukān

salão (m) de cabeleireiro	नाई की दुकान (f)	naī kī dukān
agência (f) dos correios	डाकघर (m)	dākaghar
lavanderia (f)	ड्राइक्लीनर (m)	draiklīnar
estúdio (m) fotográfico	फ़ोटो की दुकान (f)	foto kī dukān
sapataria (f)	जुते की दुकान (f)	jūte kī dukān
livraria (f)	किताबों की दुकान (f)	kitābon kī dukān

loja (f) de artigos esportivos	खेलकूद की दुकान (f)	khelakūd kī dukān
costureira (m)	कपड़ों की मरम्मत की दुकान (f)	kaparon kī marammat kī dukān
aluguel (m) de roupa	कपड़ों को किराए पर देने की दुकान (f)	kaparon ko kirae par dene kī dukān
videolocadora (f)	वीडियो रेन्टल दुकान (f)	vīdiyo rental dukān
circo (m)	सर्कस (m)	sarkas
jardim (m) zoológico	चिड़ियाघर (m)	chiriyāghar
cinema (m)	सिनेमाघर (m)	sinemāghar
museu (m)	संग्रहालय (m)	sangrahālay
biblioteca (f)	पुस्तकालय (m)	pustakālay
teatro (m)	रंगमंच (m)	rangamanch
ópera (f)	ओपेरा (m)	opera
boate (casa noturna)	नाईट क्लब (m)	naït klab
cassino (m)	केसिनो (m)	kesino
mesquita (f)	मस्जिद (m)	masjid
sinagoga (f)	सीनागोग (m)	sīnāgog
catedral (f)	गिरजाघर (m)	girajāghar
templo (m)	मंदिर (m)	mandir
igreja (f)	गिरजाघर (m)	girajāghar
faculdade (f)	कॉलेज (m)	kolej
universidade (f)	विश्वविद्यालय (m)	vishvavidyālay
escola (f)	विद्यालय (m)	vidyālay
prefeitura (f)	प्रशासक प्रान्त (m)	prashāsak prānt
câmara (f) municipal	सिटी हॉल (m)	sitī hol
hotel (m)	होटल (f)	hotal
banco (m)	बैंक (m)	baink
embaixada (f)	दूतावस (m)	dūtāvas
agência (f) de viagens	पर्यटन आफ़िस (m)	paryatan āfis
agência (f) de informações	पूछताछ कार्यालय (m)	pūchhatāchh kāryālay
casa (f) de câmbio	मुद्रालय (m)	mudrālay
metrô (m)	मेट्रो (m)	metro
hospital (m)	अस्पताल (m)	aspatāl
posto (m) de gasolina	पेट्रोल पम्प (f)	petrol pamp
parque (m) de estacionamento	पार्किंग (f)	pārking

80. Sinais

letreiro (m)	साईनबोर्ड (m)	saïnabord
aviso (m)	दुकान का साईन (m)	dukān ka saïn
cartaz, pôster (m)	पोस्टर (m)	postar
placa (f) de direção	दिशा संकेतक (m)	disha sanketak
seta (f)	तीर दिशा संकेतक (m)	tīr disha sanketak
aviso (advertência)	चेतावनी (f)	chetāvanī
sinal (m) de aviso	चेतावनी संकेतक (m)	chetāvanī sanketak

avisar, advertir (vt)	चेतावनी देना	chetāvanī dena
dia (m) de folga	छुट्टी का दिन (m)	chhuttī ka din
horário (~ dos trens, etc.)	समय सारणी (f)	samay sāranī
horário (m)	खुलने का समय (m)	khulane ka samay

BEM-VINDOS!	आपका स्वागत है!	āpaka svāgat hai!
ENTRADA	प्रवेश	pravesh
SAÍDA	निकास	nikās

EMPURRE	धक्का दें	dhakka den
PUXE	खींचे	khīnche
ABERTO	खुला	khula
FECHADO	बंद	band

| MULHER | औरतों के लिये | auraton ke liye |
| HOMEM | आदमियों के लिये | ādamiyon ke liye |

DESCONTOS	डिस्काउन्ट	diskaunt
SALDOS, PROMOÇÃO	सेल	sel
NOVIDADE!	नया!	naya!
GRÁTIS	मुफ़्त	muft

ATENÇÃO!	ध्यान दें!	dhyān den!
NÃO HÁ VAGAS	कोई जगह खाली नहीं है	koī jagah khālī nahin hai
RESERVADO	रिज़र्वड	rizarvad

| ADMINISTRAÇÃO | प्रशासन | prashāsan |
| SOMENTE PESSOAL AUTORIZADO | केवल कर्मचारियों के लिए | keval karmachāriyon ke lie |

CUIDADO CÃO FEROZ	कुत्ते से सावधान!	kutte se sāvadhān!
PROIBIDO FUMAR!	धूम्रपान निषेध!	dhumrapān nishedh!
NÃO TOCAR	छूना मना!	chhūna mana!

PERIGOSO	खतरा	khatara
PERIGO	खतरा	khatara
ALTA TENSÃO	उच्च वोल्टेज	uchch voltej
PROIBIDO NADAR	तैरना मना!	tairana mana!
COM DEFEITO	ख़राब	kharāb

INFLAMÁVEL	ज्वलनशील	jvalanashīl
PROIBIDO	निषिद्ध	nishiddh
ENTRADA PROIBIDA	प्रवेश निषेध!	pravesh nishedh!
CUIDADO TINTA FRESCA	गीला पेंट	gīla pent

81. Transportes urbanos

ônibus (m)	बस (f)	bas
bonde (m) elétrico	ट्रैम (m)	traim
trólebus (m)	ट्रॉलीबस (f)	trolības
rota (f), itinerário (m)	मार्ग (m)	mārg
número (m)	नम्बर (m)	nambar
ir de ... (carro, etc.)	के माध्यम से जाना	ke mādhyam se jāna
entrar no ...	सवार होना	savār hona

descer do ...	उतरना	utarana
parada (f)	बस स्टॉप (m)	bas stop
próxima parada (f)	अगला स्टॉप (m)	agala stop
terminal (m)	अंतिम स्टेशन (m)	antim steshan
horário (m)	समय सारणी (f)	samay sāranī
esperar (vt)	इंतज़ार करना	intazār karana
passagem (f)	टिकट (m)	tikat
tarifa (f)	टिकट का किराया (m)	tikat ka kirāya
bilheteiro (m)	कैशियर (m)	kaishiyar
controle (m) de passagens	टिकट जाँच (f)	tikat jānch
revisor (m)	कंडक्टर (m)	kandaktar
atrasar-se (vr)	देर हो जाना	der ho jāna
perder (o autocarro, etc.)	छूट जाना	chhūt jāna
estar com pressa	जल्दी में रहना	jaldī men rahana
táxi (m)	टैक्सी (m)	taiksī
taxista (m)	टैक्सीवाला (m)	taiksīvāla
de táxi (ir ~)	टैक्सी से (m)	taiksī se
ponto (m) de táxis	टैक्सी स्टैंड (m)	taiksī staind
chamar um táxi	टैक्सी बुलाना	taiksī bulāna
pegar um táxi	टैक्सी लेना	taiksī lena
tráfego (m)	यातायात (f)	yātāyāt
engarrafamento (m)	ट्रैफ़िक जाम (m)	traifik jām
horas (f pl) de pico	भीड़ का समय (m)	bhīr ka samay
estacionar (vi)	पार्क करना	pārk karana
estacionar (vt)	पार्क करना	pārk karana
parque (m) de estacionamento	पार्किंग (f)	pārking
metrô (m)	मेट्रो (m)	metro
estação (f)	स्टेशन (m)	steshan
ir de metrô	मेट्रो लेना	metro lena
trem (m)	रेलगाड़ी, ट्रेन (f)	relagārī, tren
estação (f) de trem	स्टेशन (m)	steshan

82. Turismo

monumento (m)	स्मारक (m)	smārak
fortaleza (f)	किला (m)	kila
palácio (m)	भवन (m)	bhavan
castelo (m)	महल (m)	mahal
torre (f)	मीनार (m)	mīnār
mausoléu (m)	समाधि (f)	samādhi
arquitetura (f)	वस्तुशाला (m)	vastushāla
medieval (adj)	मध्ययुगीय	madhayayugīy
antigo (adj)	प्राचीन	prāchīn
nacional (adj)	राष्ट्रीय	rāshtrīy
famoso, conhecido (adj)	मशहूर	mashhūr
turista (m)	पर्यटक (m)	paryatak
guia (pessoa)	गाइड (m)	gaid

excursão (f)	पर्यटन यात्रा (m)	paryatan yātra
mostrar (vt)	दिखाना	dikhāna
contar (vt)	बताना	batāna

encontrar (vt)	ढूँढना	dhūnrhana
perder-se (vr)	खो जाना	kho jāna
mapa (~ do metrô)	नक्शा (m)	naksha
mapa (~ da cidade)	नक्शा (m)	naksha

lembrança (f), presente (m)	यादगार (m)	yādagār
loja (f) de presentes	गिफ़्ट शॉप (f)	gift shop
tirar fotos, fotografar	फोटो खींचना	foto khīnchana
fotografar-se (vr)	अपना फ़ोटो खिंचवाना	apana foto khinchavāna

83. Compras

comprar (vt)	खरीदना	kharīdana
compra (f)	खरीदारी (f)	kharīdārī
fazer compras	खरीदारी करने जाना	kharīdārī karane jāna
compras (f pl)	खरीदारी (f)	kharīdārī

estar aberta (loja)	खुला होना	khula hona
estar fechada	बन्द होना	band hona

calçado (m)	जूता (m)	jūta
roupa (f)	पोशाक (m)	poshāk
cosméticos (m pl)	श्रृंगार-सामग्री (f)	shrrngār-sāmagrī
alimentos (m pl)	खाने-पीने की चीज़ें (f pl)	khāne-pīne kī chīzen
presente (m)	उपहार (m)	upahār

vendedor (m)	बेचनेवाला (m)	bechanevāla
vendedora (f)	बेचनेवाली (f)	bechanevālī

caixa (f)	कैश-काउन्टर (m)	kaish-kauntar
espelho (m)	आईना (m)	āīna
balcão (m)	काउन्टर (m)	kauntar
provador (m)	ट्राई करने का कमरा (m)	traī karane ka kamara

provar (vt)	ट्राई करना	traī karana
servir (roupa, caber)	फिटिंग करना	fiting karana
gostar (apreciar)	पसंद करना	pasand karana

preço (m)	दाम (m)	dām
etiqueta (f) de preço	प्राइस टैग (m)	prais taig
custar (vt)	दाम होना	dām hona
Quanto?	कितना?	kitana?
desconto (m)	डिस्काउन्ट (m)	diskaunt

não caro (adj)	सस्ता	sasta
barato (adj)	सस्ता	sasta
caro (adj)	महंगा	mahanga
É caro	यह महंगा है	yah mahanga hai
aluguel (m)	रेन्टल (m)	rental
alugar (roupas, etc.)	किराए पर लेना	kirae par lena

crédito (m)	क्रेडिट (m)	kredit
a crédito	क्रेडिट पर	kredit par

84. Dinheiro

dinheiro (m)	पैसा (m pl)	paisa
câmbio (m)	मुद्रा विनिमय (m)	mudra vinimay
taxa (f) de câmbio	विनिमय दर (m)	vinimay dar
caixa (m) eletrônico	एटीएम (m)	etīem
moeda (f)	सिक्का (m)	sikka
dólar (m)	डॉलर (m)	dolar
euro (m)	यूरो (m)	yūro
lira (f)	लीरा (f)	līra
marco (m)	डचमार्क (m)	dachamārk
franco (m)	फ्रांक (m)	fränk
libra (f) esterlina	पाउन्ड स्टरलिंग (m)	paund staraling
iene (m)	येन (m)	yen
dívida (f)	कर्ज़ (m)	karz
devedor (m)	क़र्ज़दार (m)	qarzadār
emprestar (vt)	कर्ज़ देना	karz dena
pedir emprestado	कर्ज़ लेना	karz lena
banco (m)	बैंक (m)	baink
conta (f)	बैंक खाता (m)	baink khāta
depositar na conta	बैंक खाते में जमा करना	baink khāte men jama karana
sacar (vt)	खाते से पैसे निकालना	khāte se paise nikālana
cartão (m) de crédito	क्रेडिट कार्ड (m)	kredit kārd
dinheiro (m) vivo	कैश (m pl)	kaish
cheque (m)	चेक (m)	chek
passar um cheque	चेक लिखना	chek likhana
talão (m) de cheques	चेकबुक (f)	chekabuk
carteira (f)	बटुआ (m)	batua
niqueleira (f)	बटुआ (m)	batua
cofre (m)	लॉकर (m)	lokar
herdeiro (m)	उत्तराधिकारी (m)	uttarādhikārī
herança (f)	उत्तराधिकार (m)	uttarādhikār
fortuna (riqueza)	संपत्ति (f)	sampatti
arrendamento (m)	किराये पर देना (m)	kirāye par dena
aluguel (pagar o ~)	किराया (m)	kirāya
alugar (vt)	किराए पर लेना	kirae par lena
preço (m)	दाम (m)	dām
custo (m)	कीमत (f)	kīmat
soma (f)	रक़म (m)	raqam
gastar (vt)	खर्च करना	kharch karana
gastos (m pl)	खर्च (m pl)	kharch

| economizar (vi) | बचत करना | bachat karana |
| economico (adj) | किफ़ायती | kifāyatī |

pagar (vt)	दाम चुकाना	dām chukāna
pagamento (m)	भुगतान (m)	bhugatān
troco (m)	चिल्लर (m)	chillar

imposto (m)	टैक्स (m)	taiks
multa (f)	जुर्माना (m)	jurmāna
multar (vt)	जुर्माना लगाना	jurmāna lagāna

85. Correios. Serviço postal

agência (f) dos correios	डाकघर (m)	dākaghar
correio (m)	डाक (m)	dāk
carteiro (m)	डाकिया (m)	dākiya
horário (m)	खुलने का समय (m)	khulane ka samay

carta (f)	पत्र (m)	patr
carta (f) registada	रजिस्टरी पत्र (m)	rajistarī patr
cartão (m) postal	पोस्ट कार्ड (m)	post kārd
telegrama (m)	तार (m)	tār
encomenda (f)	पार्सल (f)	pārsal
transferência (f) de dinheiro	मनी ट्रांसफर (m)	manī trānsafar

receber (vt)	पाना	pāna
enviar (vt)	भेजना	bhejana
envio (m)	भेज (m)	bhej

endereço (m)	पता (m)	pata
código (m) postal	पिन कोड (m)	pin kod
remetente (m)	भेजनेवाला (m)	bhejanevāla
destinatário (m)	पानेवाला (m)	pānevāla

| nome (m) | पहला नाम (m) | pahala nām |
| sobrenome (m) | उपनाम (m) | upanām |

tarifa (f)	डाक दर (m)	dāk dar
ordinário (adj)	मानक	mānak
economico (adj)	किफ़ायती	kifāyatī

peso (m)	वज़न (m)	vazan
pesar (estabelecer o peso)	तोलना	tolana
envelope (m)	लिफ़ाफ़ा (m)	lifāfa
selo (m) postal	डाक टिकट (m)	dāk tikat
colar o selo	डाक टिकट लगाना	dāk tikat lagāna

Moradia. Casa. Lar

86. Casa. Habitação

casa (f)	मकान (m)	makān
em casa	घर पर	ghar par
pátio (m), quintal (f)	आंगन (m)	āngan
cerca, grade (f)	बाड़ (f)	bār
tijolo (m)	ईंट (f)	īnt
de tijolos	ईंट का	īnt ka
pedra (f)	पत्थर (m)	patthar
de pedra	पत्थरीला	pattharīla
concreto (m)	कंक्रीट (m)	kankrīt
concreto (adj)	कंक्रीट का	kankrīt ka
novo (adj)	नया	naya
velho (adj)	पुराना	purāna
decrépito (adj)	टूटा-फूटा	tūta-fūta
moderno (adj)	आधुनिक	ādhunik
de vários andares	बहुमंज़िला	bahumanzila
alto (adj)	ऊंचा	ūncha
andar (m)	मंज़िल (f)	manzil
de um andar	एकमंज़िला	ekamanzila
térreo (m)	पहली मंज़िल (f)	pahalī manzil
andar (m) de cima	ऊपरी मंज़िल (f)	ūparī manzil
telhado (m)	छत (f)	chhat
chaminé (f)	चिमनी (f)	chimanī
telha (f)	खपड़ा (m)	khapara
de telha	टाइल का बना	tail ka bana
sótão (m)	अटारी (f)	atārī
janela (f)	खिड़की (f)	khirakī
vidro (m)	कांच (f)	kānch
parapeito (m)	विन्डो सिल (m)	vindo sil
persianas (f pl)	शट्टर (m)	shattar
parede (f)	दीवार (f)	dīvār
varanda (f)	बाल्कनी (f)	bālkanī
calha (f)	जल निकास पाइप (f)	jal nikās paip
em cima	ऊपर	ūpar
subir (vi)	ऊपर जाना	ūpar jāna
descer (vi)	नीचे उतरना	nīche utarana
mudar-se (vr)	घर बदलना	ghar badalana

87. Casa. Entrada. Elevador

entrada (f)	प्रवेश-द्वार (m)	pravesh-dvār
escada (f)	सीढ़ी (f)	sīrhī
degraus (m pl)	सीढ़ी (f)	sīrhī
corrimão (m)	रेलिंग (f pl)	reling
hall (m) de entrada	हॉल (m)	hol

caixa (f) de correio	लेटर बॉक्स (m)	letar boks
lata (f) do lixo	कचरे का डब्बा (m)	kachare ka dabba
calha (f) de lixo	कचरे का श्यूट (m)	kachare ka shyūt

elevador (m)	लिफ़्ट (m)	lift
elevador (m) de carga	लिफ़्ट (m)	lift
cabine (f)	लिफ़्ट (f)	lift
pegar o elevador	लिफ़्ट से जाना	lift se jāna

apartamento (m)	फ़्लैट (f)	flait
residentes (pl)	निवासी (m)	nivāsī
vizinho (m)	पड़ोसी (m)	parosī
vizinha (f)	पड़ोसन (f)	parosan
vizinhos (pl)	पड़ोसी (m pl)	parosī

88. Casa. Eletricidade

eletricidade (f)	बिजली (f)	bijalī
lâmpada (f)	बल्ब (m)	balb
interruptor (m)	स्विच (m)	svich
fusível, disjuntor (m)	फ़्यूज़ बटन (m)	fyūz batan

fio, cabo (m)	तार (m)	tār
instalação (f) elétrica	तार (m)	tār
medidor (m) de eletricidade	बिजली का मीटर (m)	bijalī ka mītar
indicação (f), registro (m)	मीटर रीडिंग (f)	mītar rīding

89. Casa. Portas. Fechaduras

porta (f)	दरवाज़ा (m)	daravāza
portão (m)	फाटक (m)	fātak
maçaneta (f)	हत्था (m)	hattha
destrancar (vt)	खोलना	kholana
abrir (vt)	खोलना	kholana
fechar (vt)	बंद करना	band karana

chave (f)	चाबी (f)	chābī
molho (m)	चाबियों का गुच्छा (m)	chābiyon ka guchchha
ranger (vi)	चरमराना	charamarāna
rangido (m)	चरमराने की आवाज़ (m)	charamarāne kī āvāz
dobradiça (f)	क़ब्ज़ा (m)	qabza
capacho (m)	पायदान (m)	pāyadān
fechadura (f)	ताला (m)	tāla

buraco (m) da fechadura	ताला (m)	tāla
barra (f)	अर्गला (f)	argala
fecho (ferrolho pequeno)	अर्गला (f)	argala
cadeado (m)	ताला (m)	tāla
tocar (vt)	बजाना	bajāna
toque (m)	घंटी (f)	ghantī
campainha (f)	घंटी (f)	ghantī
botão (m)	घंटी (f)	ghantī
batida (f)	खटखट (f)	khatakhat
bater (vi)	खटखटाना	khatakhatāna
código (m)	कोड (m)	kod
fechadura (f) de código	कॉम्बिनेशन लॉक (m)	kombineshan lok
interfone (m)	इंटरकॉम (m)	intarakom
número (m)	मकान नम्बर (m)	makān nambar
placa (f) de porta	नेम प्लेट (f)	nem plet
olho (m) mágico	पीप होल (m)	pīp hol

90. Casa de campo

aldeia (f)	गांव (m)	gānv
horta (f)	सब्जियों का बगीचा (m)	sabziyon ka bagīcha
cerca (f)	बाड़ा (m)	bāra
cerca (f) de piquete	बाड़ (f)	bār
portão (m) do jardim	छोटा फाटक (m)	chhota fātak
celeiro (m)	अनाज का गोदाम (m)	anāj ka godām
adega (f)	सब्जियों का गोदाम (m)	sabziyon ka godām
galpão, barracão (m)	शेड (m)	shed
poço (m)	कुआँ (m)	kuān
fogão (m)	चूल्हा (m)	chūlha
atiçar o fogo	चूल्हा जलाना	chūlaha jalāna
lenha (carvão ou ~)	लकड़ियाँ (f pl)	lakariyān
acha, lenha (f)	लकड़ी (f)	lakarī
varanda (f)	बरामदा (f)	barāmda
alpendre (m)	छत (f)	chhat
degraus (m pl) de entrada	पोर्च (m)	porch
balanço (m)	झूले वाली कुर्सी (f)	jhūle vālī kursī

91. Moradia. Mansão

casa (f) de campo	गाँव का मकान (m)	gānv ka makān
vila (f)	बंगला (m)	bangala
ala (~ do edifício)	खंड (m)	khand
jardim (m)	बाग़ (m)	bāg
parque (m)	पार्क (m)	pārk
estufa (f)	ग्रीनहाउस (m)	grīnahaus
cuidar de ...	देखभाल करना	dekhabhāl karana

piscina (f)	तरण-ताल (m)	taran-tāl
academia (f) de ginástica	व्यायाम कक्ष (m)	vyāyām kaksh
quadra (f) de tênis	टेनिस-कोर्ट (m)	tenis-kort
cinema (m)	सिनेमाघर (m)	sinemāghar
garagem (f)	गराज (m)	garāj

| propriedade (f) privada | निजी सम्पति (f) | nījī sampatti |
| terreno (m) privado | निजी ज़मीन (f) | nījī zamīn |

| advertência (f) | चेतावनी (f) | chetāvanī |
| sinal (m) de aviso | चेतावनी संकेत (m) | chetāvanī sanket |

guarda (f)	सुरक्षा (f)	suraksha
guarda (m)	पहरेदार (m)	paharedār
alarme (m)	चोर घंटी (f)	chor ghantī

92. Castelo. Palácio

castelo (m)	महल (m)	mahal
palácio (m)	भवन (m)	bhavan
fortaleza (f)	किला (m)	kila
muralha (f)	दीवार (f)	dīvār
torre (f)	मीनार (m)	mīnār
calabouço (m)	केन्द्रीय मीनार (m)	kendrīy mīnār

grade (f) levadiça	आरोहण द्वार (m)	ārohan dvār
passagem (f) subterrânea	भूमिगत सुरंग (m)	bhūmigat surang
fosso (m)	खाई (f)	khaī
corrente, cadeia (f)	जंजीर (f)	janjīr
seteira (f)	ऐरो लूप (m)	airo lūp

magnífico (adj)	शानदार	shānadār
majestoso (adj)	महिमामय	mahimāmay
inexpugnável (adj)	अभेद्य	abhedy
medieval (adj)	मध्ययुगीय	madhayayugīy

93. Apartamento

apartamento (m)	फ्लैट (f)	flait
quarto, cômodo (m)	कमरा (m)	kamara
quarto (m) de dormir	सोने का कमरा (m)	sone ka kamara
sala (f) de jantar	खाने का कमरा (m)	khāne ka kamara
sala (f) de estar	बैठक (f)	baithak
escritório (m)	घरेलू कार्यालय (m)	gharelū kāryālay

sala (f) de entrada	प्रवेश कक्ष (m)	pravesh kaksh
banheiro (m)	स्नानघर (m)	snānaghar
lavabo (m)	शौचालय (m)	shauchālay

teto (m)	छत (f)	chhat
chão, piso (m)	फ़र्श (m)	farsh
canto (m)	कोना (m)	kona

94. Apartamento. Limpeza

arrumar, limpar (vt)	साफ करना	sāf karana
guardar (no armário, etc.)	रख देना	rakh dena
pó (m)	धूल (m)	dhūl
empoeirado (adj)	धूसर	dhūsar
tirar o pó	धूल पोंछना	dhūl ponchhana
aspirador (m)	वैक्युम क्लीनर (m)	vaikyum klīnar
aspirar (vt)	वैक्यूम करना	vaikyūm karana
varrer (vt)	झाड़ू लगाना	jhārū lagāna
sujeira (f)	कूड़ा (m)	kūra
arrumação, ordem (f)	तरतीब (m)	taratīb
desordem (f)	बेतरतीब (f)	betaratīb
esfregão (m)	पोंछा (m)	ponchha
pano (m), trapo (m)	डस्टर (m)	dastar
vassoura (f)	झाड़ू (m)	jhārū
pá (f) de lixo	कूड़ा उठाने का तसला (m)	kūra uthāne ka tasala

95. Mobiliário. Interior

mobiliário (m)	फ़र्निचर (m)	farnichar
mesa (f)	मेज़ (f)	mez
cadeira (f)	कुर्सी (f)	kursī
cama (f)	पलंग (m)	palang
sofá, divã (m)	सोफ़ा (m)	sofa
poltrona (f)	हत्थे वाली कुर्सी (f)	hatthe vālī kursī
estante (f)	किताबों की अलमारी (f)	kitābon kī alamārī
prateleira (f)	शेल्फ़ (f)	shelf
guarda-roupas (m)	कपड़ों की अलमारी (f)	kaparon kī alamārī
cabide (m) de parede	खूँटी (f)	khūntī
cabideiro (m) de pé	खूँटी (f)	khūntī
cômoda (f)	कपड़ों की अलमारी (f)	kaparon kī alamārī
mesinha (f) de centro	कॉफ़ी की मेज़ (f)	kofī kī mez
espelho (m)	आईना (m)	āīna
tapete (m)	कालीन (m)	kālīn
tapete (m) pequeno	दरी (f)	darī
lareira (f)	चिमनी (f)	chimanī
vela (f)	मोमबत्ती (f)	momabattī
castiçal (m)	मोमबत्तीदान (m)	momabattīdān
cortinas (f pl)	परदे (m pl)	parade
papel (m) de parede	वॉल पेपर (m)	vol pepar
persianas (f pl)	जेलुज़ी (f pl)	jeluzī
luminária (f) de mesa	मेज़ का लैम्प (m)	mez ka laimp
luminária (f) de parede	दिवार का लैम्प (m)	divār ka laimp

abajur (m) de pé	फ़र्श का लैम्प (m)	farsh ka laimp
lustre (m)	झूमर (m)	jhūmar
pé (de mesa, etc.)	पाँव (m)	pānv
braço, descanso (m)	कुर्सी का हत्था (m)	kursī ka hattha
costas (f pl)	कुर्सी की पीठ (f)	kursī kī pīth
gaveta (f)	दराज़ (m)	darāz

96. Quarto de dormir

roupa (f) de cama	बिस्तर के कपड़े (m)	bistar ke kapare
travesseiro (m)	तकिया (m)	takiya
fronha (f)	ग़िलाफ़ (m)	gilāf
cobertor (m)	रज़ाई (f)	razaī
lençol (m)	चादर (f)	chādar
colcha (f)	चादर (f)	chādar

97. Cozinha

cozinha (f)	रसोईघर (m)	rasoīghar
gás (m)	गैस (m)	gais
fogão (m) a gás	गैस का चूल्हा (m)	gais ka chūlha
fogão (m) elétrico	बिजली का चूल्हा (m)	bijalī ka chūlha
forno (m)	ओवन (m)	ovan
forno (m) de micro-ondas	माइक्रोवेव ओवन (m)	maikrovev ovan
geladeira (f)	फ्रिज (m)	frij
congelador (m)	फ़्रीजर (m)	frījar
máquina (f) de lavar louça	डिशवॉशर (m)	dishavoshar
moedor (m) de carne	कीमा बनाने की मशीन (f)	kīma banāne kī mashīn
espremedor (m)	जूसर (m)	jūsar
torradeira (f)	टोस्टर (m)	tostar
batedeira (f)	मिक्सर (m)	miksar
máquina (f) de café	कॉफ़ी मशीन (f)	kofī mashīn
cafeteira (f)	कॉफ़ी पॉट (m)	kofī pot
moedor (m) de café	कॉफ़ी पीसने की मशीन (f)	kofī pīsane kī mashīn
chaleira (f)	केतली (f)	ketalī
bule (m)	चायदानी (f)	chāyadānī
tampa (f)	ढक्कन (m)	dhakkan
coador (m) de chá	छलनी (f)	chhalanī
colher (f)	चम्मच (m)	chammach
colher (f) de chá	चम्मच (m)	chammach
colher (f) de sopa	चम्मच (m)	chammach
garfo (m)	काँटा (m)	kānta
faca (f)	छुरी (f)	chhurī
louça (f)	बरतन (m)	baratan
prato (m)	तश्तरी (f)	tashtarī

pires (m)	तश्तरी (f)	tashtarī
cálice (m)	जाम (m)	jām
copo (m)	गिलास (m)	gilās
xícara (f)	प्याला (m)	pyāla
açucareiro (m)	चीनीदानी (f)	chīnīdānī
saleiro (m)	नमकदानी (m)	namakadānī
pimenteiro (m)	मिर्चदानी (f)	mirchadānī
manteigueira (f)	मक्खनदानी (f)	makkhanadānī
panela (f)	सॉसपैन (m)	sosapain
frigideira (f)	फ़्राइ पैन (f)	frai pain
concha (f)	डोई (f)	doī
coador (m)	कालेन्डर (m)	kālendar
bandeja (f)	थाली (m)	thālī
garrafa (f)	बोतल (f)	botal
pote (m) de vidro	शीशी (f)	shīshī
lata (~ de cerveja)	डिब्बा (m)	dibba
abridor (m) de garrafa	बोतल ओपनर (m)	botal opanar
abridor (m) de latas	ओपनर (m)	opanar
saca-rolhas (m)	पेंचकस (m)	penchakas
filtro (m)	फ़िल्टर (m)	filtar
filtrar (vt)	फ़िल्टर करना	filtar karana
lixo (m)	कूड़ा (m)	kūra
lixeira (f)	कूड़े की बाल्टी (f)	kūre kī bāltī

98. Casa de banho

banheiro (m)	स्नानघर (m)	snānaghar
água (f)	पानी (m)	pānī
torneira (f)	नल (m)	nal
água (f) quente	गरम पानी (m)	garam pānī
água (f) fria	ठंडा पानी (m)	thanda pānī
pasta (f) de dente	टूथपेस्ट (m)	tūthapest
escovar os dentes	दांत ब्रश करना	dānt brash karana
barbear-se (vr)	शेव करना	shev karana
espuma (f) de barbear	शेविंग फ़ोम (m)	sheving fom
gilete (f)	रेज़र (f)	rezar
lavar (vt)	धोना	dhona
tomar banho	नहाना	nahāna
chuveiro (m), ducha (f)	शावर (m)	shāvar
tomar uma ducha	शावर लेना	shāvar lena
banheira (f)	बाथटब (m)	bāthatab
vaso (m) sanitário	संडास (m)	sandās
pia (f)	सिंक (m)	sink
sabonete (m)	साबुन (m)	sābun
saboneteira (f)	साबुनदानी (f)	sābunadānī

esponja (f)	स्पंज (f)	spanj
xampu (m)	शैम्पू (m)	shaimpū
toalha (f)	तौलिया (f)	tauliya
roupão (m) de banho	चोगा (m)	choga

lavagem (f)	धुलाई (f)	dhulaī
lavadora (f) de roupas	वॉशिंग मशीन (f)	voshing mashīn
lavar a roupa	कपड़े धोना	kapare dhona
detergente (m)	कपड़े धोने का पाउडर (m)	kapare dhone ka paudar

99. Eletrodomésticos

televisor (m)	टीवी सेट (m)	tīvī set
gravador (m)	टेप रिकार्डर (m)	tep rikārdar
videogravador (m)	वीडियो टेप रिकार्डर (m)	vīdiyo tep rikārdar
rádio (m)	रेडियो (m)	rediyo
leitor (m)	प्लेयर (m)	pleyar

projetor (m)	वीडियो प्रोजेक्टर (m)	vīdiyo projektar
cinema (m) em casa	होम थीएटर (m)	hom thīetar
DVD Player (m)	डीवीडी प्लेयर (m)	dīvīdī pleyar
amplificador (m)	ध्वनि-विस्तारक (m)	dhvani-vistārak
console (f) de jogos	वीडियो गेम कन्सोल (m)	vīdiyo gem kansol

câmera (f) de vídeo	वीडियो कैमरा (m)	vīdiyo kaimara
máquina (f) fotográfica	कैमरा (m)	kaimara
câmera (f) digital	डीजिटल कैमरा (m)	dījital kaimara

aspirador (m)	वैक्यूम क्लीनर (m)	vaikyūm klīnar
ferro (m) de passar	इस्तरी (f)	istarī
tábua (f) de passar	इस्तरी तख़्ता (m)	istarī takhta

telefone (m)	टेलीफ़ोन (m)	telīfon
celular (m)	मोबाइल फ़ोन (m)	mobail fon
máquina (f) de escrever	टाइपराइटर (m)	taiparaitar
máquina (f) de costura	सिलाई मशीन (f)	silaī mashīn

microfone (m)	माइक्रोफ़ोन (m)	maikrofon
fone (m) de ouvido	हैडफ़ोन (m pl)	hairafon
controle remoto (m)	रिमोट (m)	rimot

CD (m)	सीडी (m)	sīdī
fita (f) cassete	कैसेट (f)	kaiset
disco (m) de vinil	रिकार्ड (m)	rikārd

100. Reparações. Renovação

renovação (f)	नवीकरण (m)	navīkaran
renovar (vt), fazer obras	नवीकरण करना	navīkaran karana
reparar (vt)	मरम्मत करना	marammat karana
consertar (vt)	ठीक करना	thīk karana
refazer (vt)	फिर से करना	fir se karana

tinta (f)	रंग (m)	rang
pintar (vt)	रंगना	rangana
pintor (m)	रोग़न करनेवाला (m)	rogan karanevāla
pincel (m)	सफ़ेदी का ब्रश (m)	safedī ka brash

| cal (f) | सफ़ेदी (f) | safedī |
| caiar (vt) | सफ़ेदी करना | safedī karana |

papel (m) de parede	वॉल-पैपर (m pl)	vol-paipar
colocar papel de parede	वाल-पैपर लगाना	vāl-paipar lagāna
verniz (m)	पॉलिश (f)	polish
envernizar (vt)	पॉलिश करना	polish karana

101. Canalizações

água (f)	पानी (m)	pānī
água (f) quente	गरम पानी (m)	garam pānī
água (f) fria	ठंडा पानी (m)	thanda pānī
torneira (f)	टोंटी (f)	tontī

gota (f)	बूंद (m)	būnd
gotejar (vi)	टपकना	tapakana
vazar (vt)	बहना	bahana
vazamento (m)	लीक (m)	līk
poça (f)	डबरा (m)	dabara

tubo (m)	पाइप (f)	paip
válvula (f)	वॉल्व (m)	volv
entupir-se (vr)	भर जाना	bhar jāna

ferramentas (f pl)	औज़ार (m pl)	auzār
chave (f) inglesa	रिंच (m)	rinch
desenroscar (vt)	खोलना	kholana
enroscar (vt)	बंद करना	band karana

desentupir (vt)	सफ़ाई करना	safaī karana
encanador (m)	प्लम्बर (m)	plambar
porão (m)	तहख़ाना (m)	tahakhāna
rede (f) de esgotos	मलप्रवाह-पद्धति (f)	malapravāh-paddhati

102. Fogo. Deflagração

incêndio (m)	आग (f)	āg
chama (f)	आग की लपटें (f)	āg kī lapaten
faísca (f)	चिंगारी (f)	chingārī
fumaça (f)	धुँआ (m)	dhuna
tocha (f)	मशाल (m)	mashāl
fogueira (f)	कैम्प फ़ायर (m)	kaimp fāyar

gasolina (f)	पेट्रोल (m)	petrol
querosene (m)	केरोसीन (m)	kerosīn
inflamável (adj)	ज्वलनशील	jvalanashīl

| explosivo (adj) | विस्फोटक | visfotak |
| PROIBIDO FUMAR! | धुम्रपान निषेध! | dhumrapān nishedh! |

segurança (f)	सुरक्षा (f)	suraksha
perigo (m)	ख़तरा (f)	khatara
perigoso (adj)	ख़तरनाक	khataranāk

incendiar-se (vr)	आग लग जाना	āg lag jāna
explosão (f)	विस्फोट (m)	visfot
incendiar (vt)	आग लगाना	āg lagāna
incendiário (m)	आग लगानेवाला (m)	āg lagānevāla
incêndio (m) criminoso	आगज़नी (f)	āgazanī

flamejar (vi)	दहकना	dahakana
queimar (vi)	जलना	jalana
queimar tudo (vi)	जल जाना	jal jāna

bombeiro (m)	दमकल कर्मचारी (m)	damakal karmachārī
caminhão (m) de bombeiros	दमकल (m)	damakal
corpo (m) de bombeiros	फ़ायरब्रिगेड (m)	fāyarabriged
escada (f) extensível	फ़ायर ट्रक सीढ़ी (f)	fāyar trak sīrhī

mangueira (f)	आग बुझाने का पाइप (m)	āg bujhāne ka paip
extintor (m)	अग्निशामक (m)	agnishāmak
capacete (m)	हेलमेट (f)	helamet
sirene (f)	साइरन (m)	sairan

gritar (vi)	चिल्लाना	chillāna
chamar por socorro	मदद के लिए बुलाना	madad ke lie bulāna
socorrista (m)	बचानेवाला (m)	bachānevāla
salvar, resgatar (vt)	बचाना	bachāna

chegar (vi)	पहुँचना	pahunchana
apagar (vt)	आग बुझाना	āg bujhāna
água (f)	पानी (m)	pānī
areia (f)	रेत (f)	ret

ruínas (f pl)	खंडहर (m pl)	khandahar
ruir (vi)	गिर जाना	gir jāna
desmoronar (vi)	टूटकर गिरना	tūtakar girana
desabar (vi)	ढहना	dhahana

| fragmento (m) | मलबे का टुकड़ा (m) | malabe ka tukara |
| cinza (f) | राख (m) | rākh |

| sufocar (vi) | दम घुटना | dam ghutana |
| perecer (vi) | मर जाना | mar jāna |

ATIVIDADES HUMANAS

Emprego. Negócios. Parte 1

103. Escritório. O trabalho no escritório

escritório (~ de advogados)	कार्यालय (m)	kāryālay
escritório (do diretor, etc.)	कार्यालय (m)	kāryālay
recepção (f)	रिसेप्शन (m)	risepshan
secretária (f)	सेक्रटरी (f)	sekratarī
diretor (m)	निदेशक (m)	nideshak
gerente (m)	मैनेजर (m)	mainejar
contador (m)	लेखापाल (m)	lekhāpāl
empregado (m)	कर्मचारी (m)	karmachārī
mobiliário (m)	फ़र्निचर (m)	farnichar
mesa (f)	मेज़ (f)	mez
cadeira (f)	कुर्सी (f)	kursī
gaveteiro (m)	साइड टेबल (f)	said tebal
cabideiro (m) de pé	खूँटी (f)	khūntī
computador (m)	कंप्यूटर (m)	kampyūtar
impressora (f)	प्रिन्टर (m)	printar
fax (m)	फ़ैक्स मशीन (f)	faiks mashīn
fotocopiadora (f)	ज़ीरोक्स (m)	zīroks
papel (m)	काग़ज़ (m)	kāgaz
artigos (m pl) de escritório	स्टेशनरी (m pl)	steshanarī
tapete (m) para mouse	माउस पैड (m)	maus paid
folha (f)	पन्ना (m)	panna
pasta (f)	बाइन्डर (m)	baindar
catálogo (m)	कैटेलॉग (m)	kaitelog
lista (f) telefônica	डाइरेक्टरी (f)	dairektarī
documentação (f)	दस्तावेज़ (m)	dastāvez
brochura (f)	पुस्तिका (f)	pustika
panfleto (m)	पर्चा (m)	parcha
amostra (f)	नमूना (m)	namūna
formação (f)	प्रशिक्षण बैठक (f)	prashikshan baithak
reunião (f)	बैठक (f)	baithak
hora (f) de almoço	मध्यान्तर (m)	madhyāntar
fazer uma cópia	कॉपी करना	kopī karana
tirar cópias	ज़ीरोक्स करना	zīroks karana
receber um fax	फ़ैक्स मिलना	faiks milana
enviar um fax	फ़ैक्स भेजना	faiks bhejana
fazer uma chamada	फ़ोन करना	fon karana

| responder (vt) | जवाब देना | javāb dena |
| passar (vt) | फ़ोन ट्रांस्फर करना | fon trānsfar karana |

marcar (vt)	व्यवस्थित करना	vyavasthit karana
demonstrar (vt)	प्रदर्शित करना	pradarshit karana
estar ausente	अनुपस्थित होना	anupasthit hona
ausência (f)	अनुपस्थिती (f)	anupasthitī

104. Processos negociais. Parte 1

ocupação (f)	पेशा (m)	pesha
firma, empresa (f)	कम्पनी (f)	kampanī
companhia (f)	कम्पनी (f)	kampanī
corporação (f)	निगम (m)	nigam
empresa (f)	उद्योग (m)	udyog
agência (f)	एजेंसी (f)	ejensī

acordo (documento)	समझौता (f)	samajhauta
contrato (m)	ठेका (m)	theka
acordo (transação)	सौदा (f)	sauda
pedido (m)	आर्डर (m)	ārdar
termos (m pl)	शर्तें (f)	sharten

por atacado	थोक	thok
por atacado (adj)	थोक	thok
venda (f) por atacado	थोक (m)	thok
a varejo	खुदरा	khudara
venda (f) a varejo	खुदरा (m)	khudara

concorrente (m)	प्रतियोगी (m)	pratiyogī
concorrência (f)	प्रतियोगिता (f)	pratiyogita
competir (vi)	प्रतियोगिता करना	pratiyogita karana

| sócio (m) | सहयोगी (f) | sahayogī |
| parceria (f) | साझेदारी (f) | sājhedārī |

crise (f)	संकट (m)	sankat
falência (f)	दिवाला (m)	divāla
entrar em falência	दिवालिया हो जाना	divāliya ho jāna
dificuldade (f)	कठिनाई (f)	kathinaī
problema (m)	समस्या (f)	samasya
catástrofe (f)	दुर्घटना (f)	durghatana

economia (f)	अर्थशास्त्र (f)	arthashāstr
econômico (adj)	आर्थिक	ārthik
recessão (f) econômica	अर्थिक गिरावट (f)	arthik girāvat

| objetivo (m) | लक्ष्य (m) | lakshy |
| tarefa (f) | कार्य (m) | kāry |

comerciar (vi, vt)	व्यापार करना	vyāpār karana
rede (de distribuição)	जाल (m)	jāl
estoque (m)	गोदाम (m)	godām
sortimento (m)	किस्म (m)	kism

líder (m)	लीडर (m)	līdar
grande (~ empresa)	विशाल	vishāl
monopólio (m)	एकाधिकार (m)	ekādhikār

teoria (f)	सिद्धांत (f)	siddhānt
prática (f)	व्यवहार (f)	vyavahār
experiência (f)	अनुभव (m)	anubhav
tendência (f)	प्रवृत्ति (f)	pravrtti
desenvolvimento (m)	विकास (m)	vikās

105. Processos negociais. Parte 2

| rentabilidade (f) | लाभ (f) | lābh |
| rentável (adj) | फ़ायदेमन्द | fāyademand |

delegação (f)	प्रतिनिधिमंडल (f)	pratinidhimandal
salário, ordenado (m)	आय (f)	āy
corrigir (~ um erro)	ठीक करना	thīk karana
viagem (f) de negócios	व्यापारिक यात्रा (f)	vyāpārik yātra
comissão (f)	आयोग (f)	āyog

controlar (vt)	जांचना	jānchana
conferência (f)	सम्मेलन (m)	sammelan
licença (f)	अनुज्ञप्ति (f)	anugyapti
confiável (adj)	विश्वसनीय	vishvasanīy

empreendimento (m)	पहल (f)	pahal
norma (f)	मानक (m)	mānak
circunstância (f)	परिस्थिति (f)	paristhiti
dever (do empregado)	कर्तव्य (m)	kartavy

empresa (f)	संगठन (f)	sangathan
organização (f)	आयोजन (m)	āyojan
organizado (adj)	आयोजित	āyojit
anulação (f)	निरस्तीकरण (m)	nirastīkaran
anular, cancelar (vt)	रद्द करना	radd karana
relatório (m)	रिपोर्ट (m)	riport

patente (f)	पेटेंट (m)	petent
patentear (vt)	पेटेंट करना	petent karana
planejar (vt)	योजना बनाना	yojana banāna

bônus (m)	बोनस (m)	bonas
profissional (adj)	पेशेवर	peshevar
procedimento (m)	प्रक्रिया (f)	prakriya

examinar (~ a questão)	विचार करना	vichār karana
cálculo (m)	हिसाब (m)	hisāb
reputação (f)	प्रतिष्ठा (f)	pratishtha
risco (m)	जोखिम (m)	jokhim

dirigir (~ uma empresa)	प्रबंध करना	prabandh karana
informação (f)	सूचना (f)	sūchana
propriedade (f)	जायदाद (f)	jāyadād

união (f)	संघ (m)	sangh
seguro (m) de vida	जीवन-बीमा (m)	jīvan-bīma
fazer um seguro	बीमा करना	bīma karana
seguro (m)	बीमा (m)	bīma

leilão (m)	नीलामी (m pl)	nīlāmī
notificar (vt)	जानकारी देना	jānakārī dena
gestão (f)	प्रबंधन (m)	prabandhan
serviço (indústria de ~s)	सेवा (f)	seva

fórum (m)	मंच (m)	manch
funcionar (vi)	कार्य करना	kāry karana
estágio (m)	चरण (m)	charan
jurídico, legal (adj)	कानूनी	kānūnī
advogado (m)	वकील (m)	vakīl

106. Produção. Trabalhos

usina (f)	कारख़ाना (m)	kārakhāna
fábrica (f)	कारख़ाना (m)	kārakhāna
oficina (f)	वर्कशाप (m)	varkashāp
local (m) de produção	उत्पादन स्थल (m)	utpādan sthal

indústria (f)	उद्योग (m)	udyog
industrial (adj)	औद्योगिक	audyogik
indústria (f) pesada	भारी उद्योग (m)	bhārī udyog
indústria (f) ligeira	हल्का उद्योग (m)	halka udyog

produção (f)	उत्पाद (m)	utpād
produzir (vt)	उत्पादन करना	utpādan karana
matérias-primas (f pl)	कच्चा माल (m)	kachcha māl

chefe (m) de obras	फ़ोरमैन (m)	foramain
equipe (f)	मज़दूर दल (m)	mazadūr dal
operário (m)	मज़दूर (m)	mazadūr

dia (m) de trabalho	कार्यदिवस (m)	kāryadivas
intervalo (m)	अंतराल (m)	antarāl
reunião (f)	बैठक (f)	baithak
discutir (vt)	चर्चा करना	charcha karana

plano (m)	योजना (f)	yojana
cumprir o plano	योजना बनाना	yojana banāna
taxa (f) de produção	उत्पादन दर (f)	utpādan dar
qualidade (f)	गुणवत्ता (m)	gunavatta
controle (m)	जाँच (f)	jānch
controle (m) da qualidade	गुणवत्ता जाँच (f)	gunavatta jānch

segurança (f) no trabalho	कार्यस्थल सुरक्षा (f)	kāryasthal suraksha
disciplina (f)	अनुशासन (m)	anushāsan
infração (f)	उल्लंघन (f)	ullanghan
violar (as regras)	उल्लंघन करना	ullanghan karana
greve (f)	हड़ताल (f)	haratāl
grevista (m)	हड़तालकारी (m)	haratālakārī

estar em greve	हड़ताल करना	haratāl karana
sindicato (m)	ट्रेड-यूनियन (m)	tred-yūniyan
inventar (vt)	आविष्कार करना	āvishkār karana
invenção (f)	आविष्कार (m)	āvishkār
pesquisa (f)	अनुसंधान (f)	anusandhān
melhorar (vt)	सुधारना	sudhārana
tecnologia (f)	प्रौद्योगिकी (f)	praudyogikī
desenho (m) técnico	तकनीकी चित्रकारी (f)	takanīkī chitrakārī
carga (f)	भार (m)	bhār
carregador (m)	कुली (m)	kulī
carregar (o caminhão, etc.)	लादना	lādana
carregamento (m)	लादना (m)	lādana
descarregar (vt)	सामान उतारना	sāmān utārana
descarga (f)	उतारना	utārana
transporte (m)	परिवहन (m)	parivahan
companhia (f) de transporte	परिवहन कम्पनी (f)	parivahan kampanī
transportar (vt)	अपवाहन करना	apavāhan karana
vagão (m) de carga	माल गाड़ी (f)	māl gārī
tanque (m)	टैंकर (m)	tainkar
caminhão (m)	ट्रक (m)	trak
máquina (f) operatriz	मशीनी उपकरण (m)	mashīnī upakaran
mecanismo (m)	यंत्र (m)	yantr
resíduos (m pl) industriais	औद्योगिक अवशेष (m)	audyogik avashesh
embalagem (f)	पैकिंग (f)	paiking
embalar (vt)	पैक करना	paik karana

107. Contrato. Acordo

contrato (m)	ठेका (m)	theka
acordo (m)	समझौता (f)	samajhauta
adendo, anexo (m)	परिशिष्ट (f)	parishisht
assinar o contrato	अनुबंध पर हस्ताक्षर करना	anubandh par hastākshar karana
assinatura (f)	हस्ताक्षर (m)	hastākshar
assinar (vt)	हस्ताक्षर करना	hastākshar karana
carimbo (m)	सील (m)	sīl
objeto (m) do contrato	अनुबंध की विषय-वस्तु (f)	anubandh kī vishay-vastu
cláusula (f)	धारा (f)	dhāra
partes (f pl)	पार्टी (f)	pārtī
domicílio (m) legal	कानूनी पता (m)	kānūnī pata
violar o contrato	अनुबंध का उल्लंघन करना	anubandh ka ullanghan karana
obrigação (f)	प्रतिबद्धता (f)	pratibaddhta
responsabilidade (f)	ज़िम्मेदारी (f)	zimmedārī
força (f) maior	अप्रत्याशित घटना (f)	apratyāshit ghatana

| litígio (m), disputa (f) | विवाद (m) | vivād |
| multas (f pl) | जुर्माना (m) | jurmāna |

108. Importação & Exportação

importação (f)	आयात (m)	āyāt
importador (m)	आयातकर्ता (m)	āyātakarta
importar (vt)	आयात करना	āyāt karana
de importação	आयातित	āyātit

| exportador (m) | निर्यातकर्ता (m) | niryātakarta |
| exportar (vt) | निर्यात करना | niryāt karana |

| mercadoria (f) | माल (m) | māl |
| lote (de mercadorias) | प्रेषित माल (m) | preshit māl |

peso (m)	वज़न (m)	vazan
volume (m)	आयतन (m)	āyatan
metro (m) cúbico	घन मीटर (m)	ghan mītar

produtor (m)	उत्पादक (m)	utpādak
companhia (f) de transporte	वाहन कम्पनी (f)	vāhan kampanī
contêiner (m)	डिब्बा (m)	dibba

fronteira (f)	सीमा (f)	sīma
alfândega (f)	सीमाशुल्क कार्यालय (f)	sīmāshulk kāryālay
taxa (f) alfandegária	सीमाशुल्क (m)	sīmāshulk
funcionário (m) da alfândega	सीमाशुल्क अधिकारी (m)	sīmāshulk adhikārī
contrabando (atividade)	तस्करी (f)	taskarī
contrabando (produtos)	तस्करी का माल (m)	taskarī ka māl

109. Finanças

ação (f)	शेयर (f)	sheyar
obrigação (f)	बॉंड (m)	bānd
nota (f) promissória	विनिमय पत्र (m)	vinimay patr

| bolsa (f) de valores | स्टॉक मार्केट (m) | stok mārket |
| cotação (m) das ações | शेयर का मूल्य (m) | sheyar ka mūly |

| tornar-se mais barato | मूल्य कम होना | mūly kam hona |
| tornar-se mais caro | मूल्य बढ़ जाना | mūly barh jāna |

participação (f) majoritária	नियंत्रण हित (f)	niyantran hit
investimento (m)	निवेश (f)	nivesh
investir (vt)	निवेश करना	nivesh karana
porcentagem (f)	प्रतिशत (f)	pratishat
juros (m pl)	ब्याज (m pl)	byāj

lucro (m)	नफ़ा (m)	nafa
lucrativo (adj)	लाभदायक	lābhadāyak
imposto (m)	कर (f)	kar

divisa (f)	मुद्रा (m)	mudra
nacional (adj)	राष्ट्रीय	rāshtrīy
câmbio (m)	विनिमय (m)	vinimay

| contador (m) | लेखापाल (m) | lekhāpāl |
| contabilidade (f) | लेखा विभाग (m) | lekha vibhāg |

falência (f)	दिवाला (m)	divāla
falência, quebra (f)	वित्तीय पतन (m)	vittīy pattan
ruína (f)	बरबादी (m)	barabādī
estar quebrado	आर्थिक रूप से बरबादी	ārthik rūp se barabādī
inflação (f)	मुद्रास्फीति (f)	mudrāsfīti
desvalorização (f)	अवमूल्यन (m)	avamūlyan

capital (m)	पूँजी (f)	pūnjī
rendimento (m)	आय (f)	āy
volume (m) de negócios	कुल बिक्री (f)	kul bikrī
recursos (m pl)	वित्तीय संसाधन (m)	vittīy sansādhan
recursos (m pl) financeiros	मुद्रागत संसाधन (m)	mudrāgat sansādhan
reduzir (vt)	कम करना	kam karana

110. Marketing

marketing (m)	विपणन (m)	vipanan
mercado (m)	मंडी (f)	mandī
segmento (m) do mercado	बाज़ार क्षेत्र (m)	bāzār kshetr
produto (m)	उत्पाद (m)	utpād
mercadoria (f)	माल (m)	māl

marca (f) registrada	ट्रेड मार्क (m)	tred mārk
logotipo (m)	लोगोटाइप (m)	logotaip
logo (m)	लोगो (m)	logo

demanda (f)	मांग (f)	māng
oferta (f)	आपूर्ति (f)	āpūrti
necessidade (f)	ज़रूरत (f)	zarūrat
consumidor (m)	उपभोक्ता (m)	upabhokta

análise (f)	विश्लेषण (m)	vishleshan
analisar (vt)	विश्लेषण करना	vishleshan karana
posicionamento (m)	स्थिति-निर्धारण (f)	sthiti-nirdhāran
posicionar (vt)	स्थिति-निर्धारण करना	sthiti-nirdhāran karana

preço (m)	दाम (m)	dām
política (f) de preços	मूल्य निर्धारण नीति (f)	mūly nirdhāran nīti
formação (f) de preços	मूल्य स्थापना (f)	mūly sthāpana

111. Publicidade

publicidade (f)	विज्ञापन (m)	vigyāpan
fazer publicidade	विज्ञापन देना	vigyāpan dena
orçamento (m)	बजट (m)	bajat

anúncio (m)	विज्ञापन (m)	vigyāpan
publicidade (f) na TV	टीवी विज्ञापन (m)	tīvī vigyāpan
publicidade (f) na rádio	रेडियो विज्ञापन (m)	rediyo vigyāpan
publicidade (f) exterior	बिलबोर्ड विज्ञापन (m)	bilabord vigyāpan
comunicação (f) de massa	जनसंपर्क माध्यम (m)	janasampark mādhyam
periódico (m)	पत्रिका (f)	patrika
imagem (f)	सार्वजनिक छवि (f)	sārvajanik chhavi
slogan (m)	नारा (m)	nāra
mote (m), lema (f)	नारा (m)	nāra
campanha (f)	अभियान (m)	abhiyān
campanha (f) publicitária	विज्ञापन प्रचार (m)	vigyāpan prachār
grupo (m) alvo	श्रोतागण (f)	shrotāgan
cartão (m) de visita	बिज़नेस कार्ड (m)	bizanes kārd
panfleto (m)	पर्चा (f)	parcha
brochura (f)	ब्रोशर (m)	broshar
folheto (m)	पर्चा (f)	parcha
boletim (~ informativo)	सूचनापत्र (m)	sūchanāpatr
letreiro (m)	नेमप्लेट (m)	nemaplet
cartaz, pôster (m)	पोस्टर (m)	postar
painel (m) publicitário	इश्तहार (m)	ishtahār

112. Banca

banco (m)	बैंक (m)	baink
balcão (f)	शाखा (f)	shākha
consultor (m) bancário	क्लर्क (m)	klark
gerente (m)	मैनेजर (m)	mainejar
conta (f)	बैंक खाता (m)	baink khāta
número (m) da conta	खाते का नम्बर (m)	khāte ka nambar
conta (f) corrente	चालू खाता (m)	chālū khāta
conta (f) poupança	बचत खाता (m)	bachat khāta
abrir uma conta	खाता खोलना	khāta kholana
fechar uma conta	खाता बंद करना	khāta band karana
depositar na conta	खाते में जमा करना	khāte men jama karana
sacar (vt)	खाते से पैसा निकालना	khāte se paisa nikālana
depósito (m)	जमा (m)	jama
fazer um depósito	जमा करना	jama karana
transferência (f) bancária	तार स्थानांतरण (m)	tār sthānāntaran
transferir (vt)	पैसे स्थानांतरित करना	paise sthānāntarit karana
soma (f)	रक़म (m)	raqam
Quanto?	कितना?	kitana?
assinatura (f)	हस्ताक्षर (f)	hastākshar
assinar (vt)	हस्ताक्षर करना	hastākshar karana

cartão (m) de crédito	क्रेडिट कार्ड (m)	kredit kārd
senha (f)	पिन कोड (m)	pin kod
número (m) do cartão de crédito	क्रेडिट कार्ड संख्या (f)	kredit kārd sankhya
caixa (m) eletrônico	एटीएम (m)	etīem
cheque (m)	चेक (m)	chek
passar um cheque	चेक लिखना	chek likhana
talão (m) de cheques	चेकबुक (f)	chekabuk
empréstimo (m)	उधार (m)	uthār
pedir um empréstimo	उधार के लिए आवेदन करना	udhār ke lie āvedan karana
obter empréstimo	उधार लेना	uthār lena
dar um empréstimo	उधार देना	uthār dena
garantia (f)	गारन्टी (f)	gārantī

113. Telefone. Conversação telefônica

telefone (m)	फ़ोन (m)	fon
celular (m)	मोबाइल फ़ोन (m)	mobail fon
secretária (f) eletrônica	जवाबी मशीन (f)	javābī mashīn
fazer uma chamada	फ़ोन करना	fon karana
chamada (f)	कॉल (m)	kol
discar um número	नम्बर लगाना	nambar lagāna
Alô!	हेलो!	helo!
perguntar (vt)	पूछना	pūchhana
responder (vt)	जवाब देना	javāb dena
ouvir (vt)	सुनना	sunana
bem	ठीक	thīk
mal	ठीक नहीं	thīk nahin
ruído (m)	आवाज़ें (f)	āvāzen
fone (m)	रिसीवर (m)	risīvar
pegar o telefone	फ़ोन उठाना	fon uthāna
desligar (vi)	फ़ोन रखना	fon rakhana
ocupado (adj)	बिज़ी	bizī
tocar (vi)	फ़ोन बजना	fon bajana
lista (f) telefônica	टेलीफ़ोन बुक (m)	telīfon buk
local (adj)	लोकल	lokal
de longa distância	लंबी दूरी की कॉल	lambī dūrī kī kol
internacional (adj)	अंतर्राष्ट्रीय	antarrāshtrīy

114. Telefone móvel

celular (m)	मोबाइल फ़ोन (m)	mobail fon
tela (f)	डिस्प्ले (m)	disple
botão (m)	बटन (m)	batan
cartão SIM (m)	सिम कार्ड (m)	sim kārd

bateria (f)	बैटरी (f)	baitarī
descarregar-se (vr)	बैटरी डेड हो जाना	baitarī ded ho jāna
carregador (m)	चार्जर (m)	chārjar
menu (m)	मीनू (m)	mīnū
configurações (f pl)	सेटिंग्स (f)	setings
melodia (f)	कॉलर ट्यून (m)	kolar tyūn
escolher (vt)	चुनना	chunana
calculadora (f)	कैल्कुलैटर (m)	kailkulaitar
correio (m) de voz	वॉयस मेल (f)	voyas mel
despertador (m)	अलार्म घड़ी (f)	alārm gharī
contatos (m pl)	संपर्क (m)	sampark
mensagem (f) de texto	एसएमएस (m)	esemes
assinante (m)	सदस्य (m)	sadasy

115. Estacionário

caneta (f)	बॉल पेन (m)	bol pen
caneta (f) tinteiro	फाउन्टेन पेन (m)	faunten pen
lápis (m)	पेंसिल (f)	pensil
marcador (m) de texto	हाइलाइटर (m)	hailaitar
caneta (f) hidrográfica	फ़ेल्ट टिप पेन (m)	felt tip pen
bloco (m) de notas	नोटबुक (m)	notabuk
agenda (f)	डायरी (f)	dāyarī
régua (f)	स्केल (m)	skel
calculadora (f)	कैल्कुलेटर (m)	kailkuletar
borracha (f)	रबड़ (f)	rabar
alfinete (m)	थंबटैक (m)	thanrbataik
clipe (m)	पेपर क्लिप (m)	pepar klip
cola (f)	गोंद (f)	gond
grampeador (m)	स्टेप्लर (m)	steplar
furador (m) de papel	होल पंचर (m)	hol panchar
apontador (m)	शार्पनर (m)	shārpanar

116. Vários tipos de documentos

relatório (m)	रिपोर्ट (m)	riport
acordo (m)	समझौता (f)	samajhauta
ficha (f) de inscrição	आवेदन प्रपत्र (m)	āvedan prapatr
autêntico (adj)	असल	asal
crachá (m)	बैज (f)	baij
cartão (m) de visita	बिज़नेस कार्ड (m)	bizanes kārd
certificado (m)	प्रमाणपत्र (m)	pramāṇapatr
cheque (m)	चेक (m)	chek
conta (f)	बिल (m)	bil

constituição (f)	संविधान (m)	sanvidhān
contrato (m)	अनुबंध (m)	anubandh
cópia (f)	कॉपी (f)	kopī
exemplar (~ assinado)	प्रति (f)	prati

declaração (f) alfandegária	सीमाशुल्क घोषणा (f)	sīmāshulk ghoshana
documento (m)	दस्तावेज़ (m)	dastāvez
carteira (f) de motorista	ड्राइवर-लाइसेंस (m)	draivar-laisens
adendo, anexo (m)	परिशिष्ट (f)	parishisht
questionário (m)	प्रपत्र (m)	prapatr

carteira (f) de identidade	पहचान पत्र (m)	pahachān patr
inquérito (m)	पूछताछ (f)	pūchhatāchh
convite (m)	निमंत्रण-पत्र (m)	nimantran-patr
fatura (f)	इन्वॉएस (m)	invoes

lei (f)	कानून (m)	kānūn
carta (correio)	पत्र (m)	patr
papel (m) timbrado	लेटरहेड (m)	letarahed
lista (f)	सूची (f)	sūchī
manuscrito (m)	हस्तलेख (m)	hastalekh
boletim (~ informativo)	संवादपत्र (m)	sanvādapatr
bilhete (mensagem breve)	नोट (m)	not

passe (m)	पास (m)	pās
passaporte (m)	पासपोर्ट (m)	pāsaport
permissão (f)	अनुमति (f)	anumati
currículo (m)	रेज्यूम (m)	rijyūm
nota (f) promissória	ऋण नोट (m)	ririn not
recibo (m)	रसीद (f)	rasīd
talão (f)	बिक्री रसीद (f)	bikrī rasīd
relatório (m)	रिपोर्ट (m)	riport

mostrar (vt)	दिखाना	dikhāna
assinar (vt)	हस्ताक्षर करना	hastākshar karana
assinatura (f)	हस्ताक्षर (f)	hastākshar
carimbo (m)	सील (m)	sīl
texto (m)	पाठ (m)	pāth
ingresso (m)	प्रवेश टिकट (m)	pravesh tikat

riscar (vt)	रेखा खींचकर काटना	rekha khīnchakar kātana
preencher (vt)	भरना	bharana

carta (f) de porte	रसीद (f)	rasīd
testamento (m)	वसीयत (m)	vasīyat

117. Tipos de negócios

serviços (m pl) de contabilidade	लेखा सेवा (f)	lekha seva
publicidade (f)	विज्ञापन (m)	vigyāpan
agência (f) de publicidade	विज्ञापन एजन्सी (f)	vigyāpan ejansī
ar (m) condicionado	वातानुकूलक सेवा (f)	vātānukūlak seva
companhia (f) aérea	हवाई कम्पनी (f)	havaī kampanī

bebidas (f pl) alcoólicas	मद्य पदार्थ (m)	mady padārth
comércio (m) de antiguidades	पुरानी चीज़ें (f)	purānī chīzen
galeria (f) de arte	चित्रशाला (f)	chitrashāla
serviços (m pl) de auditoria	लेखापरीक्षा सेवा (f)	lekhāparīksha seva

negócios (m pl) bancários	बैंक (m)	baink
bar (m)	बार (m)	bār
salão (m) de beleza	ब्यूटी पार्लर (m)	byūtī pārlar
livraria (f)	किताबों की दुकान (f)	kitābon kī dukān
cervejaria (f)	शराब की भठ्ठी (f)	sharāb kī bhaththī
centro (m) de escritórios	व्यापार केन्द्र (m)	vyāpār kendr
escola (f) de negócios	व्यापार विद्यालय (m)	vyāpār vidyālay

cassino (m)	केसिनो (m)	kesino
construção (f)	निर्माण (m)	nirmān
consultoria (f)	परामर्श सेवा (f)	parāmarsh seva

clínica (f) dentária	दंतचिकित्सा क्लिनिक (f)	dantachikitsa klinik
design (m)	डिज़ाइन (m)	dizain
drogaria (f)	दवाख़ाना (m)	davākhāna
lavanderia (f)	ड्राइक्लीनिंग (f)	draiklīning
agência (f) de emprego	रोज़गार एजेंसी (f)	rozagār ejensī

serviços (m pl) financeiros	वित्त सेवा (f)	vitt seva
alimentos (m pl)	खाद्य पदार्थ (m)	khādy padārth
funerária (f)	शमशान घाट (m)	shamashān ghāt
mobiliário (m)	फ़र्निचर (m)	farnichar
roupa (f)	पोशाक (m)	poshāk
hotel (m)	होटल (m)	hotal

sorvete (m)	आईसक्रीम (f)	āīsakrīm
indústria (f)	उद्योग (m)	udyog
seguro (~ de vida, etc.)	बीमा (m)	bīma
internet (f)	इन्टरनेट (m)	intaranet
investimento (m)	निवेश (f)	nivesh

joalheiro (m)	सुनार (m)	sunār
joias (f pl)	आभूषण (m)	ābhūshan
lavanderia (f)	धोबीघर (m)	dhobīghar
assessorias (f pl) jurídicas	कानूनी सलाह (f)	kānūnī salāh
indústria (f) ligeira	हल्का उद्योग (m)	halka udyog

revista (f)	पत्रिका (f)	patrika
vendas (f pl) por catálogo	मेल-ऑर्डर विक्रय (m)	mel-ordar vikray
medicina (f)	औषधि (f)	aushadhi
cinema (m)	सिनेमाघर (m)	sinemāghar
museu (m)	संग्रहालय (m)	sangrahālay

agência (f) de notícias	सूचना केन्द्र (m)	sūchana kendr
jornal (m)	अख़बार (m)	akhabār
boate (casa noturna)	नाइट क्लब (m)	nait klab

petróleo (m)	पेट्रोलियम (m)	petroliyam
serviços (m pl) de remessa	कुरियर सेवा (f)	kuriyar seva
indústria (f) farmacêutica	औषधि (f)	aushadhi
tipografia (f)	छपाई (m)	chhapaī

editora (f)	प्रकाशन गृह (m)	prakāshan grh
rádio (m)	रेडियो (m)	rediyo
imobiliário (m)	अचल संपत्ति (f)	achal sampatti
restaurante (m)	रेस्टरॉं (m)	restarān
empresa (f) de segurança	सुरक्षा एजेंसी (f)	suraksha ejensī
esporte (m)	क्रीड़ा (f)	krīra
bolsa (f) de valores	स्टॉक मार्केट (m)	stok mārket
loja (f)	दुकान (f)	dukān
supermercado (m)	सुपर बाज़ार (m)	supar bāzār
piscina (f)	तरण-ताल (m)	taran-tāl
alfaiataria (f)	दर्जी (m)	darzī
televisão (f)	टीवी (m)	tīvī
teatro (m)	रंगमंच (m)	rangamanch
comércio (m)	व्यापार (m)	vyāpār
serviços (m pl) de transporte	परिवहन (m)	parivahan
viagens (f pl)	पर्यटन (m)	paryatan
veterinário (m)	पशुचिकित्सक (m)	pashuchikitsak
armazém (m)	भंडार (m)	bhandār
recolha (f) do lixo	कूड़ा उठाने की सेवा (f)	kūra uthāne kī seva

Emprego. Negócios. Parte 2

118. Espetáculo. Feira

feira, exposição (f)	प्रदर्शनी (f)	pradarshanī
feira (f) comercial	व्यापारिक प्रदर्शनी (f)	vyāpārik pradarshanī
participação (f)	शिरकत (f)	shirakat
participar (vi)	भाग लेना	bhāg lena
participante (m)	प्रतिभागी (m)	pratibhāgī
diretor (m)	निदेशक (m)	nideshak
direção (f)	आयोजकों का कार्यालय (m)	āyojakon ka kāryālay
organizador (m)	आयोजक (m)	āyojak
organizar (vt)	आयोजित करना	āyojit karana
ficha (f) de inscrição	प्रतिभागी प्रपत्र (m)	pratibhāgī prapatr
preencher (vt)	भरना	bharana
detalhes (m pl)	विवरण (m)	vivaran
informação (f)	जानकारी (f)	jānakārī
preço (m)	दाम (m)	dām
incluindo	सहित	sahit
incluir (vt)	शामिल करना	shāmil karana
pagar (vt)	दाम चुकाना	dām chukāna
taxa (f) de inscrição	पंजीकरण शुल्क (f)	panjīkaran shulk
entrada (f)	प्रवेश (m)	pravesh
pavilhão (m), salão (f)	हॉल (m)	hol
inscrever (vt)	पंजीकरण करवाना	panjīkaran karavāna
crachá (m)	बैज (f)	baij
stand (m)	स्टेंड (m)	stend
reservar (vt)	बुक करना	buk karana
vitrine (f)	प्रदर्शन खिड़की (f)	pradarshan khirakī
lâmpada (f)	स्पॉटलाइट (f)	spotalait
design (m)	डिज़ाइन (m)	dizain
pôr (posicionar)	रखना	rakhana
distribuidor (m)	वितरक (m)	vitarak
fornecedor (m)	आपूर्तिकर्ता (m)	āpūrtikarta
país (m)	देश (m)	desh
estrangeiro (adj)	विदेश	videsh
produto (m)	उत्पाद (m)	utpād
associação (f)	संस्था (f)	sanstha
sala (f) de conferência	सम्मेलन भवन (m)	sammelan bhavan
congresso (m)	सम्मेलन (m)	sammelan

concurso (m)	प्रतियोगिता (f)	pratiyogita
visitante (m)	सहभागी (m)	sahabhāgī
visitar (vt)	भाग लेना	bhāg lena
cliente (m)	ग्राहक (m)	grāhak

119. Media

jornal (m)	अख़बार (m)	akhabār
revista (f)	पत्रिका (f)	patrika
imprensa (f)	प्रेस (m)	pres
rádio (m)	रेडियो (m)	rediyo
estação (f) de rádio	रेडियो स्टेशन (m)	rediyo steshan
televisão (f)	टीवी (m)	tīvī

apresentador (m)	प्रस्तुतकर्ता (m)	prastutakarta
locutor (m)	उद्घोषक (m)	udghoshak
comentarista (m)	टिप्पणीकार (m)	tippanīkār

jornalista (m)	पत्रकार (m)	patrakār
correspondente (m)	पत्रकार (m)	patrakār
repórter (m) fotográfico	फ़ोटो पत्रकार (m)	foto patrakār
repórter (m)	पत्रकार (m)	patrakār

redator (m)	संपादक (m)	sampādak
redator-chefe (m)	मुख्य संपादक (m)	mūkhy sampādak
assinar a ...	सदस्य बनना	sadasy banana
assinatura (f)	सदस्यता शुल्क (f)	sadasyata shulk
assinante (m)	सदस्य (m)	sadasy
ler (vt)	पढ़ना	parhana
leitor (m)	पाठक (m)	pāthak

tiragem (f)	प्रतियों की संख्या (f)	pratiyon kī sankhya
mensal (adj)	मासिक	māsik
semanal (adj)	साप्ताहिक	saptāhik
número (jornal, revista)	संस्करण संख्या (f)	sanskaran sankhya
recente, novo (adj)	ताज़ा	tāza

manchete (f)	हेडलाइन (f)	hedalain
pequeno artigo (m)	लघु लेख (m)	laghu lekh
coluna (~ semanal)	कॉलम (m)	kolam
artigo (m)	लेख (m)	lekh
página (f)	पृष्ठ (m)	prshth

reportagem (f)	रिपोर्ट (f)	riport
evento (festa, etc.)	घटना (f)	ghatana
sensação (f)	सनसनी (f)	sanasanī
escândalo (m)	कांड (m)	kānd
escandaloso (adj)	चौंका देने वाला	chaunka dene vāla
grande (adj)	बड़ा	bara

programa (m)	प्रसारण (m)	prasāran
entrevista (f)	साक्षात्कार (m)	sākshātkār
transmissão (f) ao vivo	सीधा प्रसारण (m)	sīdha prasāran
canal (m)	चैनल (m)	chainal

120. Agricultura

agricultura (f)	खेती (f)	khetī
camponês (m)	किसान (m)	kisān
camponesa (f)	किसान (f)	kisān
agricultor, fazendeiro (m)	किसान (m)	kisān

| trator (m) | ट्रैक्टर (m) | traiktar |
| colheitadeira (f) | फ़सल काटने की मशीन (f) | fasal kātane kī mashīn |

arado (m)	हल (m)	hal
arar (vt)	जोतना	jotana
campo (m) lavrado	जोत भूमि (f)	jot bhūmi
sulco (m)	जोती गई भूमि (f)	jotī gaī bhūmi

semear (vt)	बोना	bona
plantadeira (f)	बोने की मशीन (f)	bone kī mashīn
semeadura (f)	बोवाई (f)	bovaī

| foice (m) | हँसिया (m) | hansiya |
| cortar com foice | काटना | kātana |

| pá (f) | कुदाल (m) | kudāl |
| cavar (vt) | खोदना | khodana |

enxada (f)	फावड़ा (m)	fāvara
capinar (vt)	निराना	nirāna
erva (f) daninha	जंगली घास	jangalī ghās

regador (m)	सींचाई कनस्तर (m)	sīnchaī kanastar
regar (plantas)	सींचना	sīnchana
rega (f)	सींचाई (f)	sīnchaī

| forquilha (f) | पंजा (m) | panja |
| ancinho (m) | जेली (f) | jelī |

fertilizante (m)	खाद (f)	khād
fertilizar (vt)	खाद डालना	khād dālana
estrume, esterco (m)	गोबर (m)	gobar

campo (m)	खेत (f)	khet
prado (m)	केदार (m)	kedār
horta (f)	सब्ज़ियों का बगीचा (m)	sabziyon ka bagīcha
pomar (m)	बाग़ (m)	bāg

pastar (vt)	चराना	charāna
pastor (m)	चरवाहा (m)	charavāha
pastagem (f)	चरागाह (f)	charāgāh

| pecuária (f) | पशुपालन (m) | pashupālan |
| criação (f) de ovelhas | भेड़पालन (m) | bherapālan |

plantação (f)	बागान (m)	bāgān
canteiro (m)	क्यारी (f)	kyārī
estufa (f)	पौधाघर (m)	paudhāghar

| seca (f) | सूखा (f) | sūkha |
| seco (verão ~) | सूखा | sūkha |

| cereais (m pl) | अनाज (m pl) | anāj |
| colher (vt) | फ़सल काटना | fasal kātana |

moleiro (m)	चक्कीवाला (m)	chakkīvāla
moinho (m)	चक्की (f)	chakkī
moer (vt)	पीसना	pīsana
farinha (f)	आटा (m)	āta
palha (f)	फूस (m)	fūs

121. Construção. Processo de construção

canteiro (m) de obras	निर्माण स्थल (m)	nirmān sthal
construir (vt)	निर्माण करना	nirmān karana
construtor (m)	मज़दूर (m)	mazadūr

projeto (m)	परियोजना (m)	pariyojana
arquiteto (m)	वास्तुकार (m)	vāstukār
operário (m)	मज़दूर (m)	mazadūr

fundação (f)	आधार (m)	ādhār
telhado (m)	छत (f)	chhat
estaca (f)	नींव (m)	nīnv
parede (f)	दीवार (f)	dīvār

| colunas (f pl) de sustentação | मज़बूत सलाख़ें (m) | mazabūt salākhen |
| andaime (m) | मचान (m) | machān |

| concreto (m) | कंक्रीट (m) | kankrīt |
| granito (m) | ग्रेनाइट (m) | grenait |

| pedra (f) | पत्थर (m) | patthar |
| tijolo (m) | ईंट (f) | īnt |

areia (f)	रेत (f)	ret
cimento (m)	सीमेन्ट (m)	sīment
emboço, reboco (m)	प्लस्तर (m)	plastar
emboçar, rebocar (vt)	प्लस्तर लगाना	plastar lagāna
tinta (f)	रंग (m)	rang

| pintar (vt) | रंगना | rangana |
| barril (m) | पीपा (m) | pīpa |

grua (f), guindaste (m)	क्रेन (m)	kren
erguer (vt)	उठाना	uthāna
baixar (vt)	नीचे उतारना	nīche utārana

buldózer (m)	बुल्डोज़र (m)	buldozar
escavadora (f)	उत्खनक (m)	utkhanak
caçamba (f)	उत्खनक बाल्टी (m)	utkhanak bāltī
escavar (vt)	खोदना	khodana
capacete (m) de proteção	हेलमेट (f)	helamet

122. Ciência. Investigação. Cientistas

ciência (f)	विज्ञान (m)	vigyān
científico (adj)	वैज्ञानिक	vaigyānik
cientista (m)	वैज्ञानिक (m)	vaigyānik
teoria (f)	सिद्धांत (f)	siddhānt

axioma (m)	सिद्ध प्रमाण (m)	siddh pramān
análise (f)	विश्लेषण (m)	vishleshan
analisar (vt)	विश्लेषण करना	vishleshan karana
argumento (m)	तथ्य (m)	tathy
substância (f)	पदार्थ (m)	padārth

hipótese (f)	परिकल्पना (f)	parikalpana
dilema (m)	दुविधा (m)	duvidha
tese (f)	शोधनिबंध (m)	shodhanibandh
dogma (m)	हठधर्मिता (f)	hathadharmita

doutrina (f)	सिद्धांत (m)	siddhānt
pesquisa (f)	शोध (m)	shodh
pesquisar (vt)	शोध करना	shodh karana
testes (m pl)	जांच (f)	jānch
laboratório (m)	प्रयोगशाला (f)	prayogashāla

método (m)	विधि (f)	vīdhi
molécula (f)	अणु (m)	anu
monitoramento (m)	निगरानी (f)	nigarānī
descoberta (f)	आविष्कार (m)	āvishkār

postulado (m)	स्वसिद्ध (m)	svasiddh
princípio (m)	सिद्धांत (m)	siddhānt
prognóstico (previsão)	पूर्वानुमान (m)	pūrvānumān
prognosticar (vt)	पूर्वानुमान करना	pūrvānumān karana

síntese (f)	संश्लेषण (m)	sanshleshan
tendência (f)	प्रवृत्ति (f)	pravrtti
teorema (m)	प्रमेय (m)	pramey

ensinamentos (m pl)	शिक्षा (f)	shiksha
fato (m)	तथ्य (m)	tathy
expedição (f)	अभियान (m)	abhiyān
experiência (f)	प्रयोग (m)	prayog

acadêmico (m)	अकदमीशियन (m)	akadamīshiyan
bacharel (m)	स्नातक (m)	snātak
doutor (m)	डॉक्टर (m)	doktar
professor (m) associado	सह - प्राध्यापक (m)	sah - prādhyāpak
mestrado (m)	स्नातकोत्तर (m)	snātakottar
professor (m)	प्रोफ़ेसर (m)	profesar

Profissões e ocupações

123. Procura de emprego. Demissão

trabalho (m)	नौकरी (f)	naukarī
pessoal (m)	कर्मचारी (m)	karmachārī
carreira (f)	व्यवसाय (m)	vyavasāy
perspectivas (f pl)	संभावना (f)	sambhāvana
habilidades (f pl)	हुनर (m)	hunar
seleção (f)	चुनाव (m)	chunāv
agência (f) de emprego	रोज़गार केन्द्र (m)	rozagār kendr
currículo (m)	रेज़्यूम (m)	rijyūm
entrevista (f) de emprego	नौकरी के लिए साक्षात्कार (m)	naukarī ke lie sākshātkār
vaga (f)	रिक्ति (f)	rikti
salário (m)	वेतन (m)	vetan
salário (m) fixo	वेतन (m)	vetan
pagamento (m)	भुगतान (m)	bhugatān
cargo (m)	पद (m)	pad
dever (do empregado)	कर्तव्य (m)	kartavy
gama (f) de deveres	कार्य-क्षेत्र (m)	kāry-kshetr
ocupado (adj)	व्यस्त	vyast
despedir, demitir (vt)	बर्खास्त करना	barakhāst karana
demissão (f)	बर्खास्तगी (f)	barakhāstagī
desemprego (m)	बेरोज़गारी (f)	berozagārī
desempregado (m)	बेरोज़गार (m)	berozagār
aposentadoria (f)	सेवा-निवृत्ति (f)	seva-nivrtti
aposentar-se (vr)	सेवा-निवृत्त होना	seva-nivrtt hona

124. Gente de negócios

diretor (m)	निदेशक (m)	nideshak
gerente (m)	प्रबंधक (m)	prabandhak
patrão, chefe (m)	मालिक (m)	mālik
superior (m)	वरिष्ठ अधिकारी (m)	varishth adhikārī
superiores (m pl)	वरिष्ठ अधिकारी (m)	varishth adhikārī
presidente (m)	अध्यक्ष (m)	adhyaksh
chairman (m)	सभाध्यक्ष (m)	sabhādhyaksh
substituto (m)	उपाध्यक्ष (m)	upādhyaksh
assistente (m)	सहायक (m)	sahāyak

secretário (m)	सेक्रटरी (f)	sekratarī
secretário (m) pessoal	निजी सहायक (m)	nijī sahāyak
homem (m) de negócios	व्यापारी (m)	vyāpārī
empreendedor (m)	उद्यमी (m)	udyamī
fundador (m)	संस्थापक (m)	sansthāpak
fundar (vt)	स्थापित करना	sthāpit karana

principiador (m)	स्थापक (m)	sthāpak
parceiro, sócio (m)	पार्टनर (m)	pārtanar
acionista (m)	शेयर होलडर (m)	sheyar holadar

milionário (m)	लखपति (m)	lakhapati
bilionário (m)	करोड़पति (m)	karorapati
proprietário (m)	मालिक (m)	mālik
proprietário (m) de terras	ज़मीनदार (m)	zamīnadār

cliente (m)	ग्राहक (m)	grāhak
cliente (m) habitual	खरीदार (m)	kharīdār
comprador (m)	ग्राहक (m)	grāhak
visitante (m)	आगंतुक (m)	āgantuk

profissional (m)	पेशेवर (m)	peshevar
perito (m)	विशेषज्ञ (m)	visheshagy
especialista (m)	विशेषज्ञ (m)	visheshagy

| banqueiro (m) | बैंकर (m) | bainkar |
| corretor (m) | ब्रोकर (m) | brokar |

caixa (m, f)	कैशियर (m)	kaishiyar
contador (m)	लेखापाल (m)	lekhāpāl
guarda (m)	पहरेदार (m)	paharedār

investidor (m)	निवेशक (m)	niveshak
devedor (m)	क़र्ज़दार (m)	qarzadār
credor (m)	लेनदार (m)	lenadār
mutuário (m)	कर्ज़दार (m)	karzadār

| importador (m) | आयातकर्ता (m) | āyātakartta |
| exportador (m) | निर्यातकर्ता (m) | niryātakartta |

produtor (m)	उत्पादक (m)	utpādak
distribuidor (m)	वितरक (m)	vitarak
intermediário (m)	बिचौलिया (m)	bichauliya

consultor (m)	सलाहकार (m)	salāhakār
representante comercial	बिक्री प्रतिनिधि (m)	bikrī pratinidhi
agente (m)	एजेंट (m)	ejent
agente (m) de seguros	बीमा एजन्ट (m)	bīma ejant

125. Profissões de serviços

cozinheiro (m)	बावरची (m)	bāvarachī
chefe (m) de cozinha	मुख्य बावरची (m)	mukhy bāvarachī
padeiro (m)	बेकर (m)	bekar

barman (m)	बारेटेन्डर (m)	bāretendar
garçom (m)	बैरा (m)	baira
garçonete (f)	बैरा (f)	baira
advogado (m)	वकील (m)	vakīl
jurista (m)	वकील (m)	vakīl
notário (m)	नोटरी (m)	notarī
eletricista (m)	बिजलीवाला (m)	bijalīvāla
encanador (m)	प्लम्बर (m)	plambar
carpinteiro (m)	बढ़ई (m)	barhī
massagista (m)	मालिशिया (m)	mālishiya
massagista (f)	मालिशिया (m)	mālishiya
médico (m)	चिकित्सक (m)	chikitsak
taxista (m)	टैक्सीवाला (m)	taiksīvāla
condutor (automobilista)	ड्राइवर (m)	draivar
entregador (m)	कूरियर (m)	kūriyar
camareira (f)	चैम्बरमेड (f)	chaimbaramed
guarda (m)	पहरेदार (m)	paharedār
aeromoça (f)	एयर होस्टेस (f)	eyar hostes
professor (m)	शिक्षक (m)	shikshak
bibliotecário (m)	पुस्तकाध्यक्ष (m)	pustakādhyaksh
tradutor (m)	अनुवादक (m)	anuvādak
intérprete (m)	दुभाषिया (m)	dubhāshiya
guia (m)	गाइड (m)	gaid
cabeleireiro (m)	नाई (m)	naī
carteiro (m)	डाकिया (m)	dākiya
vendedor (m)	विक्रेता (m)	vikreta
jardineiro (m)	माली (m)	mālī
criado (m)	नौकर (m)	naukar
criada (f)	नौकरानी (f)	naukarānī
empregada (f) de limpeza	सफ़ाईवाली (f)	safaīvālī

126. Profissões militares e postos

soldado (m) raso	सैनिक (m)	sainik
sargento (m)	सार्जेंट (m)	sārjent
tenente (m)	लेफ्टिनेंट (m)	leftinent
capitão (m)	कैप्टन (m)	kaiptan
major (m)	मेजर (m)	mejar
coronel (m)	कर्नल (m)	karnal
general (m)	जनरल (m)	janaral
marechal (m)	मार्शल (m)	mārshal
almirante (m)	एडमिरल (m)	edamiral
militar (m)	सैनिक (m)	sainik
soldado (m)	सिपाही (m)	sipāhī

oficial (m)	अफ़सर (m)	afsar
comandante (m)	कमांडर (m)	kamāndar
guarda (m) de fronteira	सीमा रक्षक (m)	sīma rakshak
operador (m) de rádio	रेडियो ऑपरेटर (m)	rediyo oparetar
explorador (m)	गुप्तचर (m)	guptachar
sapador-mineiro (m)	युद्ध इंजीनियर (m)	yuddh injīniyar
atirador (m)	तीरंदाज़ (m)	tīrandāz
navegador (m)	नैवीगेटर (m)	naivīgetar

127. Oficiais. Padres

rei (m)	बादशाह (m)	bādashāh
rainha (f)	महारानी (f)	mahārānī
príncipe (m)	राजकुमार (m)	rājakumār
princesa (f)	राजकुमारी (f)	rājakumārī
czar (m)	राजा (m)	rāja
czarina (f)	रानी (f)	rānī
presidente (m)	राष्ट्रपति (m)	rāshtrapati
ministro (m)	मंत्री (m)	mantrī
primeiro-ministro (m)	प्रधान मंत्री (m)	pradhān mantrī
senador (m)	सांसद (m)	sānsad
diplomata (m)	राजनयिक (m)	rājanayik
cônsul (m)	राजनयिक (m)	rājanayik
embaixador (m)	राजदूत (m)	rājadūt
conselheiro (m)	राजनयिक परामर्शदाता (m)	rājanayik parāmarshadāta
funcionário (m)	अधिकारी (m)	adhikārī
prefeito (m)	अधिकारी (m)	adhikārī
Presidente (m) da Câmara	मेयर (m)	meyar
juiz (m)	न्यायाधीश (m)	nyāyādhīsh
procurador (m)	अभियोक्ता (m)	abhiyokta
missionário (m)	पादरी (m)	pādarī
monge (m)	मठवासी (m)	mathavāsī
abade (m)	मठाधीश (m)	mathādhīsh
rabino (m)	रब्बी (m)	rabbī
vizir (m)	वज़ीर (m)	vazīr
xá (m)	शाह (m)	shāh
xeique (m)	शेख़ (m)	shekh

128. Profissões agrícolas

abelheiro (m)	मधुमक्खी-पालक (m)	madhumakkhī-pālak
pastor (m)	चरवाहा (m)	charavāha
agrônomo (m)	कृषिविज्ञानी (m)	krshivigyānī
criador (m) de gado	पशुपालक (m)	pashupālak

veterinário (m)	पशुचिकित्सक (m)	pashuchikitsak
agricultor, fazendeiro (m)	किसान (m)	kisān
vinicultor (m)	मदिराकारी (m)	madirākārī
zoólogo (m)	जीव विज्ञानी (m)	jīv vigyānī
vaqueiro (m)	चरवाहा (m)	charavāha

129. Profissões artísticas

ator (m)	अभिनेता (m)	abhineta
atriz (f)	अभिनेत्री (f)	abhinetrī
cantor (m)	गायक (m)	gāyak
cantora (f)	गायिका (f)	gāyika
bailarino (m)	नर्तक (m)	nartak
bailarina (f)	नर्तकी (f)	nartakī
artista (m)	अदाकार (m)	adākār
artista (f)	अदाकारा (f)	adākāra
músico (m)	साज़िन्दा (m)	sāzinda
pianista (m)	पियानो वादक (m)	piyāno vādak
guitarrista (m)	गिटार वादक (m)	gitār vādak
maestro (m)	बैंड कंडक्टर (m)	baind kandaktar
compositor (m)	संगीतकार (m)	sangītakār
empresário (m)	इम्प्रेसारियो (m)	impresāriyo
diretor (m) de cinema	निर्देशक (m)	nirdeshak
produtor (m)	प्रोइयूसर (m)	prodyūsar
roteirista (m)	लेखक (m)	lekhak
crítico (m)	आलोचक (m)	ālochak
escritor (m)	लेखक (m)	lekhak
poeta (m)	कवि (m)	kavi
escultor (m)	मूर्तिकार (m)	mūrtikār
pintor (m)	चित्रकार (m)	chitrakār
malabarista (m)	बाज़ीगर (m)	bāzīgar
palhaço (m)	जोकर (m)	jokar
acrobata (m)	कलाबाज़ (m)	kalābāz
ilusionista (m)	जादूगर (m)	jādūgar

130. Várias profissões

médico (m)	चिकित्सक (m)	chikitsak
enfermeira (f)	नर्स (m)	nars
psiquiatra (m)	मनोचिकित्सक (m)	manochikitsak
dentista (m)	दंतचिकित्सक (m)	dantachikitsak
cirurgião (m)	शल्य-चिकित्सक (m)	shaly-chikitsak
astronauta (m)	अंतरिक्षयात्री (m)	antarikshayātrī

astrônomo (m)	खगोल-विज्ञानी (m)	khagol-vigyānī
piloto (m)	पाइलट (m)	pailat
motorista (m)	ड्राइवर (m)	draivar
maquinista (m)	इंजन ड्राइवर (m)	injan draivar
mecânico (m)	मैकेनिक (m)	maikenik
mineiro (m)	खनिक (m)	khanik
operário (m)	मज़दूर (m)	mazadūr
serralheiro (m)	ताला बनानेवाला (m)	tāla banānevāla
marceneiro (m)	बढ़ई (m)	barhī
torneiro (m)	खरादी (m)	kharādī
construtor (m)	मज़ूदर (m)	mazūdar
soldador (m)	वेल्डर (m)	veldar
professor (m)	प्रोफ़ेसर (m)	profesar
arquiteto (m)	वास्तुकार (m)	vāstukār
historiador (m)	इतिहासकार (m)	itihāsakār
cientista (m)	वैज्ञानिक (m)	vaigyānik
físico (m)	भौतिक विज्ञानी (m)	bhautik vigyānī
químico (m)	रसायनविज्ञानी (m)	rasāyanavigyānī
arqueólogo (m)	पुरातत्वविद (m)	purātatvavid
geólogo (m)	भूविज्ञानी (m)	bhūvigyānī
pesquisador (cientista)	शोधकर्ता (m)	shodhakarta
babysitter, babá (f)	दाई (f)	daī
professor (m)	शिक्षक (m)	shikshak
redator (m)	संपादक (m)	sampādak
redator-chefe (m)	मुख्य संपादक (m)	mūkhy sampādak
correspondente (m)	पत्रकार (m)	patrakār
datilógrafa (f)	टाइपिस्ट (f)	taipist
designer (m)	डिज़ाइनर (m)	dizainar
especialista (m) em informática	कंप्यूटर विशेषज्ञ (m)	kampyūtar visheshagy
programador (m)	प्रोग्रामर (m)	progrāmar
engenheiro (m)	इंजीनियर (m)	injīniyar
marujo (m)	मल्लाह (m)	mallāh
marinheiro (m)	मल्लाह (m)	mallāh
socorrista (m)	बचानेवाला (m)	bachānevāla
bombeiro (m)	दमकल कर्मचारी (m)	damakal karmachārī
polícia (m)	पुलिसवाला (m)	pulisavāla
guarda-noturno (m)	पहरेदार (m)	paharedār
detetive (m)	जासूस (m)	jāsūs
funcionário (m) da alfândega	सीमाशुल्क अधिकारी (m)	sīmāshulk adhikārī
guarda-costas (m)	अंगरक्षक (m)	angarakshak
guarda (m) prisional	जेल का पहरेदार (m)	jel ka paharedār
inspetor (m)	अधीक्षक (m)	adhīkshak
esportista (m)	खिलाड़ी (m)	khilārī
treinador (m)	प्रशिक्षक (m)	prashikshak
açougueiro (m)	कसाई (m)	kasaī

sapateiro (m)	मोची (m)	mochī
comerciante (m)	व्यापारी (m)	vyāpārī
carregador (m)	कुली (m)	kulī

estilista (m)	फैशन डिज़ाइनर (m)	faishan dizainar
modelo (f)	मॉडल (m)	modal

131. Ocupações. Estatuto social

estudante (~ de escola)	छात्र (m)	chhātr
estudante (~ universitária)	विद्यार्थी (m)	vidyārthī

filósofo (m)	दर्शनशास्त्री (m)	darshanashāstrī
economista (m)	अर्थशास्त्री (m)	arthashāstrī
inventor (m)	आविष्कारक (m)	āvishkārak

desempregado (m)	बेरोज़गार (m)	berozagār
aposentado (m)	सेवा-निवृत्त (m)	seva-nivrtt
espião (m)	गुप्तचर (m)	guptachar

preso, prisioneiro (m)	क़ैदी (m)	qaidī
grevista (m)	हड़तालकारी (m)	haratālakārī
burocrata (m)	अफ़सरशाह (m)	afasarashāh
viajante (m)	यात्री (m)	yātrī

homossexual (m)	समलैंगिक (m)	samalaingik
hacker (m)	हैकर (m)	haikar

bandido (m)	डाकू (m)	dākū
assassino (m)	हत्यारा (m)	hatyāra
drogado (m)	नशेबाज़ (m)	nashebāz
traficante (m)	नशीली दवाओं का विक्रेता (m)	nashīlī davaon ka vikreta
prostituta (f)	वैश्या (f)	vaishya
cafetão (m)	दलाल (m)	dalāl

bruxo (m)	जादूगर (m)	jādūgar
bruxa (f)	डायन (f)	dāyan
pirata (m)	समुद्री लूटेरा (m)	samudrī lūtera
escravo (m)	दास (m)	dās
samurai (m)	सामुराई (m)	sāmuraī
selvagem (m)	जंगली (m)	jangalī

Desportos

132. Tipos de desportos. Desportistas

esportista (m)	खिलाड़ी (m)	khilārī
tipo (m) de esporte	खेल (m)	khel
basquete (m)	बास्केटबॉल (f)	bāsketabol
jogador (m) de basquete	बास्केटबॉल खिलाड़ी (m)	bāsketabol khilārī
beisebol (m)	बेसबॉल (f)	besabol
jogador (m) de beisebol	बेसबॉल खिलाड़ी (m)	besabol khilārī
futebol (m)	फुटबॉल (f)	futabol
jogador (m) de futebol	फुटबॉल खिलाड़ी (m)	futabol khilārī
goleiro (m)	गोलची (m)	golachī
hóquei (m)	हॉकी (f)	hokī
jogador (m) de hóquei	हॉकी खिलाड़ी (m)	hokī khilārī
vôlei (m)	वॉलीबॉल (f)	volībol
jogador (m) de vôlei	वॉलीबॉल खिलाड़ी (m)	volībol khilārī
boxe (m)	मुक्केबाज़ी (f)	mukkebāzī
boxeador (m)	मुक्केबाज़ (m)	mukkebāz
luta (f)	कुश्ती (m)	kushtī
lutador (m)	पहलवान (m)	pahalavān
caratê (m)	कराटे (m)	karāte
carateca (m)	कराटेबाज़ (m)	karātebāz
judô (m)	जूडो (m)	jūdo
judoca (m)	जूडोबाज़ (m)	jūdobāz
tênis (m)	टेनिस (m)	tenis
tenista (m)	टेनिस खिलाड़ी (m)	tenis khilārī
natação (f)	तैराकी (m)	tairākī
nadador (m)	तैराक (m)	tairāk
esgrima (f)	तलवारबाज़ी (f)	talavārabāzī
esgrimista (m)	तलवारबाज़ (m)	talavārabāz
xadrez (m)	शतरंज (m)	shataranj
jogador (m) de xadrez	शतंरजबाज़ (m)	shatanrajabāz
alpinismo (m)	पर्वतारोहण (m)	parvatārohan
alpinista (m)	पर्वतारोही (m)	parvatārohī
corrida (f)	दौड़ (f)	daur

corredor (m)	धावक (m)	dhāvak
atletismo (m)	एथलेटिक्स (f)	ethaletiks
atleta (m)	एथलीट (m)	ethalīt
hipismo (m)	घुड़सवारी (f)	ghurasavārī
cavaleiro (m)	घुड़सवार (m)	ghurasavār
patinação (f) artística	फ़ीगर स्केटिन्ग (m)	fīgar sketing
patinador (m)	फ़ीगर स्केटर (m)	fīgar sketar
patinadora (f)	फ़ीगर स्केटर (f)	fīgar sketar
halterofilismo (m)	पॉवरलिफ्टिंग (m)	povaralifting
corrida (f) de carros	कार रेस (f)	kār res
piloto (m)	रेस ड्राइवर (m)	res draivar
ciclismo (m)	साइकिलिंग (f)	saikiling
ciclista (m)	साइकिल चालक (m)	saikil chālak
salto (m) em distância	लांग जम्प (m)	lāng jamp
salto (m) com vara	बांस कूद (m)	bāns kūd
atleta (m) de saltos	जम्पर (m)	jampar

133. Tipos de desportos. Diversos

futebol (m) americano	फ़ुटबाल (m)	futabāl
badminton (m)	बैडमिंटन (m)	baidamintan
biatlo (m)	बायएथलॉन (m)	bāyethalon
bilhar (m)	बिलियड्र्स (m)	biliyards
bobsled (m)	बोबस्लेड (m)	bobasled
musculação (f)	बॉडीबिल्डिंग (m)	bodībilding
polo (m) aquático	वॉटर-पोलो (m)	votar-polo
handebol (m)	हैन्डबॉल (f)	haindabol
golfe (m)	गोल्फ़ (m)	golf
remo (m)	नौकायन (m)	naukāyan
mergulho (m)	स्कूबा डाइविंग (f)	skūba daiving
corrida (f) de esqui	क्रॉस कंट्री स्कीइंग (f)	kros kantrī skīing
tênis (m) de mesa	टेबल टेनिस (m)	tebal tenis
vela (f)	पाल नौकायन (m)	pāl naukāyan
rali (m)	रैली रेसिंग (f)	railī resing
rúgbi (m)	रग्बी (m)	ragbī
snowboard (m)	स्नोबोर्डिंग (m)	snobording
arco-e-flecha (m)	तीरंदाज़ी (f)	tīrandāzī

134. Ginásio

barra (f)	वेट (m)	vet
halteres (m pl)	डाम्बबेल्स (m pl)	dāmbabels
aparelho (m) de musculação	ट्रेनिंग मशीन (f)	trening mashīn
bicicleta (f) ergométrica	व्यायाम साइकिल (f)	vyāyām saikil

esteira (f) de corrida	ट्रेडमिल (f)	tredamil
barra (f) fixa	क्षैतिज बार (m)	kshaitij bār
barras (f pl) paralelas	समानांतर बार (m)	samānāntar bār
cavalo (m)	घोड़ा (m)	ghora
tapete (m) de ginástica	मैट (m)	mait
aeróbica (f)	एरोबिक (m)	erobik
ioga, yoga (f)	योग (m)	yog

135. Hóquei

hóquei (m)	हॉकी (f)	hokī
jogador (m) de hóquei	हॉकी का खिलाड़ी (m)	hokī ka khilārī
jogar hóquei	हॉकी खेलना	hokī khelana
gelo (m)	बर्फ़ (m)	barf
disco (m)	पक (m)	pak
taco (m) de hóquei	स्टिक (m)	stik
patins (m pl) de gelo	आइस स्केट्स (m)	āis skets
muro (m)	बोर्ड (m)	bord
tiro (m)	शॉट (m)	shot
goleiro (m)	गोलची (m)	golachī
gol (m)	गोल (m)	gol
marcar um gol	गोल करना	gol karana
tempo (m)	अवधि (f)	avadhi
banco (m) de reservas	सब्सचिट्यूट बेंच (f)	sabsachityūt bench

136. Futebol

futebol (m)	फ़ुटबॉल (m)	futabol
jogador (m) de futebol	फ़ुटबॉल का खिलाड़ी (m)	futabol ka khilārī
jogar futebol	फ़ुटबॉल खेलना	futabol khelana
Time (m) Principal	मेजर लीग (m)	mejar līg
time (m) de futebol	फ़ुटबॉल क्लब (m)	futabol klab
treinador (m)	प्रशिक्षक (m)	prashikshak
proprietário (m)	मालिक (m)	mālik
equipe (f)	दल (m)	dal
capitão (m)	दल का कसान (m)	dal ka kaptān
jogador (m)	खिलाड़ी (m)	khilārī
jogador (m) reserva	रिज़र्व-खिलाड़ी (m)	rizarv-khilārī
atacante (m)	फ़ोर्वर्ड (m)	forvard
centroavante (m)	केन्द्रिय फ़ोर्वर्ड (m)	kendriy forvard
marcador (m)	गोल स्कोरर (m)	gol skorar
defesa (m)	रक्षक (m)	rakshak
meio-campo (m)	हाफ़बैक (m)	hāfabaik
jogo (m), partida (f)	मैच (m)	maich

encontrar-se (vr)	मिलना	milana
final (m)	फ़ाइनल (m)	fainal
semifinal (f)	सेमीफ़ाइनल (m)	semīfainal
campeonato (m)	चैम्पियनशिप (f)	chaimpiyanaship
tempo (m)	हाफ़ (m)	hāf
primeiro tempo (m)	पहला हाफ़ (m)	pahala hāf
intervalo (m)	अंतराल (m)	antarāl
goleira (f)	गोल (m)	gol
goleiro (m)	गोलची (m)	golachī
trave (f)	गोलपोस्ट (m)	golapost
travessão (m)	अर्गला (f)	argala
rede (f)	जाल (m)	jāl
tomar um gol	गोल देना	gol dena
bola (f)	गेंद (m)	gend
passe (m)	पास (m)	pās
chute (m)	किक (f)	kik
chutar (vt)	किक करना	kik karana
pontapé (m)	फ्री किक (f)	frī kik
escanteio (m)	कॉर्नर किक (f)	kornar kik
ataque (m)	आक्रमण (m)	ākraman
contra-ataque (m)	काउन्टर अटैक (m)	kauntar ataik
combinação (f)	कॉम्बिनेशन (m)	kombineshan
árbitro (m)	रेफ़री (m)	refarī
apitar (vi)	सीटी बजाना	sīṭī bajāna
apito (m)	सीटी (f)	sīṭī
falta (f)	फाउल (m)	faul
cometer a falta	फाउल करना	faul karana
expulsar (vt)	बाहर निकालना	bāhar nikālana
cartão (m) amarelo	पीला कार्ड (m)	pīla kārd
cartão (m) vermelho	लाल कार्ड (m)	lāl kārd
desqualificação (f)	डिसक्वालिफ़िकेशन (m)	disakvālifikeshan
desqualificar (vt)	डिस्क्वालिफ़ाई करना	diskvālifaī karana
pênalti (m)	पेनल्टी किक (f)	penaltī kik
barreira (f)	दीवार (f)	dīvār
marcar (vt)	स्कोर करना	skor karana
gol (m)	गोल (m)	gol
marcar um gol	गोल करना	gol karana
substituição (f)	बदलाव (m)	badalāv
substituir (vt)	खिलाड़ी बदलना	khilāṛī badalana
regras (f pl)	नियम (m pl)	niyam
tática (f)	टैक्टिक्स (m)	taiktiks
estádio (m)	स्टेडियम (m)	stediyam
arquibancadas (f pl)	स्टॉल (m)	stol
fã, torcedor (m)	फ़ैन (m)	fain
gritar (vi)	चिल्लाना	chillāna
placar (m)	स्कोरबोर्ड (m)	skorabord
resultado (m)	स्कोर (m)	skor

derrota (f)	हार (f)	hār
perder (vt)	हारना	hārana
empate (m)	टाई (m)	taī
empatar (vi)	टाई करना	taī karana
vitória (f)	विजय (m)	vijay
vencer (vi, vt)	जीतना	jītana
campeão (m)	चैम्पियन (m)	chaimpiyan
melhor (adj)	सर्वोत्तम	sarvottam
felicitar (vt)	बधाई देना	badhaī dena
comentarista (m)	टिप्पणीकार (m)	tippanīkār
comentar (vt)	टिप्पणी करना	tippanī karana
transmissão (f)	प्रसारण (m)	prasāran

137. Esqui alpino

esqui (m)	स्की (m pl)	skī
esquiar (vi)	स्की करना	skī karana
estação (f) de esqui	माउंटेन स्की कैम्प (m)	maunten skī kaimp
teleférico (m)	स्की लिफ्ट (m)	skī lift
bastões (m pl) de esqui	स्की की डंडियाँ (f)	skī kī dandiyān
declive (m)	ढलान (f)	dhalān
slalom (m)	स्लालोम (m)	slālom

138. Tênis. Golfe

golfe (m)	गोल्फ़ (m)	golf
clube (m) de golfe	गोल्फ़-क्लब (m)	golf-klab
jogador (m) de golfe	गोल्फ़-खिलाड़ी (m)	golf-khilārī
buraco (m)	गुच्ची (f)	guchchī
taco (m)	डंडा (m)	danda
trolley (m)	स्टिकों की गाड़ी (f)	stikon kī gārī
tênis (m)	टेनिस (m)	tenis
quadra (f) de tênis	कोर्ट (m)	kort
saque (m)	सर्विस (f)	sarvis
sacar (vi)	सर्विस करना	sarvis karana
raquete (f)	रैकेट (m)	raiket
rede (f)	नेट (m)	net
bola (f)	गेंद (m)	gend

139. Xadrez

xadrez (m)	शतरंज (m)	shataranj
peças (f pl) de xadrez	शतरंज के मोहरे (m pl)	shataranj ke mohare
jogador (m) de xadrez	शतरंज का खिलाड़ी (m)	shataranj ka khilārī
tabuleiro (m) de xadrez	शतरंज की बिसात (f)	shataranj kī bisāt

peça (f)	शतरंज का मोहरा (m)	shataranj ka mohara
brancas (f pl)	सफ़ेद (m)	safed
pretas (f pl)	काला (m)	kāla
peão (m)	प्यादा (f)	pyāda
bispo (m)	ऊँठ (m)	ūnth
cavalo (m)	घोड़ा (m)	ghora
torre (f)	हाथी (m)	hāthī
dama (f)	रानी (f)	rānī
rei (m)	बादशाह (m)	bādashāh
vez (f)	चाल (f)	chāl
mover (vt)	चाल चलना	chāl chalana
sacrificar (vt)	त्याग देना	tyāg dena
roque (m)	कैसलिंग (m)	kaisaling
xeque (m)	शह (m)	shah
xeque-mate (m)	शह और मात (m)	shah aur māt
torneio (m) de xadrez	शतरंज की प्रतियोगिता (f)	shataranj kī pratiyogita
grão-mestre (m)	ग्रांडमास्टर (m)	grāndamāstar
combinação (f)	कॉम्बिनेशन (m)	kombineshan
partida (f)	बाज़ी (f)	bāzī
jogo (m) de damas	चेकर्स (m)	chekars

140. Boxe

boxe (m)	मुक्केबाज़ी (f)	mukkebāzī
combate (m)	लड़ाई (f)	laraī
luta (f) de boxe	मुक्केबाज़ी का मुक़ाबला (m)	mukkebāzī ka muqābala
round (m)	मुक्केबाज़ी का राउंड (m)	mukkevāzī ka raund
ringue (m)	बॉक्सिंग रिंग (f)	boksing ring
gongo (m)	घंटा (m)	ghanta
murro, soco (m)	प्रहार (m)	prahār
derrubada (f)	नॉकडाउन (m)	nokadaun
nocaute (m)	नॉकआउट (m)	nokaut
nocautear (vt)	नॉकआउट करना	nokaut karana
luva (f) de boxe	मुक्केबाज़ी के दस्ताने (m)	mukkebāzī ke dastāne
juiz (m)	रेफ़री (m)	refarī
peso-pena (m)	कम वज़न (m)	kam vazan
peso-médio (m)	मध्यम वज़न (m)	madhyam vazan
peso-pesado (m)	भारी वज़न (m)	bhārī vazan

141. Desportos. Diversos

Jogos (m pl) Olímpicos	ओलिम्पिक खेल (m pl)	olimpik khel
vencedor (m)	विजेता (m)	vijeta
vencer (vi)	विजय पाना	vijay pāna
vencer (vi, vt)	जीतना	jītana

| líder (m) | लीडर (m) | līdar |
| liderar (vt) | लीड करना | līd karana |

primeiro lugar (m)	पहला स्थान (m)	pahala sthān
segundo lugar (m)	दूसरा स्थान (m)	dūsara sthān
terceiro lugar (m)	तीसरा स्थान (m)	tīsara sthān

medalha (f)	मेडल (m)	medal
troféu (m)	ट्रॉफ़ी (f)	trofī
taça (f)	कप (m)	kap
prêmio (m)	पुरस्कार (m)	puraskār
prêmio (m) principal	मुख्य पुरस्कार (m)	mukhy puraskār

| recorde (m) | रिकॉर्ड (m) | rikord |
| estabelecer um recorde | रिकॉर्ड बनाना | rikord banāna |

| final (m) | फ़ाइनल (m) | fainal |
| final (adj) | अंतिम | antim |

| campeão (m) | चेम्पियन (m) | chempiyan |
| campeonato (m) | चैम्पियनशिप (f) | chaimpiyanaship |

estádio (m)	स्टेडियम (m)	stediyam
arquibancadas (f pl)	सीट (f)	sīṭ
fã, torcedor (m)	फ़ैन (m)	fain
adversário (m)	प्रतिद्वंद्वी (f)	pratidvandvī

| partida (f) | स्टार्ट (m) | stārt |
| linha (f) de chegada | फ़िनिश (f) | finish |

| derrota (f) | हार (f) | hār |
| perder (vt) | हारना | hārana |

árbitro, juiz (m)	रेफ़री (m)	refarī
júri (m)	ज्यूरी (m)	jyūrī
resultado (m)	स्कोर (m)	skor
empate (m)	टाई (m)	taī
empatar (vi)	खेल टाइ करना	khel tai karana
ponto (m)	अंक (m)	ank
resultado (m) final	नतीजा (m)	natīja

| tempo (m) | टाइम (m) | taim |
| intervalo (m) | हाफ़ टाइम (m) | hāf taim |

doping (m)	अवैध दवाओं का इस्तेमाल (m)	avaidh davaon ka istemāl
penalizar (vt)	पेनल्टी लगाना	penaltī lagāna
desqualificar (vt)	डिस्क्वेलिफ़ाई करना	diskvelifaī karana

aparelho, aparato (m)	खेलकूद का सामान (m)	khelakūd ka sāmān
dardo (m)	भाला (m)	bhāla
peso (m)	गोला (m)	gola
bola (f)	गेंद (m)	gend

| alvo, objetivo (m) | निशाना (m) | nishāna |
| alvo (~ de papel) | निशाना (m) | nishāna |

disparar, atirar (vi)	गोली चलाना	golī chalāna
preciso (tiro ~)	सटीक	satīk
treinador (m)	प्रशिक्षक (m)	prashikshak
treinar (vt)	प्रशिक्षित करना	prashikshit karana
treinar-se (vr)	प्रशिक्षण करना	prashikshan karana
treino (m)	प्रशिक्षण (f)	prashikshan

academia (f) de ginástica	जिम (m)	jim
exercício (m)	व्यायाम (m)	vyāyām
aquecimento (m)	वार्म-अप (m)	vārm-ap

Educação

142. Escola

escola (f)	पाठशाला (m)	pāthashāla
diretor (m) de escola	प्रिंसिपल (m)	prinsipal
aluno (m)	छात्र (m)	chhātr
aluna (f)	छात्रा (f)	chhātra
estudante (m)	छात्र (m)	chhātr
estudante (f)	छात्रा (f)	chhātra
ensinar (vt)	पढ़ाना	parhāna
aprender (vt)	पढ़ना	parhana
decorar (vt)	याद करना	yād karana
estudar (vi)	सीखना	sīkhana
estar na escola	स्कूल में पढ़ना	skūl men parhana
ir à escola	स्कूल जाना	skūl jāna
alfabeto (m)	वर्णमाला (f)	varnamāla
disciplina (f)	विषय (m)	vishay
sala (f) de aula	कक्षा (f)	kaksha
lição, aula (f)	पाठ (m)	pāth
recreio (m)	अंतराल (m)	antarāl
toque (m)	स्कूल की घंटी (f)	skūl kī ghantī
classe (f)	बेंच (f)	bench
quadro (m) negro	चॉकबोर्ड (m)	chokabord
nota (f)	अंक (m)	ank
boa nota (f)	अच्छे अंक (m)	achchhe ank
nota (f) baixa	कम अंक (m)	kam ank
dar uma nota	मार्क्स देना	mārks dena
erro (m)	ग़लती (f)	galatī
errar (vi)	ग़लती करना	galatī karana
corrigir (~ um erro)	ठीक करना	thīk karana
cola (f)	कुंजी (f)	kunjī
dever (m) de casa	गृहकार्य (m)	grhakāry
exercício (m)	अभ्यास (m)	abhyās
estar presente	उपस्थित होना	upasthit hona
estar ausente	अनुपस्थित होना	anupasthit hona
punir (vt)	सज़ा देना	saza dena
punição (f)	सज़ा (f)	saza
comportamento (m)	बरताव (m)	baratāv

boletim (m) escolar	रिपोर्ट कार्ड (f)	riport kārd
lápis (m)	पेंसिल (f)	pensil
borracha (f)	रबड़ (f)	rabar
giz (m)	चॉक (m)	chok
porta-lápis (m)	पेंसिल का डिब्बा (m)	pensil ka dibba

mala, pasta, mochila (f)	बस्ता (m)	basta
caneta (f)	कलम (m)	kalam
caderno (m)	कॉपी (f)	kopī
livro (m) didático	पाठ्यपुस्तक (f)	pāthyapustak
compasso (m)	कंपास (m)	kampās

| traçar (vt) | तकनीकी चित्रकारी बनाना | takanīkī chitrakārī banāna |
| desenho (m) técnico | तकनीकी चित्रकारी (f) | takanīkī chitrakārī |

poesia (f)	कविता (f)	kavita
de cor	रटकर	ratakar
decorar (vt)	याद करना	yād karana

| férias (f pl) | छुट्टियाँ (f pl) | chhuttiyān |
| estar de férias | छुट्टी पर होना | chhuttī par hona |

teste (m), prova (f)	परीक्षा (f)	parīksha
redação (f)	रचना (f)	rachana
ditado (m)	श्रुतलेख (m)	shrutalekh

exame (m), prova (f)	परीक्षा (f)	parīksha
fazer prova	परीक्षा देना	parīksha dena
experiência (~ química)	परीक्षण (m)	parīkshan

143. Colégio. Universidade

academia (f)	अकादमी (f)	akādamī
universidade (f)	विश्वविद्यालय (m)	vishvavidyālay
faculdade (f)	संकाय (f)	sankāy

estudante (m)	छात्र (m)	chhātr
estudante (f)	छात्रा (f)	chhātra
professor (m)	अध्यापक (m)	adhyāpak

| auditório (m) | व्याख्यान कक्ष (m) | vyākhyān kaksh |
| graduado (m) | स्नातक (m) | snātak |

| diploma (m) | डिप्लोमा (m) | diploma |
| tese (f) | शोधनिबंध (m) | shodhanibandh |

| estudo (obra) | अध्ययन (m) | adhyayan |
| laboratório (m) | प्रयोगशाला (f) | prayogashāla |

| palestra (f) | व्याख्यान (f) | vyākhyān |
| colega (m) de curso | सहपाठी (m) | sahapāthī |

| bolsa (f) de estudos | छात्रवृति (f) | chhātravrtti |
| grau (m) acadêmico | शैक्षणिक डिग्री (f) | shaikshanik digrī |

144. Ciências. Disciplinas

matemática (f)	गणितशास्त्र (m)	ganitashāstr
álgebra (f)	बीजगणित (m)	bījaganit
geometria (f)	रेखागणित (m)	rekhāganit
astronomia (f)	खगोलवैज्ञान (m)	khagolavaigyān
biologia (f)	जीवविज्ञान (m)	jīvavigyān
geografia (f)	भूगोल (m)	bhūgol
geologia (f)	भूविज्ञान (m)	bhūvigyān
história (f)	इतिहास (m)	itihās
medicina (f)	चिकित्सा (m)	chikitsa
pedagogia (f)	शिक्षाविज्ञान (m)	shikshāvigyān
direito (m)	कानून (m)	kānūn
física (f)	भौतिकविज्ञान (m)	bhautikavigyān
química (f)	रसायन (m)	rasāyan
filosofia (f)	दर्शनशास्त्र (m)	darshanashāstr
psicologia (f)	मनोविज्ञान (m)	manovigyān

145. Sistema de escrita. Ortografia

gramática (f)	व्याकरण (m)	vyākaran
vocabulário (m)	शब्दावली (f)	shabdāvalī
fonética (f)	स्वरविज्ञान (m)	svaravigyān
substantivo (m)	संज्ञा (f)	sangya
adjetivo (m)	विशेषण (m)	visheshan
verbo (m)	क्रिया (m)	kriya
advérbio (m)	क्रिया विशेषण (f)	kriya visheshan
pronome (m)	सर्वनाम (m)	sarvanām
interjeição (f)	विस्मयादिबोधक (m)	vismayādibodhak
preposição (f)	पूर्वसर्ग (m)	pūrvasarg
raiz (f)	मूल शब्द (m)	mūl shabd
terminação (f)	अन्त्याक्षर (m)	antyākshar
prefixo (m)	उपसर्ग (m)	upasarg
sílaba (f)	अक्षर (m)	akshar
sufixo (m)	प्रत्यय (m)	pratyay
acento (m)	बल चिह्न (m)	bal chihn
apóstrofo (f)	वर्णलोप चिह्न (m)	varnalop chihn
ponto (m)	पूर्णविराम (m)	pūrnavirām
vírgula (f)	उपविराम (m)	upavirām
ponto e vírgula (m)	अर्धविराम (m)	ardhavirām
dois pontos (m pl)	कोलन (m)	kolan
reticências (f pl)	तीन बिन्दु (m)	tīn bindu
ponto (m) de interrogação	प्रश्न चिह्न (m)	prashn chihn
ponto (m) de exclamação	विस्मयादिबोधक चिह्न (m)	vismayādibodhak chihn

aspas (f pl)	उद्धरण चिह्न (m)	uddharan chihn
entre aspas	उद्धरण चिह्न में	uddharan chihn men
parênteses (m pl)	कोष्ठक (m pl)	koshthak
entre parênteses	कोष्ठक में	koshthak men
hífen (m)	हाइफन (m)	haifan
travessão (m)	डैश (m)	daish
espaço (m)	रिक्त स्थान (m)	rikt sthān
letra (f)	अक्षर (m)	akshar
letra (f) maiúscula	बड़ा अक्षर (m)	bara akshar
vogal (f)	स्वर (m)	svar
consoante (f)	समस्वर (m)	samasvar
frase (f)	वाक्य (m)	vāky
sujeito (m)	कर्ता (m)	kartta
predicado (m)	विधेय (m)	vidhey
linha (f)	पंक्ति (f)	pankti
em uma nova linha	नई पंक्ति पर	naī pankti par
parágrafo (m)	अनुच्छेद (m)	anuchchhed
palavra (f)	शब्द (m)	shabd
grupo (m) de palavras	शब्दों का समूह (m)	shabdon ka samūh
expressão (f)	अभिव्यक्ति (f)	abhivyakti
sinônimo (m)	समनार्थक शब्द (m)	samanārthak shabd
antônimo (m)	विपरीतार्थी शब्द (m)	viparītārthī shabd
regra (f)	नियम (m)	niyam
exceção (f)	अपवाद (m)	apavād
correto (adj)	ठीक	thīk
conjugação (f)	क्रियारूप संयोजन (m)	kriyārūp sanyojan
declinação (f)	विभक्ति-रूप (m)	vibhakti-rūp
caso (m)	कारक (m)	kārak
pergunta (f)	प्रश्न (m)	prashn
sublinhar (vt)	रेखांकित करना	rekhānkit karana
linha (f) pontilhada	बिन्दुरेखा (f)	bindurekha

146. Línguas estrangeiras

língua (f)	भाषा (f)	bhāsha
língua (f) estrangeira	विदेशी भाषा (f)	videshī bhāsha
estudar (vt)	पढ़ना	parhana
aprender (vt)	सीखना	sīkhana
ler (vt)	पढ़ना	parhana
falar (vi)	बोलना	bolana
entender (vt)	समझना	samajhana
escrever (vt)	लिखना	likhana
rapidamente	तेज़	tez
devagar, lentamente	धीरे	dhīre

fluentemente	धड़ल्ले से	dharalle se
regras (f pl)	नियम (m pl)	niyam
gramática (f)	व्याकरण (m)	vyākaran
vocabulário (m)	शब्दावली (f)	shabdāvalī
fonética (f)	स्वरविज्ञान (m)	svaravigyān

livro (m) didático	पाठ्यपुस्तक (f)	pāthyapustak
dicionário (m)	शब्दकोश (m)	shabdakosh
manual (m) autodidático	स्वयंशिक्षक पुस्तक (m)	svayanshikshak pustak
guia (m) de conversação	वार्तालाप-पुस्तिका (f)	vārttālāp-pustika

fita (f) cassete	कैसेट (f)	kaiset
videoteipe (m)	वीडियो कैसेट (m)	vīdiyo kaiset
CD (m)	सीडी (m)	sīdī
DVD (m)	डीवीडी (m)	dīvīdī

alfabeto (m)	वर्णमाला (f)	varnamāla
soletrar (vt)	हिज्जे करना	hijje karana
pronúncia (f)	उच्चारण (m)	uchchāran

sotaque (m)	लहज़ा (m)	lahaza
com sotaque	लहज़े के साथ	lahaze ke sāth
sem sotaque	बिना लहज़े	bina lahaze

| palavra (f) | शब्द (m) | shabd |
| sentido (m) | मतलब (m) | matalab |

curso (m)	पाठ्यक्रम (m)	pāthyakram
inscrever-se (vr)	सदस्य बनना	sadasy banana
professor (m)	शिक्षक (m)	shikshak

tradução (processo)	तर्जुमा (m)	tarjuma
tradução (texto)	अनुवाद (m)	anuvād
tradutor (m)	अनुवादक (m)	anuvādak
intérprete (m)	दुभाषिया (m)	dubhāshiya

| poliglota (m) | बहुभाषी (m) | bahubhāshī |
| memória (f) | स्मृति (f) | smrti |

147. Personagens de contos de fadas

| Papai Noel (m) | सांता क्लॉज़ (m) | sānta kloz |
| sereia (f) | जलपरी (f) | jalaparī |

bruxo, feiticeiro (m)	जादूगर (m)	jādūgar
fada (f)	परी (f)	parī
mágico (adj)	जादूई	jādūī
varinha (f) mágica	जादू की छड़ी (f)	jādū kī chharī

conto (m) de fadas	परियों की कहानी (f)	pariyon kī kahānī
milagre (m)	करामात (f)	karāmāt
anão (m)	बौना (m)	bauna
transformar-se em ...	... में बदल जाना	... men badal jāna
fantasma (m)	प्रेत (m)	pret

fantasma (m)	भूत (m)	bhūt
monstro (m)	राक्षस (m)	rākshas
dragão (m)	पंखवाला नाग (m)	pankhavāla nāg
gigante (m)	भीमकाय (m)	bhīmakāy

148. Signos do Zodíaco

Áries (f)	मेष (m)	mesh
Touro (m)	वृषभ (m)	vrshabh
Gêmeos (m pl)	मिथुन (m)	mithun
Câncer (m)	कर्क (m)	kark
Leão (m)	सिंह (m)	sinh
Virgem (f)	कन्या (f)	kanya
Libra (f)	तुला (f pl)	tula
Escorpião (m)	वृश्चिक (m)	vrshchik
Sagitário (m)	धनु (m)	dhanu
Capricórnio (m)	मकर (m)	makar
Aquário (m)	कुंभ (m)	kumbh
Peixes (pl)	मीन (m pl)	mīn
caráter (m)	स्वभाव (m)	svabhāv
traços (m pl) do caráter	गुण (m pl)	gun
comportamento (m)	बरताव (m)	baratāv
prever a sorte	भविष्यवाणी करना	bhavishyavānī karana
adivinha (f)	ज्योतिषी (m)	jyotishī
horóscopo (m)	जन्म कुंडली (f)	janm kundalī

Artes

149. Teatro

teatro (m)	रंगमंच (m)	rangamanch
ópera (f)	ओपेरा (m)	opera
opereta (f)	ऑपेराटा (m)	operāta
balé (m)	बैले (m)	baile
cartaz (m)	रंगमंच इश्तहार (m)	rangamanch ishtahār
companhia (f) de teatro	थियेटर कंपनी (f)	thiyetar kampanī
turnê (f)	दौरा (m)	daura
estar em turnê	दौरे पर जाना	daure par jāna
ensaiar (vt)	अभ्यास करना	abhyās karana
ensaio (m)	अभ्यास (m)	abhyās
repertório (m)	प्रदर्शनों की सूची (f)	pradarshanon kī sūchī
apresentação (f)	प्रदर्शन (m)	pradarshan
espetáculo (m)	प्रदर्शन (m)	pradarshan
peça (f)	नाटक (m)	nātak
entrada (m)	टिकट (m)	tikat
bilheteira (f)	टिकट घर (m)	tikat ghar
hall (m)	हॉल (m)	hol
vestiário (m)	कपड़द्वार (m)	kaparadvār
senha (f) numerada	कपड़द्वार टैग (m)	kaparadvār taig
binóculo (m)	दूरबीन (f)	dūrabīn
lanterninha (m)	कंडक्टर (m)	kandaktar
plateia (f)	सीटें (f)	sīten
balcão (m)	अपर सर्कल (m)	apar sarkal
primeiro balcão (m)	दूसरी मंज़िल (f)	dūsarī manzil
camarote (m)	बॉक्स (m)	boks
fila (f)	कतार (m)	katār
assento (m)	सीट (f)	sīt
público (m)	दर्शक (m)	darshak
espectador (m)	दर्शक (m)	darshak
aplaudir (vt)	ताली बजाना	tālī bajāna
aplauso (m)	तालियाँ (f pl)	tāliyān
ovação (f)	तालियों की गड़गड़ाहट (m)	tāliyon kī garagarāhat
palco (m)	मंच (m)	manch
cortina (f)	पर्दा (m)	parda
cenário (m)	मंच सज्जा (f)	manch sajja
bastidores (m pl)	नेपथ्य (m pl)	nepathy
cena (f)	दृश्य (m)	drshy
ato (m)	एक्ट (m)	ekt
intervalo (m)	अंतराल (m)	antarāl

150. Cinema

ator (m)	अभिनेता (m)	abhineta
atriz (f)	अभिनेत्री (f)	abhinetrī
cinema (m)	सिनेमा (m)	sinema
filme (m)	फ़िल्म (m)	film
episódio (m)	उपकथा (m)	upakatha
filme (m) policial	जासूसी फ़िल्म (f)	jāsūsī film
filme (m) de ação	एक्शन फ़िल्म (f)	ekshan film
filme (m) de aventuras	जोखिम भरी फ़िल्म (f)	jokhim bharī film
filme (m) de ficção científica	कल्पित विज्ञान की फ़िल्म (f)	kalpit vigyān kī film
filme (m) de horror	डरावनी फ़िल्म (f)	darāvanī film
comédia (f)	मज़ाकिया फ़िल्म (f)	mazākiya film
melodrama (m)	भावुक नाटक (m)	bhāvuk nātak
drama (m)	नाटक (m)	nātak
filme (m) de ficção	काल्पनिक फ़िल्म (f)	kālpanik film
documentário (m)	वृत्तचित्र (m)	vrttachitr
desenho (m) animado	कार्टून (m)	kārtūn
cinema (m) mudo	मूक फ़िल्म (f)	mūk film
papel (m)	भूमिका (f)	bhūmika
papel (m) principal	मुख्य भूमिका (f)	mūkhy bhūmika
representar (vt)	भूमिका निभाना	bhūmika nibhāna
estrela (f) de cinema	फ़िल्म स्टार (m)	film stār
conhecido (adj)	मशहूर	mashahūr
famoso (adj)	मशहूर	mashahūr
popular (adj)	लोकप्रिय	lokapriy
roteiro (m)	पटकथा (f)	patakatha
roteirista (m)	पटकथा लेखक (m)	patakatha lekhak
diretor (m) de cinema	निर्देशक (m)	nirdeshak
produtor (m)	प्रड्यूसर (m)	pradyūsar
assistente (m)	सहायक (m)	sahāyak
diretor (m) de fotografia	कैमरामैन (m)	kaimarāmain
dublê (m)	स्टंटमैन (m)	stantamain
filmar (vt)	फ़िल्म शूट करना	film shūt karana
audição (f)	स्क्रीन टेस्ट (m)	skrīn test
filmagem (f)	शूटिंग (f pl)	shūting
equipe (f) de filmagem	शूटिंग दल (m)	shūting dal
set (m) de filmagem	शूटिंग स्थल (m)	shuting sthal
câmera (f)	कैमरा (m)	kaimara
cinema (m)	सिनेमाघर (m)	sinemāghar
tela (f)	स्क्रीन (m)	skrīn
exibir um filme	फ़िल्म दिखाना	film dikhāna
trilha (f) sonora	साउंडट्रैक (m)	saundatraik
efeitos (m pl) especiais	ख़ास प्रभाव (m pl)	khās prabhāv
legendas (f pl)	सबटाइटिल (f)	sabataitil

| crédito (m) | टाइटिल (m pl) | taitil |
| tradução (f) | अनुवाद (m) | anuvād |

151. Pintura

arte (f)	कला (f)	kala
belas-artes (f pl)	ललित कला (f)	lalit kala
galeria (f) de arte	चित्रशाला (f)	chitrashāla
exibição (f) de arte	चित्रों की प्रदर्शनी (f)	chitron kī pradarshanī

pintura (f)	चित्रकला (f)	chitrakala
arte (f) gráfica	रेखाचित्र कला (f)	rekhāchitr kala
arte (f) abstrata	अमूर्त चित्रण (m)	amūrtt chitran
impressionismo (m)	प्रभाववाद (m)	prabhāvavād

pintura (f), quadro (m)	चित्र (m)	chitr
desenho (m)	रेखाचित्र (f)	rekhāchitr
cartaz, pôster (m)	पोस्टर (m)	postar

ilustração (f)	चित्रण (m)	chitran
miniatura (f)	लघु चित्र (m)	laghu chitr
cópia (f)	प्रति (f)	prati
reprodução (f)	प्रतिकृत (f)	pratikrt

mosaico (m)	पच्चीकारी (f)	pachchīkārī
vitral (m)	रंगीन काँच	rangīn kānch
afresco (m)	लेपचित्र (m)	lepachitr
gravura (f)	एनग्रेविंग (m)	enagreving

busto (m)	बस्ट (m)	bast
escultura (f)	मूर्तिकला (f)	mūrtikala
estátua (f)	मूर्ति (f)	mūrti
gesso (m)	सिलखड़ी (f)	silakharī
em gesso (adj)	सिलखड़ी से	silakharī se

retrato (m)	रूपचित्र (m)	rūpachitr
autorretrato (m)	स्वचित्र (m)	svachitr
paisagem (f)	प्रकृति चित्र (m)	prakrti chitr
natureza (f) morta	अचल चित्र (m)	achal chitr
caricatura (f)	कार्टून (m)	kārtūn
esboço (m)	रेखाचित्र (f)	rekhāchitr

tinta (f)	पेंट (f)	pent
aquarela (f)	जलरंग (m)	jalarang
tinta (f) a óleo	तेलरंग (m)	telarang
lápis (m)	पेंसिल (f)	pensil
tinta (f) nanquim	स्याही (f)	syāhī
carvão (m)	कोयला (m)	koyala

desenhar (vt)	रेखाचित्र बनाना	rekhāchitr banāna
posar (vi)	पोज़ करना	poz karana
modelo (m)	मॉडल (m)	modal
modelo (f)	मॉडल (m)	modal
pintor (m)	चित्रकार (m)	chitrakār

obra (f)	कलाकृति (f)	kalākrti
obra-prima (f)	अत्युत्तम कृति (f)	atyuttam krti
estúdio (m)	स्टुडियो (m)	studiyo

tela (f)	चित्रपटी (f)	chitrapaṭī
cavalete (m)	चित्राधार (m)	chitrādhār
paleta (f)	रंग पट्टिका (f)	rang pattika

moldura (f)	ढांचा (m)	dhāncha
restauração (f)	जीर्णोद्धार (m)	jīrnoddhār
restaurar (vt)	मरम्मत करना	marammat karana

152. Literatura & Poesia

literatura (f)	साहित्य (m)	sāhity
autor (m)	लेखक (m)	lekhak
pseudônimo (m)	छद्मनाम (m)	chhadmanām

livro (m)	किताब (f)	kitāb
volume (m)	खंड (m)	khand
índice (m)	अनुक्रमणिका (f)	anukramanika
página (f)	पृष्ठ (m)	prshth
protagonista (m)	मुख्य किरदार (m)	mūkhy kiradār
autógrafo (m)	स्वाक्षर (m)	svākshar

conto (m)	लघु कथा (f)	laghu katha
novela (f)	उपन्यासिका (f)	upanyāsika
romance (m)	उपन्यास (m)	upanyās
obra (f)	रचना (f)	rachana
fábula (m)	नीतिकथा (f)	nītikatha
romance (m) policial	जासूसी कहानी (f)	jāsūsī kahānī

verso (m)	कविता (f)	kavita
poesia (f)	काव्य (m)	kāvy
poema (m)	कविता (f)	kavita
poeta (m)	कवि (m)	kavi

ficção (f)	उपन्यास (m)	upanyās
ficção (f) científica	विज्ञान कथा (f)	vigyān katha
aventuras (f pl)	रोमांच (m)	romānch
literatura (f) didática	शैक्षिक साहित्य (m)	shaikshik sāhity
literatura (f) infantil	बाल साहित्य (m)	bāl sāhity

153. Circo

circo (m)	सर्कस (m)	sarkas
circo (m) ambulante	सर्कस (m)	sarkas
programa (m)	प्रोग्रम (m)	program
apresentação (f)	तमाशा (m)	tamāsha

| número (m) | ऐक्ट (m) | aikt |
| picadeiro (f) | सर्कस रिंग (m) | sarkas ring |

| pantomima (f) | मूकाभिनय (m) | mūkābhinay |
| palhaço (m) | जोकर (m) | jokar |

acrobata (m)	कलाबाज़ (m)	kalābāz
acrobacia (f)	कलाबाज़ी (f)	kalābāzī
ginasta (m)	जिमनैस्ट (m)	jimanaist
ginástica (f)	जिमनैस्टिक्स (m)	jimanaistiks
salto (m) mortal	कलैया (m)	kalaiya

homem (m) forte	एथलीट (m)	ethalīt
domador (m)	जानवरों का शिक्षक (m)	jānavaron ka shikshak
cavaleiro (m) equilibrista	सवारी (m)	savārī
assistente (m)	सहायक (m)	sahāyak

truque (m)	कलाबाज़ी (f)	kalābāzī
truque (m) de mágica	जादू (m)	jādū
ilusionista (m)	जादूगर (m)	jādūgar

malabarista (m)	बाज़ीगर (m)	bāzīgar
fazer malabarismos	बाज़ीगिरी दिखाना	bāzīgirī dikhāna
adestrador (m)	जानवरों का प्रशिक्षक (m)	jānavaron ka prashikshak
adestramento (m)	पशु प्रशिक्षण (m)	pashu prashikshan
adestrar (vt)	प्रशिक्षण देना	prashikshan dena

154. Música. Música popular

música (f)	संगीत (m)	sangit
músico (m)	साज़िन्दा (m)	sāzinda
instrumento (m) musical	बाजा (m)	bāja
tocar ...	... बजाना	... bajāna

guitarra (f)	गिटार (m)	gitār
violino (m)	वॉयलिन (m)	voyalin
violoncelo (m)	चैलो (m)	chailo
contrabaixo (m)	डबल बास (m)	dabal bās
harpa (f)	हार्प (m)	hārp

piano (m)	पियानो (m)	piyāno
piano (m) de cauda	ग्रैंड पियानो (m)	graind piyāno
órgão (m)	ऑर्गन (m)	organ

instrumentos (m pl) de sopro	सुषिर वाद्य (m)	sushir vādy
oboé (m)	ओबो (m)	obo
saxofone (m)	सैक्सोफ़ोन (m)	saiksofon
clarinete (m)	क्लेरिनेट (m)	klerinet
flauta (f)	मुरली (f)	muralī
trompete (m)	तुरही (m)	turahī

| acordeão (m) | एकॉर्डियन (m) | ekordiyan |
| tambor (m) | नगाड़ा (m) | nagāra |

dueto (m)	द्विवाद्य (m)	dvivādy
trio (m)	त्रयी (f)	trayī
quarteto (m)	क्वार्टेट (m)	kvārtat

coro (m)	कोरस (m)	koras
orquestra (f)	ऑर्केस्ट्रा (m)	orkestra
música (f) pop	पॉप संगीत (m)	pop sangīt
música (f) rock	रॉक संगीत (m)	rok sangīt
grupo (m) de rock	रॉक ग्रूप (m)	rok grūp
jazz (m)	जैज़ (m)	jaiz
ídolo (m)	आइडल (m)	āidal
fã, admirador (m)	प्रशंसक (m)	prashansak
concerto (m)	कंसर्ट (m)	kansart
sinfonia (f)	वाध-वृंद रचना (f)	vādy-vrnd rachana
composição (f)	रचना (f)	rachana
compor (vt)	रचना बनाना	rachana banāna
canto (m)	गाना (m)	gāna
canção (f)	गीत (m)	gīt
melodia (f)	संगीत (m)	sangit
ritmo (m)	ताल (m)	tāl
blues (m)	ब्लूज़ (m)	blūz
notas (f pl)	शीट संगीत (m)	shīt sangīt
batuta (f)	छड़ी (f)	chharī
arco (m)	गज (m)	gaj
corda (f)	तार (m)	tār
estojo (m)	केस (m)	kes

Descanso. Entretenimento. Viagens

155. Viagens

turismo (m)	पर्यटन (m)	paryatan
turista (m)	पर्यटक (m)	paryatak
viagem (f)	यात्रा (f)	yātra
aventura (f)	जाँबाज़ी (f)	jānbāzī
percurso (curta viagem)	यात्रा (f)	yātra
férias (f pl)	छुट्टी (f)	chhuttī
estar de férias	छुट्टी पर होना	chhuttī par hona
descanso (m)	आराम (m)	ārām
trem (m)	रेलगाड़ी, ट्रेन (f)	relagārī, tren
de trem (chegar ~)	रैलगाड़ी से	railagārī se
avião (m)	विमान (m)	vimān
de avião	विमान से	vimān se
de carro	कार से	kār se
de navio	जहाज़ पर	jahāz par
bagagem (f)	सामान (m)	sāmān
mala (f)	सूटकेस (m)	sūtakes
carrinho (m)	सामान के लिये गाड़ी (f)	sāmān ke liye gārī
passaporte (m)	पासपोर्ट (m)	pāsaport
visto (m)	वीज़ा (m)	vīza
passagem (f)	टिकट (m)	tikat
passagem (f) aérea	हवाई टिकट (m)	havaī tikat
guia (m) de viagem	गाइडबुक (f)	gaidabuk
mapa (m)	नक्शा (m)	naksha
área (f)	क्षेत्र (m)	kshetr
lugar (m)	स्थान (m)	sthān
exotismo (m)	विचित्र वस्तुएं	vichitr vastuen
exótico (adj)	विचित्र	vichitr
surpreendente (adj)	अजीब	ajīb
grupo (m)	समूह (m)	samūh
excursão (f)	पर्यटन (f)	paryatan
guia (m)	गाइड (m)	gaid

156. Hotel

hotel (m)	होटल (f)	hotal
motel (m)	मोटल (m)	motal
três estrelas	तीन सितारा	tīn sitāra

cinco estrelas	पाँच सितारा	pānch sitāra
ficar (vi, vt)	ठहरना	thaharana

quarto (m)	कमरा (m)	kamara
quarto (m) individual	एक पलंग का कमरा (m)	ek palang ka kamara
quarto (m) duplo	दो पलंगों का कमरा (m)	do palangon ka kamara
reservar um quarto	कमरा बुक करना	kamara buk karana

meia pensão (f)	हाफ़-बोर्ड (m)	hāf-bord
pensão (f) completa	फ़ुल-बोर्ड (m)	ful-bord

com banheira	स्नानघर के साथ	snānaghar ke sāth
com chuveiro	शॉवर के साथ	shovar ke sāth
televisão (m) por satélite	सैटेलाइट टेलीविज़न (m)	saitelait telīvizan
ar (m) condicionado	एयर-कंडिशनर (m)	eyar-kandishanar
toalha (f)	तौलिया (f)	tauliya
chave (f)	चाबी (f)	chābī

administrador (m)	मैनेजर (m)	mainejar
camareira (f)	चैमबरमैड (f)	chaimabaramaid
bagageiro (m)	कुली (m)	kulī
porteiro (m)	दरबान (m)	darabān

restaurante (m)	रेस्टराँ (m)	restarān
bar (m)	बार (m)	bār
café (m) da manhã	नाश्ता (m)	nāshta
jantar (m)	रात्रिभोज (m)	rātribhoj
bufê (m)	बुफ़े (m)	bufe

saguão (m)	लॉबी (f)	lobī
elevador (m)	लिफ़्ट (m)	lift

NÃO PERTURBE	परेशान न करें	pareshān na karen
PROIBIDO FUMAR!	धुम्रपान निषेध।	dhumrapān nishedh!

157. Livros. Leitura

livro (m)	किताब (f)	kitāb
autor (m)	लेखक (m)	lekhak
escritor (m)	लेखक (m)	lekhak
escrever (~ um livro)	लिखना	likhana

leitor (m)	पाठक (m)	pāthak
ler (vt)	पढ़ना	parhana
leitura (f)	पढ़ना (f)	parhana

para si	मन ही मन	man hī man
em voz alta	बोलकर	bolakar

publicar (vt)	प्रकाशित करना	prakāshit karana
publicação (f)	प्रकाशन (m)	prakāshan
editor (m)	प्रकाशक (m)	prakāshak
editora (f)	प्रकाशन संस्था (m)	prakāshan sanstha
sair (vi)	बाज़ार में निकालना (m)	bāzār men nikālana

lançamento (m)	बाज़ार में निकालना (m)	bāzār men nikālana
tiragem (f)	मुद्रण संख्या (f)	mudran sankhya
livraria (f)	किताबों की दुकान (f)	kitābon kī dukān
biblioteca (f)	पुस्तकालय (m)	pustakālay
novela (f)	उपन्यासिका (f)	upanyāsika
conto (m)	लघु कहानी (f)	laghu kahānī
romance (m)	उपन्यास (m)	upanyās
romance (m) policial	जासूसी किताब (m)	jāsūsī kitāb
memórias (f pl)	संस्मरण (m pl)	sansmaran
lenda (f)	उपाख्यान (m)	upākhyān
mito (m)	पुराणकथा (m)	purānakatha
poesia (f)	कविताएँ (f pl)	kavitaen
autobiografia (f)	आत्मकथा (m)	ātmakatha
obras (f pl) escolhidas	चुनिंदा कृतियाँ (f)	chuninda krtiyān
ficção (f) científica	कल्पित विज्ञान (m)	kalpit vigyān
título (m)	किताब का नाम (m)	kitāb ka nām
introdução (f)	भूमिका (f)	bhūmika
folha (f) de rosto	टाइटिल पृष्ठ (m)	taitil prshth
capítulo (m)	अध्याय (m)	adhyāy
excerto (m)	अंश (m)	ansh
episódio (m)	उपकथा (f)	upakatha
enredo (m)	कथानक (m)	kathānak
conteúdo (m)	कथा-वस्तु (f)	katha-vastu
índice (m)	अनुक्रमणिका (f)	anukramanika
protagonista (m)	मुख्य किरदार (m)	mūkhy kiradār
volume (m)	खंड (m)	khand
capa (f)	जिल्द (f)	jild
encadernação (f)	जिल्द (f)	jild
marcador (m) de página	बुकमार्क (m)	bukamārk
página (f)	पृष्ठ (m)	prshth
folhear (vt)	पन्ने पलटना	panne palatana
margem (f)	हाशिया (m pl)	hāshiya
anotação (f)	टिप्पणी (f)	tippanī
nota (f) de rodapé	टिप्पणी (f)	tippanī
texto (m)	पाठ (m)	pāth
fonte (f)	मुद्रलिपि (m)	mudrālipi
falha (f) de impressão	छपाई की भूल (f)	chhapaī kī bhūl
tradução (f)	अनुवाद (m)	anuvād
traduzir (vt)	अनुवाद करना	anuvād karana
original (m)	मूल पाठ (m)	mūl pāth
famoso (adj)	मशहूर	mashahūr
desconhecido (adj)	अपरिचित	aparichit
interessante (adj)	दिलचस्प	dilachasp
best-seller (m)	बेस्ट सेलर (m)	best selar

dicionário (m)	शब्दकोश (m)	shabdakosh
livro (m) didático	पाठ्यपुस्तक (f)	pāthyapustak
enciclopédia (f)	विश्वकोश (m)	vishvakosh

158. Caça. Pesca

caça (f)	शिकार (m)	shikār
caçar (vi)	शिकार करना	shikār karana
caçador (m)	शिकारी (m)	shikārī

disparar, atirar (vi)	गोली चलाना	golī chalāna
rifle (m)	बंदूक (m)	bandūk
cartucho (m)	कारतूस (m)	kāratūs
chumbo (m) de caça	कारतूस (m)	kāratūs

armadilha (f)	जाल (m)	jāl
armadilha (com corda)	जाल (m)	jāl
pôr a armadilha	जाल बिछाना	jāl bichhāna
caçador (m) furtivo	चोर शिकारी (m)	chor shikārī
caça (animais)	शिकार के पशुपक्षी (f)	shikār ke pashupakshī
cão (m) de caça	शिकार का कुत्ता (m)	shikār ka kutta
safári (m)	सफ़ारी (m)	safārī
animal (m) empalhado	जानवरों का पुतला (m)	jānavaron ka putala

pescador (m)	मछुआरा (m)	machhuāra
pesca (f)	मछली पकड़ना (f)	machhalī pakarana
pescar (vt)	मछली पकड़ना	machhalī pakarana
vara (f) de pesca	बंसी (f)	bansī
linha (f) de pesca	डोरी (f)	dorī
anzol (m)	हूक (m)	hūk
boia (f), flutuador (m)	फ़्लोट (m)	flot
isca (f)	चारा (m)	chāra

lançar a linha	बंसी डालना	bansī dālana
morder (peixe)	चुगना	chugana
pesca (f)	मछलियाँ (f)	machhaliyān
buraco (m) no gelo	आइस होल (m)	āis hol

rede (f)	जाल (m)	jāl
barco (m)	नाव (m)	nāv
pescar com rede	जाल से पकड़ना	jāl se pakarana
lançar a rede	जाल डालना	jāl dālana
puxar a rede	जाल निकालना	jāl nikālana

baleeiro (m)	ह्वेलर (m)	hvelar
baleeira (f)	ह्वेलमार जहाज़ (m)	hvelamār jahāz
arpão (m)	मत्स्यभाला (m)	matsyabhāla

159. Jogos. Bilhar

| bilhar (m) | बिलियड्र्स (m) | biliyards |
| sala (f) de bilhar | बिलियड्र्स का कमरा (m) | biliyards ka kamara |

bola (f) de bilhar	बिलियड्‌र्स की गेंद (f)	biliyards kī gend
embolsar uma bola	गेंद पॉकेट में डालना	gend poket men dālana
taco (m)	बिलियड्‌र्स का क्यू (m)	biliyards ka kyū
caçapa (f)	बिलियड्‌र्स की पॉकेट (f)	biliyards kī poket

160. Jogos. Jogar cartas

ouros (m pl)	ईंट (f pl)	īnt
espadas (f pl)	हुक्म (m pl)	hukm
copas (f pl)	पान (m)	pān
paus (m pl)	चिड़ी (m)	chirī
ás (m)	इक्का (m)	ikka
rei (m)	बादशाह (m)	bādashāh
dama (f), rainha (f)	बेगम (f)	begam
valete (m)	गुलाम (m)	gulām
carta (f) de jogar	ताश का पत्ता (m)	tāsh ka patta
cartas (f pl)	ताश के पत्ते (m pl)	tāsh ke patte
trunfo (m)	ट्रम्प (m)	tramp
baralho (m)	ताश की गड्‌डी (f)	tāsh kī gaddī
dar, distribuir (vt)	ताश बांटना	tāsh bāntana
embaralhar (vt)	पत्ते फेंटना	patte fentana
vez, jogada (f)	चाल (f)	chāl
trapaceiro (m)	पत्तेबाज़ (m)	pattebāz

161. Casino. Roleta

cassino (m)	केसिनो (m)	kesino
roleta (f)	रूले (m)	rūle
aposta (f)	दांव (m)	dānv
apostar (vt)	दांव लगाना	dānv lagāna
vermelho (m)	लाल (m)	lāl
preto (m)	काला (m)	kāla
apostar no vermelho	लाल पर दांव लगाना	lāl par dānv lagāna
apostar no preto	काले पर दांव लगाना	kāle par dānv lagāna
croupier (m, f)	क्रूप्ये (m)	krūpye
girar da roleta	पहिया घुमाना	pahiya ghumāna
regras (f pl) do jogo	खेल के नियम (m pl)	khel ke niyam
ficha (f)	चिप (m)	chip
ganhar (vi, vt)	जीतना	jītana
ganho (m)	जीती हुई रकम (f)	jītī huī rakam
perder (dinheiro)	हार जाना	hār jāna
perda (f)	हारी हुई रकम (f)	hārī huī rakam
jogador (m)	खिलाड़ी (m)	khilārī
blackjack, vinte-e-um (m)	ब्लैक जैक (m)	blaik jaik

| jogo (m) de dados | पासे का खेल (m) | pāse ka khel |
| caça-níqueis (m) | स्लॉट मशीन (f) | slot mashīn |

162. Descanso. Jogos. Diversos

passear (vi)	घूमना	ghūmana
passeio (m)	सैर (f)	sair
viagem (f) de carro	सफ़र (m)	safar
aventura (f)	साहसिक कार्य (m)	sāhasik kāry
piquenique (m)	पिकनिक (f)	pikanik

jogo (m)	खेल (m)	khel
jogador (m)	खिलाड़ी (m)	khilārī
partida (f)	बाज़ी (f)	bāzī

colecionador (m)	संग्राहक (m)	sangrāhak
colecionar (vt)	संग्राहण करना	sangrāhan karana
coleção (f)	संग्रह (m)	sangrah

palavras (f pl) cruzadas	पहेली (f)	pahelī
hipódromo (m)	रेसकोर्स (m)	resakors
discoteca (f)	डिस्को (m)	disko

| sauna (f) | सौना (m) | sauna |
| loteria (f) | लॉटरी (f) | lotarī |

campismo (m)	कैम्पिंग ट्रिप (f)	kaimping trip
acampamento (m)	डेरा (m)	dera
barraca (f)	तंबू (m)	tambū
bússola (f)	दिशा सूचक यंत्र (m)	disha sūchak yantr
campista (m)	शिविरार्थी (m)	shivirārthī

ver (vt), assistir à ...	देखना	dekhana
telespectador (m)	दर्शक (m)	darshak
programa (m) de TV	टीवी प्रसारण (m)	tīvī prasāran

163. Fotografia

| máquina (f) fotográfica | कैमरा (m) | kaimara |
| foto, fotografia (f) | फ़ोटो (m) | foto |

fotógrafo (m)	फ़ोटोग्राफ़र (m)	fotogrāfar
estúdio (m) fotográfico	फ़ोटो स्टूडियो (m)	foto stūdiyo
álbum (m) de fotografias	फ़ोटो अल्बम (f)	foto albam

lente (f) fotográfica	कैमरे का लेंस (m)	kaimare ka lens
lente (f) teleobjetiva	टेलिफ़ोटो लेन्स (m)	telifoto lens
filtro (m)	फ़िल्टर (m)	filtar
lente (f)	लेंस (f)	lens

| ótica (f) | प्रकाशिकी (f) | prakāshikī |
| abertura (f) | डायफ़राम (m) | dāyafarām |

| exposição (f) | शटर समय (m) | shatar samay |
| visor (m) | व्यू फाइंडर (m) | vyū faindar |

câmera (f) digital	डिजिटल कैमरा (m)	dijital kaimara
tripé (m)	तिपाई (f)	tipaī
flash (m)	फ्लैश (m)	flaish

fotografar (vt)	फ़ोटो खींचना	foto khīnchana
tirar fotos	फ़ोटो लेना	foto lena
fotografar-se (vr)	अपनी फ़ोटो खींचवाना	apanī foto khīnchavāna

foco (m)	फ़ोकस (f)	fokas
focar (vt)	फ़ोकस करना	fokas karana
nítido (adj)	फ़ोकस में	fokas men
nitidez (f)	स्पष्टता (f)	spashtata

| contraste (m) | विपर्यास व्यतिरेक | viparyās vyatirek |
| contrastante (adj) | विपर्यासी | viparyāsī |

retrato (m)	फ़ोटो (m)	foto
negativo (m)	नेगेटिव (m)	negetiv
filme (m)	कैमरा फ़िल्म (f)	kaimara film
fotograma (m)	फ्रेम (m)	frem
imprimir (vt)	छापना	chhāpana

164. Praia. Natação

praia (f)	बालुतट (m)	bālutat
areia (f)	रेत (f)	ret
deserto (adj)	वीरान	vīrān

bronzeado (m)	धूप की कालिमा (f)	dhūp kī kālima
bronzear-se (vr)	धूप में स्नान करना	dhūp men snān karana
bronzeado (adj)	टैन	tain
protetor (m) solar	धूप की क्रीम (f)	dhūp kī krīm

biquíni (m)	बिकीनी (f)	bikīnī
maiô (m)	स्विम सूट (m)	svim sūt
calção (m) de banho	स्विम ट्रंक (m)	svim trank

piscina (f)	तरण-ताल (m)	taran-tāl
nadar (vi)	तैरना	tairana
chuveiro (m), ducha (f)	शावर (m)	shāvar
mudar, trocar (vt)	बदलना	badalana
toalha (f)	तौलिया (m)	tauliya

| barco (m) | नाव (f) | nāv |
| lancha (f) | मोटरबोट (m) | motarabot |

esqui (m) aquático	वॉटर स्की (f)	votar skī
barco (m) de pedais	चप्पू से चलने वाली नाव (f)	chappū se chalane vālī nāv
surf, surfe (m)	सर्फ़िंग (m)	sarfing
surfista (m)	सर्फ़ करनेवाला (m)	sarf karanevāla
equipamento (m) de mergulho	स्कूबा सेट (m)	skūba set

pé (m pl) de pato	फ़्लिपर्स (m)	flipars
máscara (f)	डाइविंग के लिए मास्क (m)	daiving ke lie māsk
mergulhador (m)	गोताखोर (m)	gotākhor
mergulhar (vi)	डुबकी मारना	dubakī mārana
debaixo d'água	पानी के नीचे	pānī ke nīche
guarda-sol (m)	बालुतट की छतरी (f)	bālutat kī chhatarī
espreguiçadeira (f)	बालूतट की कुर्सी (f)	bālūtat kī kursī
óculos (m pl) de sol	धूप का चश्मा (m)	dhūp ka chashma
colchão (m) de ar	हवा वाला गद्दा (m)	hava vāla gadda
brincar (vi)	खेलना	khelana
ir nadar	तैरने के लिए जाना	tairane ke lie jāna
bola (f) de praia	बालूतट पर खेलने की गेंद (f)	bālūtat par khelane kī gend
encher (vt)	हवा भराना	hava bharāna
inflável (adj)	हवा से भरा	hava se bhara
onda (f)	तरंग (m)	tarang
boia (f)	बोया (m)	boya
afogar-se (vr)	डूब जाना	dūb jāna
salvar (vt)	बचाना	bachāna
colete (m) salva-vidas	बचाव पेटी (f)	bachāv petī
observar (vt)	देखना	dekhana
salva-vidas (pessoa)	जीवनरक्षक (m)	jīvanarakshak

EQUIPAMENTO TÉCNICO. TRANSPORTES

Equipamento técnico. Transportes

165. Computador

computador (m)	कंप्यूटर (m)	kampyūtar
computador (m) portátil	लैपटॉप (m)	laipatop
ligar (vt)	चलाना	chalāna
desligar (vt)	बंद करना	band karana
teclado (m)	कीबोर्ड (m)	kībord
tecla (f)	कुंजी (m)	kunjī
mouse (m)	माउस (m)	maus
tapete (m) para mouse	माउस पैड (m)	maus paid
botão (m)	बटन (m)	batan
cursor (m)	कर्सर (m)	karsar
monitor (m)	मॉनिटर (m)	monitar
tela (f)	स्क्रीन (m)	skrīn
disco (m) rígido	हार्ड डिस्क (m)	hārd disk
capacidade (f) do disco rígido	हार्ड डिस्क क्षमता (f)	hārd disk kshamata
memória (f)	मेमोरी (f)	memorī
memória RAM (f)	रैंडम ऐक्सेस मेमोरी (f)	raindam aikses memorī
arquivo (m)	फ़ाइल (f)	fail
pasta (f)	फ़ोल्डर (m)	foldar
abrir (vt)	खोलना	kholana
fechar (vt)	बंद करना	band karana
salvar (vt)	सहेजना	sahejana
deletar (vt)	हटाना	hatāna
copiar (vt)	कॉपी करना	kopī karana
ordenar (vt)	व्यवस्थित करना	vyavasthit karana
copiar (vt)	स्थानांतरित करना	sthānāntarit karana
programa (m)	प्रोग्राम (m)	progrām
software (m)	सॉफ्टवेयर (m)	softaveyar
programador (m)	प्रोग्रामर (m)	progrāmar
programar (vt)	प्रोग्रम करना	program karana
hacker (m)	हैकर (m)	haikar
senha (f)	पासवर्ड (m)	pāsavard
vírus (m)	वाइरस (m)	vairas
detectar (vt)	तलाश करना	talāsh karana
byte (m)	बाइट (m)	bait

megabyte (m)	मेगाबाइट (m)	megābait
dados (m pl)	डाटा (m pl)	dāta
base (f) de dados	डाटाबेस (m)	dātābes
cabo (m)	तार (m)	tār
desconectar (vt)	अलग करना	alag karana
conectar (vt)	जोड़ना	jorana

166. Internet. E-mail

internet (f)	इन्टरनेट (m)	intaranet
browser (m)	ब्राउज़र (m)	brauzar
motor (m) de busca	सर्च इंजन (f)	sarch injan
provedor (m)	प्रोवाइडर (m)	provaidar
webmaster (m)	वेब मास्टर (m)	veb māstar
website (m)	वेब साइट (m)	veb sait
web page (f)	वेब पृष्ठ (m)	veb prshth
endereço (m)	पता (m)	pata
livro (m) de endereços	संपर्क पुस्तक (f)	sampark pustak
caixa (f) de correio	मेलबॉक्स (m)	melaboks
correio (m)	डाक (m)	dāk
mensagem (f)	संदेश (m)	sandesh
remetente (m)	प्रेषक (m)	preshak
enviar (vt)	भेजना	bhejana
envio (m)	भेजना (m)	bhejana
destinatário (m)	प्रासकर्ता (m)	prāptakarta
receber (vt)	प्रास करना	prāpt karana
correspondência (f)	पत्राचार (m)	patrāchār
corresponder-se (vr)	पत्राचार करना	patrāchār karana
arquivo (m)	फ़ाइल (f)	fail
fazer download, baixar (vt)	डाउनलोड करना	daunalod karana
criar (vt)	बनाना	banāna
deletar (vt)	हटाना	hatāna
deletado (adj)	हटा दिया गया	hata diya gaya
conexão (f)	कनेक्शन (m)	kanekshan
velocidade (f)	रफ़्तार (f)	rafatār
modem (m)	मोडेम (m)	modem
acesso (m)	पहुंच (m)	pahunch
porta (f)	पोर्ट (m)	port
conexão (f)	कनेक्शन (m)	kanekshan
conectar (vi)	जुड़ना	jurana
escolher (vt)	चुनना	chunana
buscar (vt)	खोजना	khojana

167. Eletricidade

eletricidade (f)	बिजली (f)	bijalī
elétrico (adj)	बिजली का	bijalī ka
planta (f) elétrica	बिजलीघर (m)	bijalīghar
energia (f)	ऊर्जा (f)	ūrja
energia (f) elétrica	विद्युत शक्ति (f)	vidyut shakti
lâmpada (f)	बल्ब (m)	balb
lanterna (f)	फ्लैशलाइट (f)	flaishalait
poste (m) de iluminação	सड़क की बती (f)	sarak kī battī
luz (f)	बिजली (f)	bijalī
ligar (vt)	चलाना	chalāna
desligar (vt)	बंद करना	band karana
apagar a luz	बिजली बंद करना	bijalī band karana
queimar (vi)	फ्यूज़ होना	fyūz hona
curto-circuito (m)	शार्ट सर्किट (m)	shārt sarkit
ruptura (f)	टूटा तार (m)	tūta tār
contato (m)	सॉकेट (m)	soket
interruptor (m)	स्विच (m)	svich
tomada (de parede)	सॉकेट (m)	soket
plugue (m)	प्लग (m)	plag
extensão (f)	एक्स्टेंशन कोर्ड (m)	ekstenshan kord
fusível (m)	फ्यूज़ (m)	fyūz
fio, cabo (m)	तार (m)	tār
instalação (f) elétrica	तार (m)	tār
ampère (m)	ऐम्पेयर (m)	aimpeyar
amperagem (f)	विद्युत शक्ति (f)	vidyut shakti
volt (m)	वोल्ट (m)	volt
voltagem (f)	वोल्टेज (f)	voltej
aparelho (m) elétrico	विद्युत यंत्र (m)	vidyut yantr
indicador (m)	सूचक (m)	sūchak
eletricista (m)	विद्युत कारीगर (m)	vidyut kārīgar
soldar (vt)	धातु जोड़ना	dhātu jorana
soldador (m)	सोल्डरिंग आयरन (m)	soldaring āyaran
corrente (f) elétrica	विद्युत प्रवाह (f)	vidyut pravāh

168. Ferramentas

ferramenta (f)	औज़ार (m)	auzār
ferramentas (f pl)	औज़ार (m pl)	auzār
equipamento (m)	मशीन (f)	mashīn
martelo (m)	हथौड़ी (f)	hathaurī
chave (f) de fenda	पेंचकस (m)	penchakas
machado (m)	कुल्हाड़ी (f)	kulhārī

serra (f)	आरी (f)	ārī
serrar (vt)	आरी से काटना	ārī se kātana
plaina (f)	रंदा (m)	randa
aplainar (vt)	छीलना	chhīlana
soldador (m)	सोल्डरिंग आयरन (m)	soldaring āyaran
soldar (vt)	धातु जोड़ना	dhātu jorana
lima (f)	रेती (f)	retī
tenaz (f)	संडसी (f pl)	sandasī
alicate (m)	प्लायर (m)	plāyar
formão (m)	छेनी (f)	chhenī
broca (f)	ड्रिल बिट (m)	dril bit
furadeira (f) elétrica	विद्युतीय बरमा (m)	vidyutīy barama
furar (vt)	ड्रिल करना	dril karana
faca (f)	छुरी (f)	chhurī
lâmina (f)	धार (f)	dhār
afiado (adj)	कटीला	katīla
cego (adj)	कुंद	kund
embotar-se (vr)	कुंद करना	kund karana
afiar, amolar (vt)	धारदार बनाना	dhāradār banāna
parafuso (m)	बोल्ट (m)	bolt
porca (f)	नट (m)	nat
rosca (f)	चूड़ी (f)	chūrī
parafuso (para madeira)	पेंच (m)	pench
prego (m)	कील (f)	kīl
cabeça (f) do prego	कील का सिरा (m)	kīl ka sira
régua (f)	स्केल (m)	skel
fita (f) métrica	इंची टेप (m)	inchī tep
nível (m)	स्पिरिट लेवल (m)	spirit leval
lupa (f)	आवर्धक लेंस (m)	āvardhak lens
medidor (m)	मापक यंत्र (m)	māpak yantr
medir (vt)	मापना	māpana
escala (f)	स्केल (f)	skel
indicação (f), registro (m)	पाठ्यांक (m pl)	pāthyānk
compressor (m)	कंप्रेसर (m)	kampresar
microscópio (m)	माइक्रोस्कोप (m)	maikroskop
bomba (f)	पंप (m)	pamp
robô (m)	रोबोट (m)	robot
laser (m)	लेज़र (m)	lezar
chave (f) de boca	रिंच (m)	rinch
fita (f) adesiva	फ़ीता (m)	fīta
cola (f)	लेई (f)	leī
lixa (f)	रेगमाल (m)	regamāl
mola (f)	कमानी (f)	kamānī
ímã (m)	मैग्नेट (m)	maignet

luva (f)	दस्ताने (m pl)	dastāne
corda (f)	रस्सी (f)	rassī
cabo (~ de nylon, etc.)	डोरी (f)	dorī
fio (m)	तार (m)	tār
cabo (~ elétrico)	केबल (m)	kebal

marreta (f)	हथौड़ा (m)	hathaura
pé de cabra (m)	रंभा (m)	rambha
escada (f) de mão	सीढ़ी (f)	sīrhī
escada (m)	सीढ़ी (f)	sīrhī

enroscar (vt)	कसना	kasana
desenroscar (vt)	घुमाकर खोलना	ghumākar kholana
apertar (vt)	कसना	kasana
colar (vt)	चिपकाना	chipakāna
cortar (vt)	काटना	kātana

falha (f)	ख़राबी (f)	kharābī
conserto (m)	मरम्मत (f)	marammat
consertar, reparar (vt)	मरम्मत करना	marammat karana
regular, ajustar (vt)	ठीक करना	thīk karana

verificar (vt)	जांचना	jānchana
verificação (f)	जांच (f)	jānch
indicação (f), registro (m)	पाठ्यांक (m)	pāthyānk

| seguro (adj) | मज़बूत | mazabūt |
| complicado (adj) | जटिल | jatil |

enferrujar (vi)	ज़ंग लगना	zang lagana
enferrujado (adj)	ज़ंग लगा हुआ	zang laga hua
ferrugem (f)	ज़ंग (m)	zang

Transportes

169. Avião

avião (m)	विमान (m)	vimān
passagem (f) aérea	हवाई टिकट (m)	havaī tikat
companhia (f) aérea	हवाई कम्पनी (f)	havaī kampanī
aeroporto (m)	हवाई अड्डा (m)	havaī adda
supersônico (adj)	पराध्वनिक	parādhvanik
comandante (m) do avião	कसान (m)	kaptān
tripulação (f)	वैमानिक दल (m)	vaimānik dal
piloto (m)	विमान चालक (m)	vimān chālak
aeromoça (f)	एयर होस्टस (f)	eyar hostas
copiloto (m)	नैवीगेटर (m)	naivīgetar
asas (f pl)	पंख (m pl)	pankh
cauda (f)	पूँछ (f)	pūnchh
cabine (f)	कॉकपिट (m)	kokapit
motor (m)	इंजन (m)	injan
trem (m) de pouso	हवाई जहाज़ पहिये (m)	havaī jahāz pahiye
turbina (f)	टरबाइन (f)	tarabain
hélice (f)	प्रोपेलर (m)	propelar
caixa-preta (f)	ब्लैक बॉक्स (m)	blaik boks
coluna (f) de controle	कंट्रोल कॉलम (m)	kantrol kolam
combustível (m)	ईंधन (m)	īndhan
instruções (f pl) de segurança	सुरक्षा-पत्र (m)	suraksha-patr
máscara (f) de oxigênio	ऑक्सीजन मास्क (m)	oksījan māsk
uniforme (m)	वर्दी (f)	vardī
colete (m) salva-vidas	बचाव पेटी (f)	bachāv petī
paraquedas (m)	पैराशूट (m)	pairāshūt
decolagem (f)	उड़ान (m)	urān
descolar (vi)	उड़ना	urana
pista (f) de decolagem	उड़ान पट्टी (f)	urān pattī
visibilidade (f)	दृश्यता (f)	drshyata
voo (m)	उड़ान (m)	urān
altura (f)	ऊंचाई (f)	ūnchaī
poço (m) de ar	वायु-पॉकेट (m)	vāyu-poket
assento (m)	सीट (f)	sīt
fone (m) de ouvido	हेडफ़ोन (m)	hedafon
mesa (f) retrátil	ट्रे टेबल (f)	tre tebal
janela (f)	हवाई जहाज़ की खिड़की (f)	havaī jahāz kī khirakī
corredor (m)	गलियारा (m)	galiyāra

170. Comboio

trem (m)	रेलगाड़ी, ट्रेन (f)	relagārī, tren
trem (m) elétrico	लोकल ट्रेन (f)	lokal tren
trem (m)	तेज़ रेलगाड़ी (f)	tez relagārī
locomotiva (f) diesel	डीज़ल रेलगाड़ी (f)	dīzal relagārī
locomotiva (f) a vapor	स्टीम इंजन (f)	stīm injan
vagão (f) de passageiros	कोच (f)	koch
vagão-restaurante (m)	डाइनर (f)	dainar
carris (m pl)	पटरियाँ (f)	patariyān
estrada (f) de ferro	रेलवे (f)	relave
travessa (f)	पटरियाँ (f)	patariyān
plataforma (f)	प्लेटफॉर्म (m)	pletaform
linha (f)	प्लेटफॉर्म (m)	pletaform
semáforo (m)	सिग्नल (m)	signal
estação (f)	स्टेशन (m)	steshan
maquinista (m)	इंजन ड्राइवर (m)	injan draivar
bagageiro (m)	कुली (m)	kulī
hospedeiro, -a (m, f)	कोच एटेंडेंट (m)	koch etendent
passageiro (m)	मुसाफ़िर (m)	musāfir
revisor (m)	टीटी (m)	tītī
corredor (m)	गलियारा (m)	galiyāra
freio (m) de emergência	आपात ब्रेक (m)	āpāt brek
compartimento (m)	डिब्बा (m)	dibba
cama (f)	बर्थ (f)	barth
cama (f) de cima	ऊपरी बर्थ (f)	ūparī barth
cama (f) de baixo	नीचली बर्थ (f)	nīchalī barth
roupa (f) de cama	बिस्तर (m)	bistar
passagem (f)	टिकट (m)	tikat
horário (m)	टाइम टैबुल (m)	taim taibul
painel (m) de informação	सूचना बोर्ड (m)	sūchana bord
partir (vt)	चले जाना	chale jāna
partida (f)	रवानगी (f)	ravānagī
chegar (vi)	पहुंचना	pahunchana
chegada (f)	आगमन (m)	āgaman
chegar de trem	गाड़ी से पहुंचना	gārī se pahunchana
pegar o trem	गाड़ी पकड़ना	gādī pakarana
descer de trem	गाड़ी से उतरना	gārī se utarana
acidente (m) ferroviário	दुर्घटनाग्रस्त (f)	durghatanāgrast
locomotiva (f) a vapor	स्टीम इंजन (m)	stīm injan
foguista (m)	अग्निशामक (m)	agnishāmak
fornalha (f)	भट्ठी (f)	bhatthī
carvão (m)	कोयला (m)	koyala

171. Barco

navio (m)	जहाज़ (m)	jahāz
embarcação (f)	जहाज़ (m)	jahāz
barco (m) a vapor	जहाज़ (m)	jahāz
barco (m) fluvial	मोटर बोट (m)	motar bot
transatlântico (m)	लाइनर (m)	lainar
cruzeiro (m)	क्रूज़र (m)	krūzar
iate (m)	याख्ट (m)	yākht
rebocador (m)	कर्षक पोत (m)	karshak pot
barcaça (f)	बार्ज (f)	bārj
ferry (m)	फेरी बोट (f)	ferī bot
veleiro (m)	पाल नाव (f)	pāl nāv
bergantim (m)	बादबानी (f)	bādabānī
quebra-gelo (m)	हिमभंज़क पोत (m)	himabhanjak pot
submarino (m)	पनडुब्बी (f)	panadubbī
bote, barco (m)	नाव (m)	nāv
baleeira (bote salva-vidas)	किश्ती (f)	kishtī
bote (m) salva-vidas	जीवन रक्षा किश्ती (f)	jīvan raksha kishtī
lancha (f)	मोटर बोट (m)	motar bot
capitão (m)	कसान (m)	kaptān
marinheiro (m)	मल्लाह (m)	mallāh
marujo (m)	मल्लाह (m)	mallāh
tripulação (f)	वैमानिक दल (m)	vaimānik dal
contramestre (m)	बोसुन (m)	bosun
grumete (m)	बोसुन (m)	bosun
cozinheiro (m) de bordo	रसोइया (m)	rasoiya
médico (m) de bordo	पोत डाक्टर (m)	pot dāktar
convés (m)	डेक (m)	dek
mastro (m)	मस्तूल (m)	mastūl
vela (f)	पाल (m)	pāl
porão (m)	कार्गी (m)	kārgo
proa (f)	जहाज़ का अगड़ा हिस्सा (m)	jahāz ka agara hissa
popa (f)	जहाज़ का पिछला हिस्सा (m)	jahāz ka pichhala hissa
remo (m)	चप्पू (m)	chappū
hélice (f)	जहाज़ की पंखी चलाने का पेंच (m)	jahāz kī pankhī chalāne ka pench
cabine (m)	कैबिन (m)	kaibin
sala (f) dos oficiais	मेस (f)	mes
sala (f) das máquinas	मशीन-कमरा (m)	mashīn-kamara
ponte (m) de comando	ब्रिज (m)	brij
sala (f) de comunicações	रेडियो केबिन (m)	rediyo kebin
onda (f)	रेडियो तरंग (f)	rediyo tarang
diário (m) de bordo	जहाज़ी रजिस्टर (m)	jahāzī rajistar
luneta (f)	टेलिस्कोप (m)	teliskop

sino (m)	घंटा (m)	ghanta
bandeira (f)	झंडा (m)	jhanda
cabo (m)	रस्सा (m)	rassa
nó (m)	जहाज़ी गांठ (f)	jahāzī gānth
corrimão (m)	रेलिंग (f)	reling
prancha (f) de embarque	सीढ़ी (f)	sīrhī
âncora (f)	लंगर (m)	langar
recolher a âncora	लंगर उठाना	langar uthāna
jogar a âncora	लंगर डालना	langar dālana
amarra (corrente de âncora)	लंगर की ज़जीर (f)	langar kī zajīr
porto (m)	बंदरगाह (m)	bandaragāh
cais, amarradouro (m)	घाट (m)	ghāt
atracar (vi)	किनारे लगना	kināre lagana
desatracar (vi)	रवाना होना	ravāna hona
viagem (f)	यात्रा (f)	yātra
cruzeiro (m)	जलयात्रा (f)	jalayātra
rumo (m)	दिशा (f)	disha
itinerário (m)	मार्ग (m)	mārg
canal (m) de navegação	नाव्य जलपथ (m)	nāvy jalapath
banco (m) de areia	छिछला पानी (m)	chhichhala pānī
encalhar (vt)	छिछले पानी में धंसना	chhichhale pānī men dhansana
tempestade (f)	तूफ़ान (m)	tufān
sinal (m)	सिग्नल (m)	signal
afundar-se (vr)	डूबना	dūbana
SOS	एसओएस	esoes
boia (f) salva-vidas	लाइफ़ ब्वाय (m)	laif bvāy

172. Aeroporto

aeroporto (m)	हवाई अड्डा (m)	havaī adda
avião (m)	विमान (m)	vimān
companhia (f) aérea	हवाई कम्पनी (f)	havaī kampanī
controlador (m) de tráfego aéreo	हवाई यातायात नियंत्रक (m)	havaī yātāyāt niyantrak
partida (f)	प्रस्थान (m)	prasthān
chegada (f)	आगमन (m)	āgaman
chegar (vi)	पहुंचना	pahunchana
hora (f) de partida	उड़ान का समय (m)	urān ka samay
hora (f) de chegada	आगमन का समय (m)	āgaman ka samay
estar atrasado	देर से आना	der se āna
atraso (m) de voo	उड़ान देरी (f)	urān derī
painel (m) de informação	सूचना बोर्ड (m)	sūchana bord
informação (f)	सूचना (f)	sūchana

anunciar (vt)	घोषणा करना	ghoshana karana
voo (m)	फ़्लाइट (f)	flait
alfândega (f)	सीमाशुल्क कार्यालय (m)	sīmāshulk kāryālay
funcionário (m) da alfândega	सीमाशुल्क अधिकारी (m)	sīmāshulk adhikārī
declaração (f) alfandegária	सीमाशुल्क घोषणा (f)	sīmāshulk ghoshana
preencher a declaração	सीमाशुल्क घोषणा भरना	sīmāshulk ghoshana bharana
controle (m) de passaporte	पास्पोर्ट जांच (f)	pāsport jānch
bagagem (f)	सामान (m)	sāmān
bagagem (f) de mão	दस्ती सामान (m)	dastī sāmān
carrinho (m)	सामान के लिये गाड़ी (f)	sāmān ke liye gārī
pouso (m)	विमानारोहण (m)	vimānārohan
pista (f) de pouso	विमानारोहण मार्ग (m)	vimānārohan mārg
aterrissar (vi)	उतरना	utarana
escada (f) de avião	सीढ़ी (f)	sīrhī
check-in (m)	चेक-इन (m)	chek-in
balcão (m) do check-in	चेक-इन डेस्क (m)	chek-in desk
fazer o check-in	चेक-इन करना	chek-in karana
cartão (m) de embarque	बोर्डिंग पास (m)	bording pās
portão (m) de embarque	प्रस्थान गेट (m)	prasthān get
trânsito (m)	पारवहन (m)	pāravahan
esperar (vi, vt)	इंतज़ार करना	intazār karana
sala (f) de espera	प्रतीक्षालय (m)	pratīkshālay
despedir-se (acompanhar)	विदा करना	vida karana
despedir-se (dizer adeus)	विदा कहना	vida kahana

173. Bicicleta. Motocicleta

bicicleta (f)	साइकिल (f)	saikil
lambreta (f)	स्कूटर (m)	skūtar
moto (f)	मोटरसाइकिल (f)	motarasaikil
ir de bicicleta	साइकिल से जाना	saikil se jāna
guidão (m)	हैंडल बार (m)	haindal bār
pedal (m)	पेडल (m)	pedal
freios (m pl)	ब्रेक (m pl)	brek
banco, selim (m)	सीट (f)	sīt
bomba (f)	पंप (m)	pamp
bagageiro (m) de teto	साइकिल का रैक (m)	sāiikal ka raik
lanterna (f)	बत्ती (f)	battī
capacete (m)	हेलमेट (f)	helamet
roda (f)	पहिया (m)	pahiya
para-choque (m)	कीचड़ रोकने की पंखी (f)	kīchar rokane kī pankhī
aro (m)	साइकिल रिम (f)	saikil rim
raio (m)	पहिये का आरा (m)	pahiye ka āra

Carros

174. Tipos de carros

carro, automóvel (m)	कार (f)	kār
carro (m) esportivo	स्पोर्ट्स कार (f)	sports kār
limusine (f)	लीमोज़ीन (m)	līmozīn
todo o terreno (m)	जीप (m)	jīp
conversível (m)	कन्वर्टिबल (m)	kanvartibal
minibus (m)	मिनिबस (f)	minibas
ambulância (f)	एम्बुलेंस (f)	embulens
limpa-neve (m)	बर्फ़ हटाने की कार (f)	barf hatāne kī kār
caminhão (m)	ट्रक (m)	trak
caminhão-tanque (m)	टैंकर-लॉरी (f)	tainkar-lorī
perua, van (f)	वैन (m)	vain
caminhão-trator (m)	ट्रक-ट्रेक्टर (m)	trak-trektar
reboque (m)	ट्रेलर (m)	trelar
confortável (adj)	सुविधाजनक	suvidhājanak
usado (adj)	पुरानी	purānī

175. Carros. Carroçaria

capô (m)	बोनेट (f)	bonet
para-choque (m)	कीचड़ रोकने की पंखी (f)	kīchar rokane kī pankhī
teto (m)	छत (f)	chhat
para-brisa (m)	विंडस्क्रीन (m)	vindaskrīn
retrovisor (m)	रियरव्यू मिरर (m)	riyaravyū mirar
esguicho (m)	विंडशील्ड वॉशर (m)	vindashīld voshar
limpadores (m) de para-brisas	वाइपर (m)	vaipar
vidro (m) lateral	साइड की खिड़की (f)	said kī khirakī
elevador (m) do vidro	विंडो-लिफ़्ट (f)	vindo-lift
antena (f)	एरियल (m)	eriyal
teto (m) solar	सनरूफ़ (m)	sanarūf
para-choque (m)	बम्पर (m)	bampar
porta-malas (f)	ट्रंक (m)	trank
porta (f)	दरवाज़ा (m)	daravāza
maçaneta (f)	दरवाज़े का हैंडल (m)	daravāze ka haindal
fechadura (f)	ताला (m)	tāla
placa (f)	कार का नम्बर (m)	kār ka nambar
silenciador (m)	साइलेंसर (m)	sailensar

tanque (m) de gasolina	पेट्रोल टैंक (m)	petrol taink
tubo (m) de exaustão	रेचक नलिका (f)	rechak nalika
acelerador (m)	गैस (m)	gais
pedal (m)	पेडल (m)	pedal
pedal (m) do acelerador	गैस पेडल (m)	gais pedal
freio (m)	ब्रैक (m)	braik
pedal (m) do freio	ब्रेक पेडल (m)	brek pedal
frear (vt)	ब्रेक लगाना	brek lagāna
freio (m) de mão	पार्किंग पेडल (m)	pārking pedal
embreagem (f)	क्लच (m)	klach
pedal (m) da embreagem	क्लच पेडल (m)	klach pedal
disco (m) de embreagem	क्लच प्लेट (m)	klach plet
amortecedor (m)	धक्का सह (m)	dhakka sah
roda (f)	पहिया (m)	pahiya
pneu (m) estepe	स्पेयर टायर (m)	speyar tāyar
pneu (m)	टायर (m)	tāyar
calota (f)	हबकैप (m)	habakaip
rodas (f pl) motrizes	प्रधान पहिया (m)	pradhān pahiya
de tração dianteira	आगे के पहियों से चलने वाली	āge ke pahiyon se chalane vālī
de tração traseira	पीछे के पहियों से चलने वाली	pīchhe ke pahiyon se chalane vālī
de tração às 4 rodas	चार पहियों की कार	chār pahiyon kī kār
caixa (f) de mudanças	गीयर बॉक्स (m)	gīyar boks
automático (adj)	स्वचालित	svachālit
mecânico (adj)	मशीनी	mashīnī
alavanca (f) de câmbio	गीयर बॉक्स का साधन (m)	gīyar boks ka sādhan
farol (m)	हेडलाइट (f)	hedalait
faróis (m pl)	हेडलाइटें (f pl)	hedalaiten
farol (m) baixo	लो बीम (m)	lo bīm
farol (m) alto	हाई बीम (m)	haī bīm
luzes (f pl) de parada	ब्रेक लाइट (m)	brek lait
luzes (f pl) de posição	पार्किंग लाइटें (f pl)	pārking laiten
luzes (f pl) de emergência	खतरे की बत्तियां (f pl)	khatare kī battiyān
faróis (m pl) de neblina	कोहरे की बत्तियाँ (f pl)	kohare kī battiyān
pisca-pisca (m)	मुड़ने का सिग्नल (m)	murane ka signal
luz (f) de marcha ré	पीछे जाने की लाइट (m)	pīchhe jāne kī lait

176. Carros. Habitáculo

interior (do carro)	गाड़ी का भीतरी हिस्सा (m)	gārī ka bhītarī hissa
de couro	चमड़े का बना	chamare ka bana
de veludo	मखमल का बना	makhamal ka bana
estofamento (m)	अपहोल्स्टरी (f)	apaholstarī
indicador (m)	यंत्र (m)	yantr

painel (m)	यंत्र का पैनल (m)	yantr ka painal
velocímetro (m)	चालमापी (m)	chālamāpī
ponteiro (m)	सूई (f)	sūī

hodômetro, odômetro (m)	ओडोमीटर (m)	odomītar
indicador (m)	इंडिकेटर (m)	indiketar
nível (m)	स्तर (m)	star
luz (f) de aviso	चेतावनी लाइट (m)	chetāvanī lait

volante (m)	स्टीयरिंग व्हील (m)	stīyaring vhīl
buzina (f)	हॉर्न (m)	horn
botão (m)	बटन (m)	batan
interruptor (m)	स्विच (m)	svich

assento (m)	सीट (m)	sīt
costas (f pl) do assento	पीठ (f)	pīth
cabeceira (f)	हेडरेस्ट (m)	hedarest
cinto (m) de segurança	सीट बेल्ट (m)	sīt belt
apertar o cinto	बेल्ट लगाना	belt lagāna
ajuste (m)	समायोजन (m)	samāyojan

| airbag (m) | एयरबैग (m) | eyarabaig |
| ar (m) condicionado | एयर कंडीशनर (m) | eyar kandīshanar |

rádio (m)	रेडियो (m)	rediyo
leitor (m) de CD	सीडी प्लेयर (m)	sīdī pleyar
ligar (vt)	चलाना	chalāna
antena (f)	एरियल (m)	eriyal
porta-luvas (m)	दराज़ (m)	darāz
cinzeiro (m)	राखदानी (f)	rākhadānī

177. Carros. Motor

motor (m)	इंजन (m)	injan
motor (m)	मोटर (m)	motar
a diesel	डीज़ल का	dīzal ka
a gasolina	तेल का	tel ka

cilindrada (f)	इंजन का परिमाण (m)	injan ka parimān
potência (f)	शक्ति (f)	shakti
cavalo (m) de potência	अश्व शक्ति (f)	ashv shakti
pistão (m)	पिस्टन (m)	pistan
cilindro (m)	सिलिंडर (m)	silindar
válvula (f)	वाल्व (m)	vālv

injetor (m)	इंजेक्टर (m)	injektar
gerador (m)	जनरेटर (m)	janaretar
carburador (m)	कार्बरेटर (m)	kārbaretar
óleo (m) de motor	मोटर तेल (m)	motar tel

radiador (m)	रेडिएटर (m)	redietar
líquido (m) de arrefecimento	शीतलक (m)	shītalak
ventilador (m)	पंखा (m)	pankha
bateria (f)	बैटरी (f)	baitarī

dispositivo (m) de arranque	स्टार्टर (m)	stārtar
ignição (f)	इग्निशन (m)	ignishan
vela (f) de ignição	स्पार्क प्लग (m)	spārk plag
terminal (m)	बैटरी टर्मिनल (m)	baitarī tarminal
terminal (m) positivo	प्लस टर्मिनल (m)	plas tarminal
terminal (m) negativo	माइनस टर्मिनल (m)	mainas tarminal
fusível (m)	सेफ्टी फ्यूज़ (m)	seftī fyūz
filtro (m) de ar	वायु फ़िल्टर (m)	vāyu filtar
filtro (m) de óleo	तेल फ़िल्टर (m)	tel filtar
filtro (m) de combustível	ईंधन फ़िल्टर (m)	īndhan filtar

178. Carros. Batidas. Reparação

acidente (m) de carro	दुर्घटना (f)	durghatana
acidente (m) rodoviário	दुर्घटना (f)	durghatana
bater (~ num muro)	टकराना	takarāna
sofrer um acidente	नष्ट हो जाना	nashth ho jāna
dano (m)	नुकसान (m)	nukasān
intato	सुरक्षित	surakshit
avariar (vi)	ख़राब हो जाना	kharāb ho jāna
cabo (m) de reboque	रस्सा (m)	rassa
furo (m)	पंक्चर (m)	pankchar
estar furado	पंक्चर होना	pankchar hona
encher (vt)	हवा भरना	hava bharana
pressão (f)	दबाव (m)	dabāv
verificar (vt)	जांचना	jānchana
reparo (m)	मरम्मत (f)	marammat
oficina (f) automotiva	वाहन मरम्मत की दुकान (f)	vāhan marammat kī dukān
peça (f) de reposição	स्पेयर पार्ट (m)	speyar pārt
peça (f)	पुर्ज़ा (m)	puraza
parafuso (com porca)	बोल्ट (m)	bolt
parafuso (m)	पेंच (m)	pench
porca (f)	नट (m)	nat
arruela (f)	वॉशर (m)	voshar
rolamento (m)	बियरिंग (m)	biyaring
tubo (m)	ट्यूब (f)	tyūb
junta, gaxeta (f)	गास्केट (m)	gāsket
fio, cabo (m)	तार (m)	tār
macaco (m)	जैक (m)	jaik
chave (f) de boca	स्पैनर (m)	spainar
martelo (m)	हथौड़ी (f)	hathaurī
bomba (f)	पंप (m)	pamp
chave (f) de fenda	पेंचकस (m)	penchakas
extintor (m)	अग्निशामक (m)	agnishāmak
triângulo (m) de emergência	चेतावनी त्रिकोण (m)	chetāvanī trikon

morrer (motor)	बंद होना	band hona
paragem, "morte" (f)	बंद (m)	band
estar quebrado	टूटना	tūtana
superaquecer-se (vr)	गरम होना	garam hona
entupir-se (vr)	मैल जमना	mail jamana
congelar-se (vr)	ठंडा हो जाना	thanda ho jāna
rebentar (vi)	फटना	fatana
pressão (f)	दबाव (m)	dabāv
nível (m)	स्तर (m)	star
frouxo (adj)	कमज़ोर	kamazor
batida (f)	गड्ढा (m)	gadrha
ruído (m)	खटखट की आवाज़ (f)	khatakhat kī āvāz
fissura (f)	दरार (f)	darār
arranhão (m)	खरोंच (f)	kharonch

179. Carros. Estrada

estrada (f)	रास्ता (m)	rāsta
autoestrada (f)	राजमार्ग (m)	rājamārg
rodovia (f)	राजमार्ग (m)	rājamārg
direção (f)	दिशा (f)	disha
distância (f)	दूरी (f)	dūrī
ponte (f)	पुल (m)	pul
parque (m) de estacionamento	पार्किन्ग (m)	pārking
praça (f)	मैदान (m)	maidān
nó (m) rodoviário	फ्लाई ओवर (m)	flaī ovar
túnel (m)	सुरंग (m)	surang
posto (m) de gasolina	पेट्रोल पम्प (f)	petrol pamp
parque (m) de estacionamento	पार्किंग (m)	pārking
bomba (f) de gasolina	गैस पम्प (f)	gais pamp
oficina (f) automotiva	गराज (m)	garāj
abastecer (vt)	पेट्रोल भरवाना	petrol bharavāna
combustível (m)	ईंधन (m)	īndhan
galão (m) de gasolina	जेरिकेन (m)	jeriken
asfalto (m)	तारकोल (m)	tārakol
marcação (f) de estradas	मार्ग चिह्न (m)	mārg chihn
meio-fio (m)	फुटपाथ (m)	futapāth
guard-rail (m)	रेलिंग (f)	reling
valeta (f)	नाली (f)	nālī
acostamento (m)	छोर (m)	chhor
poste (m) de luz	बिजली का खम्भा (m)	bijalī ka khambha
dirigir (vt)	चलाना	chalāna
virar (~ para a direita)	मोड़ना	morana
dar retorno	मुड़ना	murana
ré (f)	रिवर्स (m)	rivars
buzinar (vi)	हॉर्न बजाना	horn bajāna
buzina (f)	हॉर्न (m)	horn

atolar-se (vr)	फंसना	fansana
patinar (na lama)	पहिये को घुमाना	pahiye ko ghumāna
desligar (vt)	इंजन बंद करना	injan band karana

velocidade (f)	रफ़्तार (f)	rafatār
exceder a velocidade	गति सीमा पार करना	gati sīma pār karana
multar (vt)	जुर्माना लगाना	jurmāna lagāna
semáforo (m)	ट्रैफ़िक-लाइट (m)	traifik-lait
carteira (f) de motorista	ड्राइवर-लाइसेंस (m)	draivar-laisens

passagem (f) de nível	रेल क्रॉसिंग (m)	rel krosing
cruzamento (m)	चौराहा (m)	chaurāha
faixa (f)	पार-पथ (m)	pār-path
curva (f)	मोड़ (m)	mor
zona (f) de pedestres	पैदल सड़क (f)	paidal sarak

180. Sinais de trânsito

código (m) de trânsito	यातायात के नियम (m pl)	yātāyāt ke niyam
sinal (m) de trânsito	ट्रैफ़िक साइन (m)	traifik sain
ultrapassagem (f)	ओवरटेकिंग (f)	ovarateking
curva (f)	मोड़ (m)	mor
retorno (m)	यू-टर्न (m)	yū-tarn
rotatória (f)	गोलचक्कर (m)	golachakkar

sentido proibido	अंदर जाना मना है	andar jāna mana hai
trânsito proibido	वाहन जाना मना है	vāhan jāna mana hai
proibido de ultrapassar	ओवरटैकिंग मना है	ovarataiking mana hai
estacionamento proibido	पार्किंग मना है	pārking mana hai
paragem proibida	रुकना मना है	rukana mana hai

curva (f) perigosa	खतरनाक मोड़ (m)	khataranāk mor
descida (f) perigosa	ढलवां उतार (m)	dhalavān utār
trânsito de sentido único	इकतरफ़ा यातायात (f)	ikatarafa yātāyāt
faixa (f)	पार-पथ (m)	pār-path
pavimento (m) escorregadio	फिसलाऊ रास्ता (m)	fisalaū rāsta
conceder passagem	निकलने देना	nikalane dena

PESSOAS. EVENTOS

Eventos

181. Férias. Evento

festa (f)	त्योहार (m)	tyohār
feriado (m) nacional	राष्ट्रीय त्योहार (m)	rāshtrīy tyohār
feriado (m)	त्योहार का दिन (m)	tyohār ka din
festejar (vt)	पुण्यस्मरण करना	punyasmaran karana
evento (festa, etc.)	घटना (f)	ghatana
evento (banquete, etc.)	आयोजन (m)	āyojan
banquete (m)	राजभोज (m)	rājabhoj
recepção (f)	दावत (f)	dāvat
festim (m)	दावत (f)	dāvat
aniversário (m)	वर्षगांठ (m)	varshagānth
jubileu (m)	वर्षगांठ (m)	varshagānth
celebrar (vt)	मनाना	manāna
Ano (m) Novo	नव वर्ष (m)	nav varsh
Feliz Ano Novo!	नव वर्ष की शुभकामना!	nav varsh kī shubhakāmana!
Papai Noel (m)	सांता क्लॉज़ (m)	sānta kloz
Natal (m)	बड़ा दिन (m)	bara din
Feliz Natal!	क्रिसमस की शुभकामनाएं!	krisamas kī shubhakāmanaen!
árvore (f) de Natal	क्रिस्मस ट्री (m)	krismas trī
fogos (m pl) de artifício	अग्नि क्रीड़ा (f)	agni krīra
casamento (m)	शादी (f)	shādī
noivo (m)	दुल्हा (m)	dulha
noiva (f)	दुल्हन (f)	dulhan
convidar (vt)	आमंत्रित करना	āmantrit karana
convite (m)	निमंत्रण पत्र (m)	nimantran patr
convidado (m)	मेहमान (m)	mehamān
visitar (vt)	मिलने जाना	milane jāna
receber os convidados	मेहमानों से मिलना	mehamānon se milana
presente (m)	उपहार (m)	upahār
oferecer, dar (vt)	उपहार देना	upahār dena
receber presentes	उपहार मिलना	upahār milana
buquê (m) de flores	गुलदस्ता (m)	guladasta
felicitações (f pl)	बधाई (f)	badhaī
felicitar (vt)	बधाई देना	badhaī dena

cartão (m) de parabéns	बधाई पोस्टकार्ड (m)	badhaī postakārd
enviar um cartão postal	पोस्टकार्ड भेजना	postakārd bhejana
receber um cartão postal	पोस्टकार्ड पाना	postakārd pāna
brinde (m)	टोस्ट (m)	tost
oferecer (vt)	ऑफ़र करना	ofar karana
champanhe (m)	शैम्पेन (f)	shaimpen
divertir-se (vr)	मजे करना	maze karana
diversão (f)	आमोद (m)	āmod
alegria (f)	खुशी (f)	khushī
dança (f)	नाच (m)	nāch
dançar (vi)	नाचना	nāchana
valsa (f)	वॉल्ट्ज़ (m)	voltz
tango (m)	टैंगो (m)	taingo

182. Funerais. Enterro

cemitério (m)	कब्रिस्तान (m)	kabristān
sepultura (f), túmulo (m)	कब्र (m)	kabr
cruz (f)	क्रॉस (m)	kros
lápide (f)	समाधि शिला (f)	sāmādhi shila
cerca (f)	बाड़ (f)	bār
capela (f)	चैपल (m)	chaipal
morte (f)	मृत्यु (f)	mrtyu
morrer (vi)	मरना	marana
defunto (m)	मृतक (m)	mrtak
luto (m)	शोक (m)	shok
enterrar, sepultar (vt)	दफनाना	dafanāna
funerária (f)	दफ़नालय (m)	dafanālay
funeral (m)	अंतिम संस्कार (m)	antim sanskār
coroa (f) de flores	फूलमाला (f)	fūlamāla
caixão (m)	ताबूत (m)	tābūt
carro (m) funerário	शव मंच (m)	shav manch
mortalha (f)	कफन (m)	kafan
urna (f) funerária	भस्मी कलश (m)	bhasmī kalash
crematório (m)	दाहगृह (m)	dāhagrh
obituário (m), necrologia (f)	निधन सूचना (f)	nidhan sūchana
chorar (vi)	रोना	rona
soluçar (vi)	रोना	rona

183. Guerra. Soldados

pelotão (m)	दस्ता (m)	dasta
companhia (f)	कंपनी (f)	kampanī

regimento (m)	रेजीमेंट (f)	rejīment
exército (m)	सेना (f)	sena
divisão (f)	डिवीज़न (m)	divīzan
esquadrão (m)	दल (m)	dal
hoste (f)	फौज (m)	fauj
soldado (m)	सिपाही (m)	sipāhī
oficial (m)	अफ्सर (m)	afsar
soldado (m) raso	सैनिक (m)	sainik
sargento (m)	सार्जेंट (m)	sārjent
tenente (m)	लेफ्टिनेंट (m)	leftinent
capitão (m)	कप्तान (m)	kaptān
major (m)	मेजर (m)	mejar
coronel (m)	कर्नल (m)	karnal
general (m)	जनरल (m)	janaral
marujo (m)	मल्लाह (m)	mallāh
capitão (m)	कप्तान (m)	kaptān
contramestre (m)	बोसुन (m)	bosun
artilheiro (m)	तोपची (m)	topachī
soldado (m) paraquedista	पैराट्रूपर (m)	pairātrūpar
piloto (m)	पाइलट (m)	pailat
navegador (m)	नैवीगेटर (m)	naivīgetar
mecânico (m)	मैकेनिक (m)	maikenik
sapador-mineiro (m)	सैपर (m)	saipar
paraquedista (m)	छतरीबाज़ (m)	chhatarībāz
explorador (m)	जासूस (m)	jāsūs
atirador (m) de tocaia	निशानची (m)	nishānachī
patrulha (f)	गश्त (m)	gasht
patrulhar (vt)	गश्त लगाना	gasht lagāna
sentinela (f)	प्रहरी (m)	praharī
guerreiro (m)	सैनिक (m)	sainik
patriota (m)	देशभक्त (m)	deshabhakt
herói (m)	हिरो (m)	hiro
heroína (f)	हिरोइन (f)	hiroin
traidor (m)	गद्दार (m)	gaddār
desertor (m)	भगोड़ा (m)	bhagora
desertar (vt)	भाग जाना	bhāg jāna
mercenário (m)	भाड़े का सैनिक (m)	bhāre ka sainik
recruta (m)	रंगरूट (m)	rangarūt
voluntário (m)	स्वयंसेवी (m)	svayansevī
morto (m)	मृतक (m)	mrtak
ferido (m)	घायल (m)	ghāyal
prisioneiro (m) de guerra	युद्ध कैदी (m)	yuddh qaidī

184. Guerra. Ações militares. Parte 1

guerra (f)	युद्ध (m)	yuddh
guerrear (vt)	युद्ध करना	yuddh karana
guerra (f) civil	गृहयुद्ध (m)	grhayuddh

perfidamente	विश्वासघाती ढंग से	vishvāsaghātī dhang se
declaração (f) de guerra	युद्ध का एलान (m)	yuddh ka elān
declarar guerra	एलान करना	elān karana
agressão (f)	हमला (m)	hamala
atacar (vt)	हमला करना	hamala karana

invadir (vt)	हमला करना	hamala karana
invasor (m)	आक्रमणकारी (m)	ākramanakārī
conquistador (m)	विजेता (m)	vijeta

defesa (f)	हिफ़ाज़त (f)	hifāzat
defender (vt)	हिफ़ाज़त करना	hifāzat karana
defender-se (vr)	के विरुद्ध हिफ़ाज़त करना	ke virūddh hifāzat karana

inimigo (m)	दुश्मन (m)	dushman
adversário (m)	विपक्ष (m)	vipaksh
inimigo (adj)	दुश्मनों का	dushmanon ka

| estratégia (f) | रणनीति (f) | rananīti |
| tática (f) | युक्ति (f) | yukti |

ordem (f)	हुक्म (m)	hukm
comando (m)	आज्ञा (f)	āgya
ordenar (vt)	हुक्म देना	hukm dena
missão (f)	मिशन (m)	mishan
secreto (adj)	गुप्त	gupt

| batalha (f) | लड़ाई (f) | laraī |
| combate (m) | युद्ध (m) | yuddh |

ataque (m)	आक्रमण (m)	ākraman
assalto (m)	धावा (m)	dhāva
assaltar (vt)	धावा करना	dhāva karana
assédio, sítio (m)	घेरा (m)	ghera

| ofensiva (f) | आक्रमण (m) | ākraman |
| tomar à ofensiva | आक्रमण करना | ākraman karana |

| retirada (f) | अपयान (m) | apayān |
| retirar-se (vr) | अपयान करना | apayān karana |

| cerco (m) | घेराई (f) | gheraī |
| cercar (vt) | घेरना | gherana |

bombardeio (m)	बमबारी (f)	bamabārī
lançar uma bomba	बम गिराना	bam girāna
bombardear (vt)	बमबारी करना	bamabārī karana
explosão (f)	विस्फोट (m)	visfot
tiro (m)	गोली (m)	golī

| dar um tiro | गोली चलाना | golī chalāna |
| tiroteio (m) | गोलीबारी (f) | golībārī |

apontar para ...	निशाना लगाना	nishāna lagāna
apontar (vt)	निशाना बांधना	nishāna bāndhana
acertar (vt)	गोली मारना	golī mārana

afundar (~ um navio, etc.)	डुबाना	dubāna
brecha (f)	छेद (m)	chhed
afundar-se (vr)	डूबना	dūbana

frente (m)	मोरचा (m)	moracha
evacuação (f)	निकास (m)	nikās
evacuar (vt)	निकास करना	nikās karana

arame (m) enfarpado	कांटेदार तार (m)	kāntedār tār
barreira (f) anti-tanque	बाड़ (m)	bār
torre (f) de vigia	बुर्ज (m)	burj

hospital (m) militar	सैनिक अस्पताल (m)	sainik aspatāl
ferir (vt)	घायल करना	ghāyal karana
ferida (f)	घाव (m)	ghāv
ferido (m)	घायल (m)	ghāyal
ficar ferido	घायल होना	ghāyal hona
grave (ferida ~)	गम्भीर	gambhīr

185. Guerra. Ações militares. Parte 2

cativeiro (m)	क़ैद (f)	qaid
capturar (vt)	क़ैद करना	qaid karana
estar em cativeiro	क़ैद में रखना	qaid men rakhana
ser aprisionado	क़ैद में लेना	qaid men lena

campo (m) de concentração	कन्सेंट्रेशन कैंप (m)	kansentreshan kaimp
prisioneiro (m) de guerra	युद्ध-क़ैदी (m)	yuddh-qaidī
escapar (vi)	क़ैद से भाग जाना	qaid se bhāg jāna

trair (vt)	गद्दारी करना	gaddārī karana
traidor (m)	गद्दार (m)	gaddār
traição (f)	गद्दारी (f)	gaddārī

| fuzilar, executar (vt) | फाँसी देना | fānsī dena |
| fuzilamento (m) | प्राणदण्ड (f) | prānadand |

equipamento (m)	फौजी पोशक (m)	faujī poshak
insígnia (f) de ombro	कंधे का फीता (m)	kandhe ka fīta
máscara (f) de gás	गैस मास्क (m)	gais māsk

rádio (m)	ट्रांस-रिसिवर (m)	trāns-risivar
cifra (f), código (m)	गुप्तलेख (m)	guptalekh
conspiração (f)	गुप्तता (f)	guptata
senha (f)	पासवर्ड (m)	pāsavard
mina (f)	बारूदी सुरंग (f)	bārūdī surang
minar (vt)	सुरंग खोदना	surang khodana

campo (m) minado	सुरंग-क्षेत्र (m)	surang-kshetr
alarme (m) aéreo	हवाई हमले की चेतावनी (f)	havaī hamale kī chetāvanī
alarme (m)	चेतावनी (f)	chetāvanī
sinal (m)	सिग्नल (m)	signal
sinalizador (m)	सिग्नल रॉकेट (m)	signal roket
quartel-general (m)	सैनिक मुख्यालय (m)	sainik mukhyālay
reconhecimento (m)	जासूसी देख-भाल (m)	jāsūsī dekh-bhāl
situação (f)	हालत (f)	hālat
relatório (m)	रिपोर्ट (m)	riport
emboscada (f)	घात (f)	ghāt
reforço (m)	बलवृद्धि (m)	balavrddhi
alvo (m)	निशाना (m)	nishāna
campo (m) de tiro	प्रशिक्षण क्षेत्र (m)	prashikshan kshetr
manobras (f pl)	युद्धाभ्यास (m pl)	yuddhābhyās
pânico (m)	भगदड़ (f)	bhagadar
devastação (f)	तबाही (f)	tabāhī
ruínas (f pl)	विनाश (m pl)	vināsh
destruir (vt)	नष्ट करना	nasht karana
sobreviver (vi)	जीवित रहना	jīvit rahana
desarmar (vt)	निरस्त्र करना	nirastr karana
manusear (vt)	हथियार चलाना	hathiyār chalāna
Sentido!	सावधान!	sāvadhān!
Descansar!	आराम!	ārām!
façanha (f)	साहस का कार्य (m)	sāhas ka kāry
juramento (m)	शपथ (f)	shapath
jurar (vi)	शपथ लेना	shapath lena
condecoração (f)	पदक (m)	padak
condecorar (vt)	इनाम देना	inām dena
medalha (f)	मेडल (m)	medal
ordem (f)	आर्डर (m)	ārdar
vitória (f)	विजय (m)	vijay
derrota (f)	हार (f)	hār
armistício (m)	युद्धविराम (m)	yuddhavirām
bandeira (f)	झंडा (m)	jhanda
glória (f)	प्रताप (m)	pratāp
parada (f)	परेड (m)	pared
marchar (vi)	मार्च करना	mārch karana

186. Armas

arma (f)	हथियार (m)	hathiyār
arma (f) de fogo	हथियार (m)	hathiyār
arma (f) branca	पैने हथियार (m)	paine hathiyār
arma (f) química	रसायनिक शस्त्र (m)	rasāyanik shastr
nuclear (adj)	आण्विक	ānvik

arma (f) nuclear	आण्विक-शस्त्र (m)	ānvik-shastr
bomba (f)	बम (m)	bam
bomba (f) atômica	परमाणु बम (m)	paramānu bam
pistola (f)	पिस्तौल (m)	pistaul
rifle (m)	बंदूक (m)	bandūk
semi-automática (f)	टामी गन (f)	tāmī gan
metralhadora (f)	मशीन गन (f)	mashīn gan
boca (f)	नालमुख (m)	nālamukh
cano (m)	नाल (m)	nāl
calibre (m)	नली का व्यास (m)	nalī ka vyās
gatilho (m)	घोड़ा (m)	ghora
mira (f)	लक्षक (m)	lakshak
carregador (m)	मैगज़ीन (m)	maigazīn
coronha (f)	कुंदा (m)	kunda
granada (f) de mão	ग्रेनेड (m)	grened
explosivo (m)	विस्फोटक (m)	visfotak
bala (f)	गोली (f)	golī
cartucho (m)	कारतूस (m)	kāratūs
carga (f)	गति (f)	gati
munições (f pl)	गोला बारूद (m pl)	gola bārūd
bombardeiro (m)	बमबार (m)	bamabār
avião (m) de caça	लड़ाकू विमान (m)	larākū vimān
helicóptero (m)	हेलिकॉप्टर (m)	helikoptar
canhão (m) antiaéreo	विमान-विध्वंस तोप (f)	vimān-vidhvans top
tanque (m)	टैंक (m)	taink
canhão (de um tanque)	तोप (m)	top
artilharia (f)	तोपें (m)	topen
fazer a pontaria	निशाना बांधना	nishāna bāndhana
projétil (m)	गोला (m)	gola
granada (f) de morteiro	मोटीर बम (m)	mortār bam
morteiro (m)	मोटीर (m)	mortār
estilhaço (m)	किरच (m)	kirach
submarino (m)	पनडुब्बी (f)	panadubbī
torpedo (m)	टोरपीडो (m)	torapīdo
míssil (m)	रॉकेट (m)	roket
carregar (uma arma)	बंदूक भरना	bandūk bharana
disparar, atirar (vi)	गोली चलाना	golī chalāna
apontar para ...	निशाना लगाना	nishāna lagāna
baioneta (f)	किरिच (m)	kirich
espada (f)	खंजर (m)	khanjar
sabre (m)	कृपाण (m)	krpān
lança (f)	भाला (m)	bhāla
arco (m)	धनुष (m)	dhanush
flecha (f)	बाण (m)	bān

| mosquete (m) | मसकट (m) | masakat |
| besta (f) | क्रॉसबो (m) | krosabo |

187. Povos da antiguidade

primitivo (adj)	आदिकालीन	ādikālīn
pré-histórico (adj)	प्रागैतिहासिक	prāgaitihāsik
antigo (adj)	प्राचीन	prāchīn

Idade (f) da Pedra	पाषाण युग (m)	pāshān yug
Idade (f) do Bronze	कांस्य युग (m)	kānsy yug
Era (f) do Gelo	हिम युग (m)	him yug

tribo (f)	जनजाति (f)	janajāti
canibal (m)	नरभक्षी (m)	narabhakshī
caçador (m)	शिकारी (m)	shikārī
caçar (vi)	शिकार करना	shikār karana
mamute (m)	प्राचीन युग हाथी (m)	prāchīn yug hāthī

caverna (f)	गुफ़ा (f)	gufa
fogo (m)	अग्नि (m)	agni
fogueira (f)	अलाव (m)	alāv
pintura (f) rupestre	शिला चित्र (m)	shila chitr

ferramenta (f)	औज़ार (m)	auzār
lança (f)	भाला (m)	bhāla
machado (m) de pedra	पत्थर की कुल्हाड़ी (f)	patthar kī kulhārī
guerrear (vt)	युद्ध पर होना	yuddh par hona
domesticar (vt)	जानवरों को पालतू बनाना	jānavaron ko pālatū banāna
ídolo (m)	मूर्ति (f)	mūrti
adorar, venerar (vt)	पूजना	pūjana
superstição (f)	अंधविश्वास (m)	andhavishvās
ritual (m)	अनुष्ठान (m)	anushthān

evolução (f)	उद्भव (m)	udbhav
desenvolvimento (m)	विकास (m)	vikās
extinção (f)	गायब (m)	gāyab
adaptar-se (vr)	अनुकूल बनाना	anukūl banāna

arqueologia (f)	पुरातत्व (m)	purātatv
arqueólogo (m)	पुरातत्वविद (m)	purātatvavid
arqueológico (adj)	पुरातात्विक	purātātvik

escavação (sítio)	खुदाई क्षेत्र (m pl)	khudaī kshetr
escavações (f pl)	उत्खनन (f)	utkhanan
achado (m)	खोज (f)	khoj
fragmento (m)	टुकड़ा (m)	tukara

188. Idade média

| povo (m) | लोग (m) | log |
| povos (m pl) | लोग (m pl) | log |

tribo (f)	जनजाति (f)	janajāti
tribos (f pl)	जनजातियाँ (f pl)	janajātiyān
bárbaros (pl)	बर्बर (m pl)	barbar
galeses (pl)	गॉल्स (m pl)	gols
godos (pl)	गोथ्स (m pl)	goths
eslavos (pl)	स्लैव्स (m pl)	slaivs
viquingues (pl)	वाइकिंग्स (m pl)	vaikings
romanos (pl)	रोमन (m pl)	roman
romano (adj)	रोमन	roman
bizantinos (pl)	बाइज़ेंटीनी (m pl)	baizentīnī
Bizâncio	बाइज़ेंटीयम (m)	baizentīyam
bizantino (adj)	बाइज़ेंटीन	baizentīn
imperador (m)	सम्राट् (m)	samrāt
líder (m)	सरदार (m)	saradār
poderoso (adj)	प्रबल	prabal
rei (m)	बादशाह (m)	bādashāh
governante (m)	शासक (m)	shāsak
cavaleiro (m)	योद्धा (m)	yoddha
senhor feudal (m)	सामंत (m)	sāmant
feudal (adj)	सामंतिक	sāmantik
vassalo (m)	जागीरदार (m)	jāgīradār
duque (m)	ड्यूक (m)	dyūk
conde (m)	अर्ल (m)	arl
barão (m)	बैरन (m)	bairan
bispo (m)	बिशप (m)	bishap
armadura (f)	कवच (m)	kavach
escudo (m)	ढाल (m)	dhāl
espada (f)	तलवार (f)	talavār
viseira (f)	मुखावरण (m)	mukhāvaran
cota (f) de malha	कवच (m)	kavach
cruzada (f)	धर्मयुद्ध (m)	dharmayuddh
cruzado (m)	धर्मयोद्धा (m)	dharmayoddha
território (m)	प्रदेश (m)	pradesh
atacar (vt)	हमला करना	hamala karana
conquistar (vt)	जीतना	jītana
ocupar, invadir (vt)	कब्ज़ा करना	kabza karana
assédio, sítio (m)	घेरा (m)	ghera
sitiado (adj)	घेरा हुआ	ghera hua
assediar, sitiar (vt)	घेरना	gherana
inquisição (f)	न्यायिक जांच (m)	nyāyik jānch
inquisidor (m)	न्यायिक जांचकर्ता (m)	nyāyik jānchakarta
tortura (f)	घोर शरीरिक यंत्रणा (f)	ghor sharīrik yantrana
cruel (adj)	निर्दयी	nirdayī
herege (m)	विधर्मी (m)	vidharmī
heresia (f)	विधर्म (m)	vidharm

navegação (f) marítima	जहाज़रानी (f)	jahāzarānī
pirata (m)	समुद्री लूटेरा (m)	samudrī lūtera
pirataria (f)	समुद्री डकैती (f)	samudrī dakaitī
abordagem (f)	बोर्डिंग (m)	bording
presa (f), butim (m)	लूट का माल (m)	lūt ka māl
tesouros (m pl)	ख़ज़ाना (m)	khazāna

descobrimento (m)	खोज (f)	khoj
descobrir (novas terras)	नई ज़मीन खोजना	naī zamīn khojana
expedição (f)	अभियान (m)	abhiyān

mosqueteiro (m)	बंदूक धारी सिपाही (m)	bandūk dhārī sipāhī
cardeal (m)	कार्डिनल (m)	kārdinal
heráldica (f)	शौर्यशास्त्र (f)	shauryashāstr
heráldico (adj)	हेरल्डिक	heraldik

189. Líder. Chefe. Autoridades

rei (m)	बादशाह (m)	bādashāh
rainha (f)	महारानी (f)	mahārānī
real (adj)	राजसी	rājasī
reino (m)	राज्य (m)	rājy

| príncipe (m) | राजकुमार (m) | rājakumār |
| princesa (f) | राजकुमारी (f) | rājakumārī |

presidente (m)	राष्ट्रपति (m)	rāshtrapati
vice-presidente (m)	उपराष्ट्रपति (m)	uparāshtrapati
senador (m)	सांसद (m)	sānsad

monarca (m)	सम्राट (m)	samrāt
governante (m)	शासक (m)	shāsak
ditador (m)	तानाशाह (m)	tānāshāh
tirano (m)	तानाशाह (m)	tānāshāh
magnata (m)	रईस (m)	raīs

diretor (m)	निदेशक (m)	nideshak
chefe (m)	मुखिया (m)	mukhiya
gerente (m)	मैनेजर (m)	mainejar
patrão (m)	साहब (m)	sāhab
dono (m)	मालिक (m)	mālik

chefe (m)	मुखिया (m)	mukhiya
autoridades (f pl)	अधिकारी वर्ग (m pl)	adhikārī varg
superiores (m pl)	अधिकारी (m)	adhikārī

governador (m)	राज्यपाल (m)	rājyapāl
cônsul (m)	वाणिज्य-दूत (m)	vānijy-dūt
diplomata (m)	राजनयिक (m)	rājanayik
Presidente (m) da Câmara	महापालिकाध्यक्ष (m)	mahāpālikādhyaksh
xerife (m)	प्रधान हाकिम (m)	pradhān hākim

| imperador (m) | सम्राट (m) | samrāt |
| czar (m) | राजा (m) | rāja |

| faraó (m) | फिरौन (m) | firaun |
| cã, khan (m) | ख़ान (m) | khān |

190. Estrada. Caminho. Direções

| estrada (f) | रास्ता (m) | rāsta |
| via (f) | मार्ग (m) | mārg |

rodovia (f)	राजमार्ग (m)	rājamārg
autoestrada (f)	राजमार्ग (m)	rājamārg
estrada (f) nacional	अंतरराज्यीय (m)	antararājyīy

| estrada (f) principal | मुख्य मार्ग (m) | mukhy mārg |
| estrada (f) de terra | कच्ची सड़क (f) | kachchī sarak |

| trilha (f) | पगडंडी (f) | pagadandī |
| pequena trilha (f) | कच्चा रास्ता (m) | kachcha rāsta |

Onde?	कहाँ?	kahān?
Para onde?	किधर?	kidhar?
De onde?	कहाँ से?	kahān se?

| direção (f) | तरफ़ (f) | taraf |
| indicar (~ o caminho) | दिखाना | dikhāna |

para a esquerda	बाईं ओर	baīn or
para a direita	दाईं ओर	daīn or
em frente	सीधा	sīdha
para trás	पीछे	pīchhe

curva (f)	मोड़ (m)	mor
virar (~ para a direita)	मोड़ना	morana
dar retorno	यू-टर्न लेना	yū-tarn lena

| estar visível | दिखाई देना | dikhaī dena |
| aparecer (vi) | नज़र आना | nazar āna |

paragem (pausa)	ठहराव (m)	thaharāv
descansar (vi)	आराम करना	ārām karana
descanso, repouso (m)	विराम (m)	virām

perder-se (vr)	रास्ता भूलना	rāsta bhūlana
conduzir a ... (caminho)	ले जाना	le jāna
chegar a ...	निकलना	nikalana
trecho (m)	रास्ते का हिस्सा (m)	rāste ka hissa

asfalto (m)	तारकोल (m)	tārakol
meio-fio (m)	फुटपाथ (m)	futapāth
valeta (f)	खाई (f)	khaī
tampa (f) de esgoto	मैनहोल (m)	mainahol
acostamento (m)	सड़क का किनारा (m)	sarak ka kināra
buraco (m)	खड्ढा (m)	khaddha
ir (a pé)	जाना	jāna
ultrapassar (vt)	आगे निकलना	āge nikalana

| passo (m) | कदम (m) | kadam |
| a pé | पैदल | paidal |

bloquear (vt)	रास्ता रोक देना	rāsta rok dena
cancela (f)	बैरियर (m)	bairiyar
beco (m) sem saída	बंद गली (f)	band galī

191. Violação da lei. Criminosos. Parte 1

bandido (m)	डाकू (m)	dākū
crime (m)	जुर्म (m)	jurm
criminoso (m)	अपराधी (m)	aparādhī

| ladrão (m) | चोर (m) | chor |
| furto, roubo (m) | चोरी (f) | chorī |

raptar, sequestrar (vt)	अपहरण करना	apaharan karana
sequestro (m)	अपहरण (m)	apaharan
sequestrador (m)	अपहरणकर्ता (m)	apaharanakartta

| resgate (m) | फ़िरौती (f) | firautī |
| pedir resgate | फ़िरौती मांगना | firautī māngana |

| roubar (vt) | लूटना | lūtana |
| assaltante (m) | लुटेरा (m) | lutera |

extorquir (vt)	ऐंठना	ainthana
extorsionário (m)	वसूलिकर्ता (m)	vasūlikarta
extorsão (f)	जबरन वसूली (m)	jabaran vasūlī

matar, assassinar (vt)	मारना	mārana
homicídio (m)	हत्या (f)	hatya
homicida, assassino (m)	हत्यारा (m)	hatyāra

tiro (m)	गोली (m)	golī
dar um tiro	गोली चलाना	golī chalāna
matar a tiro	गोली मारकर हत्या करना	golī mārakar hatya karana
disparar, atirar (vi)	गोली चलाना	golī chalāna
tiroteio (m)	गोलीबारी (f)	golībārī

incidente (m)	घटना (f)	ghatana
briga (~ de rua)	झगड़ा (m)	jhagara
Socorro!	बचाओ!	bachao!
vítima (f)	शिकार (m)	shikār

danificar (vt)	हानि पहुँचाना	hāni pahunchāna
dano (m)	नुक्सान (m)	nuksān
cadáver (m)	शव (m)	shav
grave (adj)	गंभीर	gambhīr

atacar (vt)	आक्रमण करना	ākraman karana
bater (espancar)	पीटना	pītana
espancar (vt)	पीट जाना	pīt jāna
tirar, roubar (dinheiro)	लूटना	lūtana

esfaquear (vt)	चाकू से मार डालना	chākū se mār dālana
mutilar (vt)	अपाहिज करना	apāhij karana
ferir (vt)	घाव करना	ghāv karana

chantagem (f)	ब्लैकमेल (m)	blaikamel
chantagear (vt)	धमकी से रुपया ऐंठना	dhamakī se rupaya ainthana
chantagista (m)	ब्लैकमेलर (m)	blaikamelar

extorsão (f)	ठग व्यापार (m)	thag vyāpār
extorsionário (m)	ठग व्यापारी (m)	thag vyāpārī
gângster (m)	गैंगस्टर (m)	gaingastar
máfia (f)	माफ़िया (f)	māfiya

punguista (m)	जेबकतरा (m)	jebakatara
assaltante, ladrão (m)	सेंधमार (m)	sendhamār
contrabando (m)	तस्करी (m)	taskarī
contrabandista (m)	तस्कर (m)	taskar

falsificação (f)	जालसाज़ी (f)	jālasāzī
falsificar (vt)	जलसाज़ी करना	jalasāzī karana
falsificado (adj)	नक़ली	naqalī

192. Violação da lei. Criminosos. Parte 2

estupro (m)	बलात्कार (m)	balātkār
estuprar (vt)	बलात्कार करना	balātkār karana
estuprador (m)	बलात्कारी (m)	balātkārī
maníaco (m)	कामोन्मादी (m)	kāmonmādī

prostituta (f)	वैश्या (f)	vaishya
prostituição (f)	वेश्यावृति (m)	veshyāvrtti
cafetão (m)	भड़ुआ (m)	bharua

| drogado (m) | नशेबाज़ (m) | nashebāz |
| traficante (m) | नशीली दवा के विक्रेता (m) | nashīlī dava ke vikreta |

explodir (vt)	विस्फोट करना	visfot karana
explosão (f)	विस्फोट (m)	visfot
incendiar (vt)	आग जलाना	āg jalāna
incendiário (m)	आग जलानेवाला (m)	āg jalānevāla

terrorismo (m)	आतंकवाद (m)	ātankavād
terrorista (m)	आतंकवादी (m)	ātankavādī
refém (m)	बंधक (m)	bandhak

enganar (vt)	धोखा देना	dhokha dena
engano (m)	धोखा (m)	dhokha
vigarista (m)	धोखेबाज़ (m)	dhokhebāz

subornar (vt)	रिश्वत देना	rishvat dena
suborno (atividade)	रिश्वतखोरी (m)	rishvatakhorī
suborno (dinheiro)	रिश्वत (m)	rishvat
veneno (m)	ज़हर (m)	zahar
envenenar (vt)	ज़हर खिलाना	zahar khilāna

envenenar-se (vr)	ज़हर खाना	zahar khāna
suicídio (m)	आत्महत्या (f)	ātmahatya
suicida (m)	आत्महत्यारा (m)	ātmahatyāra
ameaçar (vt)	धमकाना	dhamakāna
ameaça (f)	धमकी (f)	dhamakī
atentar contra a vida de ...	प्रयत्न करना	prayatn karana
atentado (m)	हत्या का प्रयत्न (m)	hatya ka prayatn
roubar (um carro)	चुराना	churāna
sequestrar (um avião)	विमान का अपहरण करना	vimān ka apaharan karana
vingança (f)	बदला (m)	badala
vingar (vt)	बदला लेना	badala lena
torturar (vt)	घोर शरीरिक यंत्रणा पहुँचाना	ghor sharīrik yantrana pahunchāna
tortura (f)	घोर शरीरिक यंत्रणा (f)	ghor sharīrik yantrana
atormentar (vt)	सताना	satāna
pirata (m)	समुद्री लूटेरा (m)	samudrī lūtera
desordeiro (m)	बदमाश (m)	badamāsh
armado (adj)	सशस्त्र	sashastr
violência (f)	अत्यचार (m)	atyachār
espionagem (f)	जासूसी (f)	jāsūsī
espionar (vi)	जासूसी करना	jāsūsī karana

193. Polícia. Lei. Parte 1

justiça (sistema de ~)	मुक़दमा (m)	muqadama
tribunal (m)	न्यायालय (m)	nyāyālay
juiz (m)	न्यायाधीश (m)	nyāyādhīsh
jurados (m pl)	जूरी सदस्य (m pl)	jūrī sadasy
tribunal (m) do júri	जूरी (f)	jūrī
julgar (vt)	मुक़दमा सुनना	muqadama sunana
advogado (m)	वकील (m)	vakīl
réu (m)	मुलज़िम (m)	mulazim
banco (m) dos réus	अदालत का कठघरा (m)	adālat ka kathaghara
acusação (f)	आरोप (m)	ārop
acusado (m)	मुलज़िम (m)	mulazim
sentença (f)	निर्णय (m)	nirnay
sentenciar (vt)	निर्णय करना	nirnay karana
culpado (m)	दोषी (m)	doshī
punir (vt)	सज़ा देना	saza dena
punição (f)	सज़ा (f)	saza
multa (f)	जुर्माना (m)	jurmāna
prisão (f) perpétua	आजीवन करावास (m)	ājīvan karāvās

pena (f) de morte	मृत्युदंड (m)	mrtyudand
cadeira (f) elétrica	बिजली की कुर्सी (f)	bijalī kī kursī
forca (f)	फांसी का तख़्ता (m)	fānsī ka takhta
executar (vt)	फांसी देना	fānsī dena
execução (f)	मौत की सज़ा (f)	maut kī saza
prisão (f)	जेल (f)	jel
cela (f) de prisão	जेल का कमरा (m)	jel ka kamara
escolta (f)	अनुरक्षक दल (m)	anurakshak dal
guarda (m) prisional	जेल का पहरेदार (m)	jel ka paharedār
preso, prisioneiro (m)	क़ैदी (m)	qaidī
algemas (f pl)	हथकड़ी (f)	hathakarī
algemar (vt)	हथकड़ी लगाना	hathakarī lagāna
fuga, evasão (f)	काराभंग (m)	kārābhang
fugir (vi)	जेल से फरार हो जाना	jel se farār ho jāna
desaparecer (vi)	ग़ायब हो जाना	gāyab ho jāna
soltar, libertar (vt)	जेल से आज़ाद होना	jel se āzād hona
anistia (f)	राजक्षमा (f)	rājakshama
polícia (instituição)	पुलिस (m)	pulis
polícia (m)	पुलिसवाला (m)	pulisavāla
delegacia (f) de polícia	थाना (m)	thāna
cassetete (m)	रबड़ की लाठी (f)	rabar kī lāthī
megafone (m)	मेगाफ़ोन (m)	megāfon
carro (m) de patrulha	गश्त कार (f)	gasht kār
sirene (f)	साइरन (f)	sairan
ligar a sirene	साइरन बजाना	sairan bajāna
toque (m) da sirene	साइरन की चिल्लाहट (m)	sairan kī chillāhat
cena (f) do crime	घटना स्थल (m)	ghatana sthal
testemunha (f)	गवाह (m)	gavāh
liberdade (f)	आज़ादी (f)	āzādī
cúmplice (m)	सह अपराधी (m)	sah aparādhī
escapar (vi)	भाग जाना	bhāg jāna
traço (não deixar ~s)	निशान (m)	nishān

194. Polícia. Lei. Parte 2

procura (f)	तफ़तीश (f)	tafatīsh
procurar (vt)	तफ़तीश करना	tafatīsh karana
suspeita (f)	शक (m)	shak
suspeito (adj)	शक करना	shak karana
parar (veículo, etc.)	रोकना	rokana
deter (fazer parar)	रोक के रखना	rok ke rakhana
caso (~ criminal)	मुकदमा (m)	mukadama
investigação (f)	जांच (f)	jānch
detetive (m)	जासूस (m)	jāsūs
investigador (m)	जांचकर्ता (m)	jānchakartta

versão (f)	अंदाज़ा (m)	andāza
motivo (m)	वजह (f)	vajah
interrogatório (m)	पूछताछ (f)	pūchhatāchh
interrogar (vt)	पूछताछ करना	pūchhatāchh karana
questionar (vt)	पूछताछ करना	puchhatāchh karana
verificação (f)	जांच (f)	jānch
batida (f) policial	घेराव (m)	gherāv
busca (f)	तलाशी (f)	talāshī
perseguição (f)	पीछा (m)	pīchha
perseguir (vt)	पीछा करना	pīchha karana
seguir, rastrear (vt)	खोज निकालना	khoj nikālana
prisão (f)	गिरफ़्तारी (f)	giraftārī
prender (vt)	गिरफ़्तार करना	giraftār karana
pegar, capturar (vt)	पकड़ना	pakarana
captura (f)	पकड़ (m)	pakar
documento (m)	दस्तावेज़ (m)	dastāvez
prova (f)	सबूत (m)	sabūt
provar (vt)	साबित करना	sābit karana
pegada (f)	पैरों के निशान (m)	pairon ke nishān
impressões (f pl) digitais	उंगलियों के निशान (m)	ungaliyon ke nishān
prova (f)	सबूत (m)	sabūt
álibi (m)	अन्यत्रता (m)	anyatrata
inocente (adj)	बेगुनाह	begunāh
injustiça (f)	अन्याय (m)	anyāy
injusto (adj)	अन्यायपूर्ण	anyāyapūrn
criminal (adj)	आपराधिक	āparādhik
confiscar (vt)	कुर्क करना	kurk karana
droga (f)	अवैध पदार्थ (m)	avaidh padārth
arma (f)	हथियार (m)	hathiyār
desarmar (vt)	निरस्त्र करना	nirastr karana
ordenar (vt)	हुक्म देना	hukm dena
desaparecer (vi)	गायब होना	gāyab hona
lei (f)	कानून (m)	kānūn
legal (adj)	कानूनी	kānūnī
ilegal (adj)	अवैध	avaidh
responsabilidade (f)	ज़िम्मेदारी (f)	zimmedārī
responsável (adj)	ज़िम्मेदार	zimmedār

NATUREZA

A Terra. Parte 1

195. Espaço sideral

espaço, cosmo (m)	अंतरिक्ष (m)	antariksh
espacial, cósmico (adj)	अंतरिक्षीय	antarikshīy
espaço (m) cósmico	अंतरिक्ष (m)	antariksh
mundo, universo (m)	ब्रह्माण्ड (m)	brahmānd
galáxia (f)	आकाशगंगा (f)	ākāshaganga
estrela (f)	सितारा (m)	sitāra
constelação (f)	नक्षत्र (m)	nakshatr
planeta (m)	ग्रह (m)	grah
satélite (m)	उपग्रह (m)	upagrah
meteorito (m)	उल्का पिंड (m)	ulka pind
cometa (m)	पुच्छल तारा (m)	puchchhal tāra
asteroide (m)	ग्रहिका (f)	grahika
órbita (f)	ग्रहपथ (m)	grahapath
girar (vi)	चक्कर लगना	chakkar lagana
atmosfera (f)	वातावरण (m)	vātāvaran
Sol (m)	सूरज (m)	sūraj
Sistema (m) Solar	सौर प्रणाली (f)	saur pranālī
eclipse (m) solar	सूर्य ग्रहण (m)	sūry grahan
Terra (f)	पृथ्वी (f)	prthvī
Lua (f)	चांद (m)	chānd
Marte (m)	मंगल (m)	mangal
Vênus (f)	शुक्र (m)	shukr
Júpiter (m)	बृहस्पति (m)	brhaspati
Saturno (m)	शनि (m)	shani
Mercúrio (m)	बुध (m)	budh
Urano (m)	अरुण (m)	arun
Netuno (m)	वरुण (m)	varūn
Plutão (m)	प्लूटो (m)	plūto
Via Láctea (f)	आकाश गंगा (f)	ākāsh ganga
Ursa Maior (f)	सप्तर्षिमंडल (m)	saptarshimandal
Estrela Polar (f)	ध्रुव तारा (m)	dhruv tāra
marciano (m)	मंगल ग्रह का निवासी (m)	mangal grah ka nivāsī
extraterrestre (m)	अन्य नक्षत्र का निवासी (m)	any nakshatr ka nivāsī
alienígena (m)	अन्य नक्षत्र का निवासी (m)	any nakshatr ka nivāsī

disco (m) voador	उड़न तश्तरी (f)	uran tashtarī
espaçonave (f)	अंतरिक्ष विमान (m)	antariksh vimān
estação (f) orbital	अंतरिक्ष अड्डा (m)	antariksh adda
lançamento (m)	चालू करना (m)	chālū karana
motor (m)	इंजन (m)	injan
bocal (m)	नोज़ल (m)	nozal
combustível (m)	ईंधन (m)	īndhan
cabine (f)	केबिन (m)	kebin
antena (f)	एरियल (m)	eriyal
vigia (f)	विमान गवाक्ष (m)	vimān gavāksh
bateria (f) solar	सौर पेनल (m)	saur penal
traje (m) espacial	अंतरिक्ष पोशाक (m)	antariksh poshāk
imponderabilidade (f)	भारहीनता (m)	bhārahīnata
oxigênio (m)	आक्सीजन (m)	āksījan
acoplagem (f)	डॉकिंग (f)	doking
fazer uma acoplagem	डॉकिंग करना	doking karana
observatório (m)	वेधशाला (m)	vedhashāla
telescópio (m)	दूरबीन (f)	dūrabīn
observar (vt)	देखना	dekhana
explorar (vt)	जाँचना	jānchana

196. A Terra

Terra (f)	पृथ्वी (f)	prthvī
globo terrestre (Terra)	गोला (m)	gola
planeta (m)	ग्रह (m)	grah
atmosfera (f)	वातावरण (m)	vātāvaran
geografia (f)	भूगोल (m)	bhūgol
natureza (f)	प्रकृति (f)	prakrti
globo (mapa esférico)	गोलक (m)	golak
mapa (m)	नक्शा (m)	naksha
atlas (m)	मानचित्रावली (f)	mānachitrāvalī
Europa (f)	यूरोप (m)	yūrop
Ásia (f)	एशिया (f)	eshiya
África (f)	अफ्रीका (m)	afrīka
Austrália (f)	ऑस्ट्रेलिया (m)	ostreliya
América (f)	अमेरिका (f)	amerika
América (f) do Norte	उत्तरी अमेरिका (f)	uttarī amerika
América (f) do Sul	दक्षिणी अमेरिका (f)	dakshinī amerika
Antártida (f)	अंटार्कटिक (m)	antārkatik
Ártico (m)	आर्कटिक (m)	ārkatik

197. Pontos cardeais

norte (m)	उत्तर (m)	uttar
para norte	उत्तर की ओर	uttar kī or
no norte	उत्तर में	uttar men
do norte (adj)	उत्तरी	uttarī
sul (m)	दक्षिण (m)	dakshin
para sul	दक्षिण की ओर	dakshin kī or
no sul	दक्षिण में	dakshin men
do sul (adj)	दक्षिणी	dakshinī
oeste, ocidente (m)	पश्चिम (m)	pashchim
para oeste	पश्चिम की ओर	pashchim kī or
no oeste	पश्चिम में	pashchim men
ocidental (adj)	पश्चिमी	pashchimī
leste, oriente (m)	पूर्व (m)	pūrv
para leste	पूर्व की ओर	pūrv kī or
no leste	पूर्व में	pūrv men
oriental (adj)	पूर्वी	pūrvī

198. Mar. Oceano

mar (m)	सागर (m)	sāgar
oceano (m)	महासागर (m)	mahāsāgar
golfo (m)	खाड़ी (f)	khārī
estreito (m)	जलग्रीवा (m)	jalagrīva
continente (m)	महाद्वीप (m)	mahādvīp
ilha (f)	द्वीप (m)	dvīp
península (f)	प्रायद्वीप (m)	prāyadvīp
arquipélago (m)	द्वीप समूह (m)	dvīp samūh
baía (f)	तट-खाड़ी (f)	tat-khārī
porto (m)	बंदरगाह (m)	bandaragāh
lagoa (f)	लैगून (m)	laigūn
cabo (m)	अंतरीप (m)	antarīp
atol (m)	एटोल (m)	etol
recife (m)	रीफ़ (m)	rīf
coral (m)	प्रवाल (m)	pravāl
recife (m) de coral	प्रवाल रीफ़ (m)	pravāl rīf
profundo (adj)	गहरा	gahara
profundidade (f)	गहराई (f)	gaharaī
abismo (m)	रसातल (m)	rasātal
fossa (f) oceânica	गढ्ढा (m)	garha
corrente (f)	धारा (f)	dhāra
banhar (vt)	घिरा होना	ghira hona
litoral (m)	किनारा (m)	kināra
costa (f)	तटबंध (m)	tatabandh

maré (f) alta	ज्वार (m)	jvār
refluxo (m)	भाटा (m)	bhāta
restinga (f)	रेती (m)	retī
fundo (m)	तला (m)	tala

onda (f)	तरंग (f)	tarang
crista (f) da onda	तरंग शिखर (f)	tarang shikhar
espuma (f)	झाग (m)	jhāg

furacão (m)	तूफ़ान (m)	tufān
tsunami (m)	सुनामी (f)	sunāmī
calmaria (f)	शांत (m)	shānt
calmo (adj)	शांत	shānt

| polo (m) | ध्रुव (m) | dhruv |
| polar (adj) | ध्रुवीय | dhruvīy |

latitude (f)	अक्षांश (m)	akshānsh
longitude (f)	देशान्तर (m)	deshāntar
paralela (f)	समांतर-रेखा (f)	samāntar-rekha
equador (m)	भूमध्य रेखा (f)	bhūmadhy rekha

céu (m)	आकाश (f)	ākāsh
horizonte (m)	क्षितिज (m)	kshitij
ar (m)	हवा (f)	hava

farol (m)	प्रकाशस्तंभ (m)	prakāshastambh
mergulhar (vi)	गोता मारना	gota mārana
afundar-se (vr)	डूब जाना	dūb jāna
tesouros (m pl)	खज़ाना (m)	khazāna

199. Nomes de Mares e Oceanos

Oceano (m) Atlântico	अटलांटिक महासागर (m)	atalāntik mahāsāgar
Oceano (m) Índico	हिन्द महासागर (m)	hind mahāsāgar
Oceano (m) Pacífico	प्रशांत महासागर (m)	prashānt mahāsāgar
Oceano (m) Ártico	उत्तरी ध्रुव महासागर (m)	uttarī dhuv mahāsāgar

Mar (m) Negro	काला सागर (m)	kāla sāgar
Mar (m) Vermelho	लाल सागर (m)	lāl sāgar
Mar (m) Amarelo	पीला सागर (m)	pīla sāgar
Mar (m) Branco	सफ़ेद सागर (m)	safed sāgar

Mar (m) Cáspio	कैस्पियन सागर (m)	kaispiyan sāgar
Mar (m) Morto	मृत सागर (m)	mrt sāgar
Mar (m) Mediterrâneo	भूमध्य सागर (m)	bhūmadhy sāgar

| Mar (m) Egeu | इजियन सागर (m) | ījiyan sāgar |
| Mar (m) Adriático | एड्रिएटिक सागर (m) | edrietik sāgar |

Mar (m) Arábico	अरब सागर (m)	arab sāgar
Mar (m) do Japão	जापान सागर (m)	jāpān sāgar
Mar (m) de Bering	बेरिंग सागर (m)	bering sāgar
Mar (m) da China Meridional	दक्षिण चीन सागर (m)	dakshin chīn sāgar

Mar (m) de Coral	कोरल सागर (m)	koral sāgar
Mar (m) de Tasman	तस्मान सागर (m)	tasmān sāgar
Mar (m) do Caribe	करिबियन सागर (m)	karibiyan sāgar
Mar (m) de Barents	बैरेंट्स सागर (m)	bairents sāgar
Mar (m) de Kara	काड़ा सागर (m)	kāra sāgar
Mar (m) do Norte	उत्तर सागर (m)	uttar sāgar
Mar (m) Báltico	बाल्टिक सागर (m)	bāltik sāgar
Mar (m) da Noruega	नार्वे सागर (m)	nārve sāgar

200. Montanhas

montanha (f)	पहाड़ (m)	pahār
cordilheira (f)	पर्वत माला (f)	parvat māla
serra (f)	पहाड़ों का सिलसिला (m)	pahāron ka silasila
cume (m)	चोटी (f)	chotī
pico (m)	शिखर (m)	shikhar
pé (m)	तलहटी (f)	talahatī
declive (m)	ढलान (f)	dhalān
vulcão (m)	ज्वालामुखी (m)	jvālāmukhī
vulcão (m) ativo	सक्रिय ज्वालामुखी (m)	sakriy jvālāmukhī
vulcão (m) extinto	निष्क्रिय ज्वालामुखी (m)	nishkriy jvālāmukhī
erupção (f)	विस्फोटन (m)	visfotan
cratera (f)	ज्वालामुखी का मुख (m)	jvālāmukhī ka mukh
magma (m)	मैग्मा (m)	maigma
lava (f)	लावा (m)	lāva
fundido (lava ~a)	पिघला हुआ	pighala hua
cânion, desfiladeiro (m)	घाटी (m)	ghātī
garganta (f)	तंग घाटी (f)	tang ghātī
fenda (f)	दरार (m)	darār
passo, colo (m)	मार्ग (m)	mārg
planalto (m)	पठार (m)	pathār
falésia (f)	शिला (f)	shila
colina (f)	टीला (m)	tīla
geleira (f)	हिमनद (m)	himanad
cachoeira (f)	झरना (m)	jharana
gêiser (m)	उष्ण जल स्रोत (m)	ushn jal srot
lago (m)	तालाब (m)	tālāb
planície (f)	समतल प्रदेश (m)	samatal pradesh
paisagem (f)	परिदृश्य (m)	paridrshy
eco (m)	गूँज (f)	gūnj
alpinista (m)	पर्वतारोही (m)	parvatārohī
escalador (m)	पर्वतारोही (m)	parvatārohī
conquistar (vt)	चोटी पर पहुँचना	chotī par pahunchana
subida, escalada (f)	चढ़ाव (m)	charhāv

201. Nomes de montanhas

Alpes (m pl)	आल्पस (m)	ālpas
Monte Branco (m)	मोन्ट ब्लैंक (m)	mont blaink
Pirineus (m pl)	पाइरीनीज़ (f pl)	pairīnīz
Cárpatos (m pl)	कार्पाथियेन्स (m)	kārpāthiyens
Urais (m pl)	यूरल (m)	yūral
Cáucaso (m)	कॉकेशिया के पहाड़ (m)	kokeshiya ke pahār
Elbrus (m)	एल्ब्रस पर्वत (m)	elbras parvat
Altai (m)	अल्टाई पर्वत (m)	altaī parvat
Tian Shan (m)	तियान शान (m)	tiyān shān
Pamir (m)	पामीर पर्वत (m)	pāmīr parvat
Himalaia (m)	हिमालय (m)	himālay
monte Everest (m)	माउंट एवरेस्ट (m)	maunt evarest
Cordilheira (f) dos Andes	एंडीज़ (f pl)	endīz
Kilimanjaro (m)	किलीमन्जारो (m)	kilīmanjāro

202. Rios

rio (m)	नदी (f)	nadī
fonte, nascente (f)	झरना (m)	jharana
leito (m) de rio	नदी तल (m)	nadī tal
bacia (f)	बेसिन (m)	besin
desaguar no ...	गिरना	girana
afluente (m)	उपनदी (f)	upanadī
margem (do rio)	तट (m)	tat
corrente (f)	धारा (f)	dhāra
rio abaixo	बहाव के साथ	bahāv ke sāth
rio acima	बहाव के विरुद्ध	bahāv ke virūddh
inundação (f)	बाढ़ (f)	bārh
cheia (f)	बाढ़ (f)	bārh
transbordar (vi)	उमड़ना	umarana
inundar (vt)	पानी से भरना	pānī se bharana
banco (m) de areia	छिछला पानी (m)	chhichhala pānī
corredeira (f)	तेज़ उतार (m)	tez utār
barragem (f)	बांध (m)	bāndh
canal (m)	नहर (f)	nahar
reservatório (m) de água	जलाशय (m)	jalāshay
eclusa (f)	स्लूस (m)	slūs
corpo (m) de água	जल स्रोत (m)	jal srot
pântano (m)	दलदल (f)	daladal
lamaçal (m)	दलदल (f)	daladal
redemoinho (m)	भंवर (m)	bhanvar
riacho (m)	झरना (m)	jharana

potável (adj)	पीने का	pīne ka
doce (água)	ताज़ा	tāza
gelo (m)	बर्फ़ (m)	barf
congelar-se (vr)	जम जाना	jam jāna

203. Nomes de rios

rio Sena (m)	सीन (f)	sīn
rio Loire (m)	लॉयर (f)	loyar
rio Tâmisa (m)	थेम्स (f)	thems
rio Reno (m)	राइन (f)	rain
rio Danúbio (m)	डेन्यूब (f)	denyūb
rio Volga (m)	वोल्गा (f)	volga
rio Don (m)	डॉन (f)	don
rio Lena (m)	लेना (f)	lena
rio Amarelo (m)	ह्वांग हे (f)	hvāng he
rio Yangtzé (m)	यांग्त्ज़ी (f)	yāngtzī
rio Mekong (m)	मेकांग (f)	mekāng
rio Ganges (m)	गंगा (f)	ganga
rio Nilo (m)	नील (f)	nīl
rio Congo (m)	कांगो (f)	kāngo
rio Cubango (m)	ओकावान्गो (f)	okāvāngo
rio Zambeze (m)	ज़म्बेज़ी (f)	zambezī
rio Limpopo (m)	लिम्पोपो (f)	limpopo
rio Mississippi (m)	मिसिसिपी (f)	misisipī

204. Floresta

floresta (f), bosque (m)	जंगल (m)	jangal
florestal (adj)	जंगली	jangalī
mata (f) fechada	घना जंगल (m)	ghana jangal
arvoredo (m)	उपवान (m)	upavān
clareira (f)	खुला छोटा मैदान (m)	khula chhota maidān
matagal (m)	झाड़ियाँ (f pl)	jhāriyān
mato (m), caatinga (f)	झाड़ियों भरा मैदान (m)	jhāriyon bhara maidān
pequena trilha (f)	फुटपाथ (m)	futapāth
ravina (f)	नाली (f)	nālī
árvore (f)	पेड़ (m)	per
folha (f)	पत्ता (m)	patta
folhagem (f)	पत्तियां (f)	pattiyān
queda (f) das folhas	पतझड़ (m)	patajhar
cair (vi)	गिरना	girana

topo (m)	शिखर (m)	shikhar
ramo (m)	टहनी (f)	tahanī
galho (m)	शाखा (f)	shākha
botão (m)	कलिका (f)	kalika
agulha (f)	सुई (f)	suī
pinha (f)	शंकुफल (m)	shankufal

buraco (m) de árvore	खोखला (m)	khokhala
ninho (m)	घोंसला (m)	ghonsala
toca (f)	बिल (m)	bil

tronco (m)	तना (m)	tana
raiz (f)	जड़ (f)	jar
casca (f) de árvore	छाल (f)	chhāl
musgo (m)	काई (f)	kaī

arrancar pela raiz	उखाड़ना	ukhārana
cortar (vt)	काटना	kātana
desflorestar (vt)	जंगल काटना	jangal kātana
toco, cepo (m)	ठूंठ (m)	thūnth

fogueira (f)	अलाव (m)	alāv
incêndio (m) florestal	जंगल की आग (f)	jangal kī āg
apagar (vt)	आग बुझाना	āg bujhāna

guarda-parque (m)	वनरक्षक (m)	vanarakshak
proteção (f)	रक्षा (f)	raksha
proteger (a natureza)	रक्षा करना	raksha karana
caçador (m) furtivo	चोर शिकारी (m)	chor shikārī
armadilha (f)	फंदा (m)	fanda

| colher (cogumelos, bagas) | बटोरना | batorana |
| perder-se (vr) | रास्ता भूलना | rāsta bhūlana |

205. Recursos naturais

recursos (m pl) naturais	प्राकृतिक संसाधन (m pl)	prākrtik sansādhan
minerais (m pl)	खनिज पदार्थ (m pl)	khanij padārth
depósitos (m pl)	तह (f pl)	tah
jazida (f)	क्षेत्र (m)	kshetr

extrair (vt)	खोदना	khodana
extração (f)	खनिकर्म (m)	khanikarm
minério (m)	अयस्क (m)	ayask
mina (f)	खान (f)	khān
poço (m) de mina	शैफ़ट (m)	shaifat
mineiro (m)	खनिक (m)	khanik

| gás (m) | गैस (m) | gais |
| gasoduto (m) | गैस पाइप लाइन (m) | gais paip lain |

petróleo (m)	पेट्रोल (m)	petrol
oleoduto (m)	तेल पाइप लाइन (m)	tel paip lain
poço (m) de petróleo	तेल का कुँआ (m)	tel ka kuna

torre (f) petrolífera	डेरिक (m)	derik
petroleiro (m)	टैंकर (m)	tainkar
areia (f)	रेत (m)	ret
calcário (m)	चूना पत्थर (m)	chūna patthar
cascalho (m)	बजरी (f)	bajarī
turfa (f)	पीट (m)	pīt
argila (f)	मिट्टी (f)	mittī
carvão (m)	कोयला (m)	koyala
ferro (m)	लोहा (m)	loha
ouro (m)	सोना (m)	sona
prata (f)	चाँदी (f)	chāndī
níquel (m)	गिलट (m)	gilat
cobre (m)	ताँबा (m)	tānba
zinco (m)	जस्ता (m)	jasta
manganês (m)	अयस (m)	ayas
mercúrio (m)	पारा (f)	pāra
chumbo (m)	सीसा (f)	sīsa
mineral (m)	खनिज (m)	khanij
cristal (m)	क्रिस्टल (m)	kristal
mármore (m)	संगमरमर (m)	sangamaramar
urânio (m)	यूरेनियम (m)	yūreniyam

A Terra. Parte 2

206. Tempo

tempo (m)	मौसम (m)	mausam
previsão (f) do tempo	मौसम का पूर्वानुमान (m)	mausam ka pūrvānumān
temperatura (f)	तापमान (m)	tāpamān
termômetro (m)	थर्मामीटर (m)	tharmāmītar
barômetro (m)	बैरोमीटर (m)	bairomītar
umidade (f)	नमी (f)	namī
calor (m)	गरमी (f)	garamī
tórrido (adj)	गरम	garam
está muito calor	गरमी है	garamī hai
está calor	गरम है	garam hai
quente (morno)	गरम	garam
está frio	ठंडक है	thandak hai
frio (adj)	ठंडा	thanda
sol (m)	सूरज (m)	sūraj
brilhar (vi)	चमकना	chamakana
de sol, ensolarado	धूपदार	dhūpadār
nascer (vi)	उगना	ugana
pôr-se (vr)	डूबना	dūbana
nuvem (f)	बादल (m)	bādal
nublado (adj)	मेघाच्छादित	meghāchchhādit
nuvem (f) preta	घना बादल (m)	ghana bādal
escuro, cinzento (adj)	बदली	badalī
chuva (f)	बारिश (f)	bārish
está a chover	बारिश हो रही है	bārish ho rahī hai
chuvoso (adj)	बरसाती	barasātī
chuviscar (vi)	बूंदाबांदी होना	būndābāndī hona
chuva (f) torrencial	मूसलधार बारिश (f)	mūsaladhār bārish
aguaceiro (m)	मूसलधार बारिश (f)	mūsaladhār bārish
forte (chuva, etc.)	भारी	bhārī
poça (f)	पोखर (m)	pokhar
molhar-se (vr)	भीगना	bhīgana
nevoeiro (m)	कुहरा (m)	kuhara
de nevoeiro	कुहरेदार	kuharedār
neve (f)	बर्फ़ (f)	barf
está nevando	बर्फ़ पड़ रही है	barf par rahī hai

207. Tempo extremo. Catástrofes naturais

trovoada (f)	गरजवाला तुफ़ान (m)	garajavāla tufān
relâmpago (m)	बिजली (m)	bijalī
relampejar (vi)	चमकना	chamakana
trovão (m)	गरज (m)	garaj
trovejar (vi)	बादल गरजना	bādal garajana
está trovejando	बादल गरज रहा है	bādal garaj raha hai
granizo (m)	ओला (m)	ola
está caindo granizo	ओले पड़ रहे हैं	ole par rahe hain
inundar (vt)	बाढ़ आ जाना	bārh ā jāna
inundação (f)	बाढ़ (f)	bārh
terremoto (m)	भूकंप (m)	bhūkamp
abalo, tremor (m)	झटका (m)	jhataka
epicentro (m)	अधिकेंद्र (m)	adhikendr
erupção (f)	उद्गार (m)	udgār
lava (f)	लावा (m)	lāva
tornado (m)	बवंडर (m)	bavandar
tornado (m)	टोर्नेडो (m)	tornedo
tufão (m)	रतूफ़ान (m)	ratūfān
furacão (m)	समुद्री तूफ़ान (m)	samudrī tūfān
tempestade (f)	तूफ़ान (m)	tufān
tsunami (m)	सुनामी (f)	sunāmī
ciclone (m)	चक्रवात (m)	chakravāt
mau tempo (m)	ख़राब मौसम (m)	kharāb mausam
incêndio (m)	आग (f)	āg
catástrofe (f)	प्रलय (m)	pralay
meteorito (m)	उल्का पिंड (m)	ulka pind
avalanche (f)	हिमस्खलन (m)	himaskhalan
deslizamento (m) de neve	हिमस्खलन (m)	himaskhalan
nevasca (f)	बर्फ़ का तुफ़ान (m)	barf ka tufān
tempestade (f) de neve	बर्फ़ीला तुफ़ान (m)	barfila tufān

208. Ruídos. Sons

silêncio (m)	सन्नाटा (m)	sannāta
som (m)	ध्वनि (m)	dhvani
ruído, barulho (m)	शोर (m)	shor
fazer barulho	शोर मचाना	shor machāna
ruidoso, barulhento (adj)	कोलाहलमय	kolāhalamay
alto	ऊँचा	ūncha
alto (ex. voz ~a)	ऊंचा	ūncha
constante (ruído, etc.)	लगातार	lagātār

grito (m)	चिल्लाहट (f)	chillāhat
gritar (vi)	चिल्लाना	chillāna
sussurro (m)	फुसफुस (m)	fusafus
sussurrar (vi, vt)	फुसफुसाना	fusafusāna

| latido (m) | भौं-भौं (f) | bhaun-bhaun |
| latir (vi) | भौंकना | bhaunkana |

gemido (m)	कराह (m)	karāh
gemer (vi)	कराहना	karāhana
tosse (f)	खाँस (f)	khāns
tossir (vi)	खाँसना	khānsana

assobio (m)	सीटी (f)	sīṭī
assobiar (vi)	सीटी बजाना	sīṭī bajāna
batida (f)	खटखट (f)	khatakhat
bater (à porta)	खटखटाना	khatakhatāna

| estalar (vi) | चीर पड़ना | chīr parana |
| estalido (m) | कड़क (m) | karak |

sirene (f)	साइरन (f)	sairan
apito (m)	साइरन (m)	sairan
apitar (vi)	सीटी बजना	sīṭī bajana
buzina (f)	हॉर्न (m)	horn
buzinar (vi)	हॉर्न बजाना	horn bajāna

209. Inverno

inverno (m)	सर्दी (f)	sardī
de inverno	सर्दी का	sardī ka
no inverno	सर्दियों में	sardiyon men

neve (f)	बर्फ़ (f)	barf
está nevando	बर्फ़ पड़ रही है	barf par rahī hai
queda (f) de neve	बर्फ़बारी (f)	barfabārī
amontoado (m) de neve	बर्फ़ का ढेर (m)	barf ka rher

floco (m) de neve	हिमकण (m)	himakan
bola (f) de neve	बर्फ़ का गोला (m)	barf ka gola
boneco (m) de neve	हिम मानव (m)	him mānav
sincelo (m)	हिमलंब (m)	himalamb

dezembro (m)	दिसम्बर (m)	disambar
janeiro (m)	जनवरी (f)	janavarī
fevereiro (m)	फ़रवरी (m)	faravarī

| gelo (m) | पाला (m) | pāla |
| gelado (tempo ~) | शीत | shīt |

abaixo de zero	शून्य से नीचे	shūny se nīche
primeira geada (f)	पहली ठंड (f)	pahalī thand
geada (f) branca	पाला (m)	pāla
frio (m)	ठंडक (m)	thandak

está frio	ठंडक है	thandak hai
casaco (m) de pele	फरकोट (m)	farakot
mitenes (f pl)	दस्ताने (m pl)	dastāne

adoecer (vi)	बीमार पड़ जाना	bīmār par jāna
resfriado (m)	जुकाम (m)	zukām
ficar resfriado	जुकाम होना	zukām hona

gelo (m)	बर्फ़ (m)	barf
gelo (m) na estrada	बर्फ़ की परत (f)	barf kī parat
congelar-se (vr)	जम जाना	jam jāna
bloco (m) de gelo	हिमखंड (m)	himakhand

esqui (m)	स्की (m pl)	skī
esquiador (m)	स्कीयर (m)	skīyar
esquiar (vi)	स्कीइंग करना	skīing karana
patinar (vi)	स्केटिंग करना	sketing karana

Fauna

210. Mamíferos. Predadores

predador (m)	परभक्षी (m)	parabhakshī
tigre (m)	बाघ (m)	bāgh
leão (m)	शेर (m)	sher
lobo (m)	भेड़िया (m)	bheriya
raposa (f)	लोमड़ी (f)	lomri
jaguar (m)	जागुआर (m)	jāguār
leopardo (m)	तेंदुआ (m)	tendua
chita (f)	चीता (m)	chīta
pantera (f)	काला तेंदुआ (m)	kāla tendua
puma (m)	पहाड़ी बिलाव (m)	pahādī bilāv
leopardo-das-neves (m)	हिम तेंदुआ (m)	him tendua
lince (m)	वन बिलाव (m)	van bilāv
coiote (m)	कोयोट (m)	koyot
chacal (m)	गीदड़ (m)	gīdar
hiena (f)	लकड़बग्घा (m)	lakarabaggha

211. Animais selvagens

animal (m)	जानवर (m)	jānavar
besta (f)	जानवर (m)	jānavar
esquilo (m)	गिलहरी (f)	gilaharī
ouriço (m)	कांटा-चूहा (m)	kānta-chūha
lebre (f)	खरगोश (m)	kharagosh
coelho (m)	खरगोश (m)	kharagosh
texugo (m)	बिज्जू (m)	bijjū
guaxinim (m)	रैकून (m)	raikūn
hamster (m)	हैम्स्टर (m)	haimstar
marmota (f)	मारमोट (m)	māramot
toupeira (f)	छछूंदर (m)	chhachhūndar
rato (m)	चूहा (m)	chūha
ratazana (f)	घूस (m)	ghūs
morcego (m)	चमगादड़ (m)	chamagādar
arminho (m)	नेवला (m)	nevala
zibelina (f)	सेबल (m)	sebal
marta (f)	मारटेन (m)	māraten
doninha (f)	नेवला (m)	nevala
visom (m)	मिंक (m)	mink

| castor (m) | ऊदबिलाव (m) | ūdabilāv |
| lontra (f) | ऊदबिलाव (m) | ūdabilāv |

cavalo (m)	घोड़ा (m)	ghora
alce (m)	मूस (m)	mūs
veado (m)	हिरण (m)	hiran
camelo (m)	ऊंट (m)	ūnt

bisão (m)	बाइसन (m)	baisan
auroque (m)	जंगली बैल (m)	jangalī bail
búfalo (m)	भैंस (m)	bhains

zebra (f)	ज़ेबरा (m)	zebara
antílope (m)	मृग (f)	mrg
corça (f)	मृगनी (f)	mrgnī
gamo (m)	चीतल (m)	chītal
camurça (f)	शैमी (f)	shaimī
javali (m)	जंगली सुअार (m)	jangalī suār

baleia (f)	ह्वेल (f)	hvel
foca (f)	सील (m)	sīl
morsa (f)	वॉलरस (m)	volaras
urso-marinho (m)	फर सील (f)	far sīl
golfinho (m)	डॉल्फ़िन (f)	dolafin

urso (m)	रीछ (m)	rīchh
urso (m) polar	सफ़ेद रीछ (m)	safed rīchh
panda (m)	पांडा (m)	pānda

macaco (m)	बंदर (m)	bandar
chimpanzé (m)	वनमानुष (m)	vanamānush
orangotango (m)	वनमानुष (m)	vanamānush
gorila (m)	गोरिला (m)	gorila
macaco (m)	अफ्रीकन लंगूर (m)	afrikan langūr
gibão (m)	गिब्बन (m)	gibban

elefante (m)	हाथी (m)	hāthī
rinoceronte (m)	गैंडा (m)	gainda
girafa (f)	ज़िराफ़ (m)	jirāf
hipopótamo (m)	दरियाई घोड़ा (m)	dariyaī ghora

| canguru (m) | कंगारू (m) | kangārū |
| coala (m) | कोआला (m) | koāla |

mangusto (m)	नेवला (m)	nevala
chinchila (f)	चिनचीला (f)	chinachīla
cangambá (f)	स्कंक (m)	skank
porco-espinho (m)	शल्यक (f)	shalyak

212. Animais domésticos

gata (f)	बिल्ली (f)	billī
gato (m) macho	बिल्ला (m)	billa
cão (m)	कुत्ता (m)	kutta

cavalo (m)	घोड़ा (m)	ghora
garanhão (m)	घोड़ा (m)	ghora
égua (f)	घोड़ी (f)	ghorī

vaca (f)	गाय (f)	gāy
touro (m)	बैल (m)	bail
boi (m)	बैल (m)	bail

ovelha (f)	भेड़ (f)	bher
carneiro (m)	भेड़ा (m)	bhera
cabra (f)	बकरी (f)	bakarī
bode (m)	बकरा (m)	bakara

| burro (m) | गधा (m) | gadha |
| mula (f) | खच्चर (m) | khachchar |

porco (m)	सुअर (m)	suar
leitão (m)	घेंटा (m)	ghenta
coelho (m)	खरगोश (m)	kharagosh

| galinha (f) | मुर्गी (f) | murgī |
| galo (m) | मुर्गा (m) | murga |

pata (f), pato (m)	बतख़ (f)	battakh
pato (m)	नर बतख़ (m)	nar battakh
ganso (m)	हंस (m)	hans

| peru (m) | नर टर्की (m) | nar tarkī |
| perua (f) | टर्की (f) | tarkī |

animais (m pl) domésticos	घरेलू पशु (m pl)	gharelū pashu
domesticado (adj)	पालतू	pālatū
domesticar (vt)	पालतू बनाना	pālatū banāna
criar (vt)	पालना	pālana

fazenda (f)	खेत (m)	khet
aves (f pl) domésticas	मुर्गी पालन (f)	murgī pālan
gado (m)	मवेशी (m)	maveshī
rebanho (m), manada (f)	पशु समूह (m)	pashu samūh

estábulo (m)	अस्तबल (m)	astabal
chiqueiro (m)	सूअरखाना (m)	sūarakhāna
estábulo (m)	गोशाला (f)	goshāla
coelheira (f)	खरगोश का दरबा (m)	kharagosh ka daraba
galinheiro (m)	मुर्गीखाना (m)	murgīkhāna

213. Cães. Raças de cães

cão (m)	कुत्ता (m)	kutta
cão pastor (m)	गड़रिये का कुत्ता (m)	garariye ka kutta
poodle (m)	पूडल (m)	pūdal
linguicinha (m)	डॉक्सहूण्ड (m)	dāksahūnd
buldogue (m)	बुलडॉग (m)	buladog
boxer (m)	बॉक्सर (m)	boksar

mastim (m)	मास्टिफ़ (m)	māstif
rottweiler (m)	रॉटवायलर (m)	rotavāyalar
dóberman (m)	डोबरमैन (m)	dobaramain

basset (m)	बास्सेट (m)	bāsset
pastor inglês (m)	बोब्टेल (m)	bobtel
dálmata (m)	डालमेशियन (m)	dālameshiyan
cocker spaniel (m)	कॉकर स्पैनियल (m)	kokar spainiyal

terra-nova (m)	न्यूफाउंडलंड (m)	nyūfaundaland
são-bernardo (m)	सेंट बर्नार्ड (m)	sent barnārd

husky (m) siberiano	हस्की (m)	haskī
Chow-chow (m)	चाउ-चाउ (m)	chau-chau
spitz alemão (m)	स्पीट्ज़ (m)	spītz
pug (m)	पग (m)	pag

214. Sons produzidos pelos animais

latido (m)	भौं-भौं (f)	bhaun-bhaun
latir (vi)	भौंकना	bhaunkana
miar (vi)	म्याऊं-म्याऊं करना	myaūn-myaun karana
ronronar (vi)	घुरघुराना	ghuraghurāna

mugir (vaca)	रँभाना	ranbhāna
bramir (touro)	गर्जना	garjana
rosnar (vi)	गुर्राना	gurrāna

uivo (m)	गुर्राहट (f)	gurrāhat
uivar (vi)	चिल्लाना (m)	chillāna
ganir (vi)	रिरियाना	ririyāna

balir (vi)	मिमियाना	mimiyāna
grunhir (vi)	घुरघुराना	ghuraghurāna
guinchar (vi)	किकियाना	kikiyāna

coaxar (sapo)	टर्र-टर्र करना	tarr-tarr karana
zumbir (inseto)	भनभनाना	bhanabhanāna
ziziar (vi)	चरचराना	characharāna

215. Animais jovens

cria (f), filhote (m)	पशुशावक (m)	pashushāvak
gatinho (m)	बिल्लौटा (m)	billauta
ratinho (m)	चुहिया (f)	chuhiya
cachorro (m)	पिल्ला (m)	pilla

filhote (m) de lebre	खरगोश का बच्चा (m)	kharagosh ka bachcha
coelhinho (m)	खरगोश का बच्चा (m)	kharagosh ka bachcha
lobinho (m)	भेड़िये का शावक (m)	bheriye ka shāvak
filhote (m) de raposa	लोमड़ी का शावक (m)	lomri ka shāvak
filhote (m) de urso	भालू का बच्चा (m)	bhālū ka bachcha

filhote (m) de leão	शेर का बच्चा (m)	sher ka bachcha
filhote (m) de tigre	बाघ का बच्चा (m)	bāgh ka bachcha
filhote (m) de elefante	हाथी का बच्चा (m)	hāthī ka bachcha
leitão (m)	घेंटा (m)	ghenta
bezerro (m)	बछड़ा (m)	bachhara
cabrito (m)	बकरी का बच्चा (m)	bakarī ka bachcha
cordeiro (m)	भेड़ का बच्चा (m)	bher ka bachcha
filhote (m) de veado	मृग का बच्चा (m)	mrg ka bachcha
cria (f) de camelo	ऊंट का बच्चा (m)	ūnt ka bachcha
filhote (m) de serpente	सर्प का बच्चा (m)	sarp ka bachcha
filhote (m) de rã	मेंढक का बच्चा (m)	mendhak ka bachcha
cria (f) de ave	चिड़िया का बच्चा (m)	chiriya ka bachcha
pinto (m)	मुर्गी का बच्चा (m)	murgī ka bachcha
patinho (m)	बतख़ का बच्चा (m)	battakh ka bachcha

216. Pássaros

pássaro (m), ave (f)	चिड़िया (f)	chiriya
pombo (m)	कबूतर (m)	kabūtar
pardal (m)	गौरैया (f)	gauraiya
chapim-real (m)	टिटरी (f)	titarī
pega-rabuda (f)	नीलकण्ठ पक्षी (f)	nīlakanth pakshī
corvo (m)	काला कौआ (m)	kāla kaua
gralha-cinzenta (f)	कौआ (m)	kaua
gralha-de-nuca-cinzenta (f)	कौआ (m)	kaua
gralha-calva (f)	कौआ (m)	kaua
pato (m)	बतख़ (f)	battakh
ganso (m)	हंस (m)	hans
faisão (m)	तीतर (m)	tītar
águia (f)	चील (f)	chīl
açor (m)	बाज़ (m)	bāz
falcão (m)	बाज़ (m)	bāz
abutre (m)	गिद्ध (m)	giddh
condor (m)	कॉन्डोर (m)	kondor
cisne (m)	राजहंस (m)	rājahans
grou (m)	सारस (m)	sāras
cegonha (f)	लकलक (m)	lakalak
papagaio (m)	तोता (m)	tota
beija-flor (m)	हमिंग बर्ड (f)	haming bard
pavão (m)	मोर (m)	mor
avestruz (m)	शुतुरमुर्ग (m)	shuturamurg
garça (f)	बगुला (m)	bagula
flamingo (m)	फ्लेमिन्गो (m)	flemingo
pelicano (m)	हवासिल (m)	havāsil
rouxinol (m)	बुलबुल (m)	bulabul

andorinha (f)	अबाबील (f)	abābīl
tordo-zornal (m)	मुखव्रण (f)	mukhavran
tordo-músico (m)	मुखव्रण (f)	mukhavran
melro-preto (m)	ब्लैकबर्ड (m)	blaikabard
andorinhão (m)	बतासी (f)	batāsī
cotovia (f)	भरत (m)	bharat
codorna (f)	वर्तक (m)	varttak
pica-pau (m)	कठफोड़ा (m)	kathafora
cuco (m)	कोयल (f)	koyal
coruja (f)	उल्लू (m)	ullū
bufo-real (m)	गरुड़ उल्लू (m)	garūr ullū
tetraz-grande (m)	तीतर (m)	tītar
tetraz-lira (m)	काला तीतर (m)	kāla tītar
perdiz-cinzenta (f)	चकोर (m)	chakor
estorninho (m)	तिलिया (f)	tiliya
canário (m)	कनारी (f)	kanārī
galinha-do-mato (f)	पिंगल तीतर (m)	pingal tītar
tentilhão (m)	फ़िंच (m)	finch
dom-fafe (m)	बुलफ़िंच (m)	bulafinch
gaivota (f)	गंगा-चिल्ली (f)	ganga-chillī
albatroz (m)	अल्बात्रोस (m)	albātros
pinguim (m)	पेंगुइन (m)	penguin

217. Pássaros. Canto e sons

cantar (vi)	गाना	gāna
gritar, chamar (vi)	बुलाना	bulāna
cantar (o galo)	बाँग देना	bāng dena
cocorocó (m)	कुकड़ूंकू	kukarūnkū
cacarejar (vi)	कुड़कुड़ाना	kurakurāna
crocitar (vi)	काय काय करना	kāny kāny karana
grasnar (vi)	कुवैक कुवैक करना	kuvaik kuvaik karana
piar (vi)	चीं चीं करना	chīn chīn karana
chilrear, gorjear (vi)	चहकना	chahakana

218. Peixes. Animais marinhos

brema (f)	ब्रीम (f)	brīm
carpa (f)	कार्प (f)	kārp
perca (f)	पर्च (f)	parch
siluro (m)	कैटफ़िश (f)	kaitafish
lúcio (m)	पाइक (f)	paik
salmão (m)	सैल्मन (f)	sailman
esturjão (m)	स्टर्जन (f)	starjan
arenque (m)	हेरिंग (f)	hering
salmão (m) do Atlântico	अटलांटिक सैल्मन (f)	atalāntik sailman

cavala, sarda (f)	माक्रैल (f)	mākrail
solha (f), linguado (m)	फ़्लैटफ़िश (f)	flaitafish
lúcio perca (m)	पाइक पर्च (f)	paik parch
bacalhau (m)	कॉड (f)	kod
atum (m)	टूना (f)	tūna
truta (f)	ट्राउट (f)	traut
enguia (f)	सर्पमीन (f)	sarpamīn
raia (f) elétrica	विद्युत शंकुश (f)	vidyut shankush
moreia (f)	मोरे सर्पमीन (f)	more sarpamīn
piranha (f)	पिरान्हा (f)	pirānha
tubarão (m)	शार्क (f)	shārk
golfinho (m)	डॉलफ़िन (f)	dolafin
baleia (f)	ह्वेल (f)	hvel
caranguejo (m)	केकड़ा (m)	kekara
água-viva (f)	जेली फ़िश (f)	jelī fish
polvo (m)	आक्टोपस (m)	āktopas
estrela-do-mar (f)	स्टार फ़िश (f)	stār fish
ouriço-do-mar (m)	जलसाही (f)	jalasāhī
cavalo-marinho (m)	समुद्री घोड़ा (m)	samudrī ghora
ostra (f)	कस्तूरा (m)	kastūra
camarão (m)	झींगा (f)	jhīnga
lagosta (f)	लॉब्सटर (m)	lobsatar
lagosta (f)	स्पाइनी लॉब्सटर (m)	spainī lobsatar

219. Anfíbios. Répteis

cobra (f)	सर्प (m)	sarp
venenoso (adj)	विषैला	vishaila
víbora (f)	वाइपर (m)	vaipar
naja (f)	नाग (m)	nāg
píton (m)	अजगर (m)	ajagar
jiboia (f)	अजगर (m)	ajagar
cobra-de-água (f)	साँप (f)	sānp
cascavel (f)	रैटल सर्प (m)	raital sarp
anaconda (f)	एनाकोन्डा (f)	enākonda
lagarto (m)	छिपकली (f)	chhipakalī
iguana (f)	इग्यूएना (m)	igyūena
varano (m)	मॉनिटर छिपकली (f)	monitar chhipakalī
salamandra (f)	सैलामैंडर (m)	sailāmaindar
camaleão (m)	गिरगिट (m)	giragit
escorpião (m)	वृश्चिक (m)	vrshchik
tartaruga (f)	कछुआ (m)	kachhua
rã (f)	मेंढक (m)	mendhak
sapo (m)	भेक (m)	bhek
crocodilo (m)	मगर (m)	magar

220. Insetos

inseto (m)	कीट (m)	kīt
borboleta (f)	तितली (f)	titalī
formiga (f)	चींटी (f)	chīntī
mosca (f)	मक्खी (f)	makkhī
mosquito (m)	मच्छर (m)	machchhar
escaravelho (m)	भृंग (m)	bhrng
vespa (f)	हड्डा (m)	hadda
abelha (f)	मधुमक्खी (f)	madhumakkhī
mamangaba (f)	भंवरा (m)	bhanvara
moscardo (m)	गोमक्खी (f)	gomakkhī
aranha (f)	मकड़ी (f)	makarī
teia (f) de aranha	मकड़ी का जाल (m)	makarī ka jāl
libélula (f)	व्याध-पतंग (m)	vyādh-patang
gafanhoto (m)	टिड्डा (m)	tidda
traça (f)	पतंगा (m)	patanga
barata (f)	तिलचट्टा (m)	tilachatta
carrapato (m)	जुँआ (m)	juna
pulga (f)	पिस्सू (m)	pissū
borrachudo (m)	भुनगा (m)	bhunaga
gafanhoto (m)	टिड्डी (f)	tiddī
caracol (m)	घोंघा (m)	ghongha
grilo (m)	झींगुर (m)	jhīngur
pirilampo, vaga-lume (m)	जुगनू (m)	juganū
joaninha (f)	सोनपंखी (f)	sonapankhī
besouro (m)	कोकचाफ़ (m)	kokachāf
sanguessuga (f)	जोक (m)	jok
lagarta (f)	इल्ली (f)	ilī
minhoca (f)	केंचुआ (m)	kenchua
larva (f)	कीटडिंभ (m)	kītadimbh

221. Animais. Partes do corpo

bico (m)	चोंच (f)	chonch
asas (f pl)	पंख (m pl)	pankh
pata (f)	पंजा (m)	panja
plumagem (f)	पक्षी के पर (m)	pakshī ke par
pena, pluma (f)	पर (m)	par
crista (f)	कलगी (f)	kalagī
brânquias, guelras (f pl)	गलफड़ा (m)	galafara
ovas (f pl)	अंडा (m)	anda
larva (f)	लार्वा (f)	lārva
barbatana (f)	मछली का पंख (m)	machhalī ka pankh
escama (f)	स्केल (f)	skel
presa (f)	खांग (m)	khāng

pata (f)	पंजा (m)	panja
focinho (m)	थूथन (m)	thūthan
boca (f)	मुंह (m)	munh
cauda (f), rabo (m)	पूंछ (f)	pūnchh
bigodes (m pl)	मूंछें (f pl)	mūnchhen
casco (m)	खुर (m)	khur
corno (m)	शृंग (m)	shrng
carapaça (f)	कवच (m)	kavach
concha (f)	कौड़ी (f)	kaurī
casca (f) de ovo	अंडे का छिलका (m)	ande ka chhilaka
pelo (m)	जानवर के बाल (m)	jānavar ke bāl
pele (f), couro (m)	पशुचर्म (m)	pashucharm

222. Ações dos animais

voar (vi)	उड़ना	urana
dar voltas	चक्कर लगाना	chakkar lagāna
voar (para longe)	उड़ जाना	ur jāna
bater as asas	पंख फड़फड़ाना	pankh farafarāna
bicar (vi)	चुगना	chugana
incubar (vt)	अंडे सेना	ande sena
sair do ovo	अंडे से बाहर निकलना	ande se bāhar nikalana
fazer o ninho	घोंसला बनाना	ghonsala banāna
rastejar (vi)	रेंगना	rengana
picar (vt)	डसना	dasana
morder (cachorro, etc.)	काटना	kātana
cheirar (vt)	सूंघना	sūnghana
latir (vi)	भौंकना	bhaunkana
silvar (vi)	फुफकारना	fufakārana
assustar (vt)	डराना	darāna
atacar (vt)	हमला करना	hamala karana
roer (vt)	कुतरना	kutarana
arranhar (vt)	कुरेदना	kuredana
esconder-se (vr)	छिपाना	chhipāna
brincar (vi)	खेलना	khelana
caçar (vi)	शिकार करना	shikār karana
hibernar (vi)	सीतनिद्रा में होना	sītanidra men hona
extinguir-se (vr)	समाप्त हो जाना	samāpt ho jāna

223. Animais. Habitats

hábitat (m)	निवास-स्थान (m)	nivās-sthān
migração (f)	देशांतरण (m)	deshāntaran
montanha (f)	पहाड़ (m)	pahār

recife (m)	रीफ़ (m)	rīf
falésia (f)	शिला (f)	shila
floresta (f)	वन (m)	van
selva (f)	जंगल (m)	jangal
savana (f)	सवान्ना (m)	savānna
tundra (f)	तुंड्रा (m)	tundra
estepe (f)	घास का मैदान (m)	ghās ka maidān
deserto (m)	रेगिस्तान (m)	registān
oásis (m)	नख़लिस्तान (m)	nakhalistān
mar (m)	सागर (m)	sāgar
lago (m)	तालाब (m)	tālāb
oceano (m)	महासागर (m)	mahāsāgar
pântano (m)	दलदल (m)	daladal
de água doce	मीठे पानी का	mīthe pānī ka
lagoa (f)	ताल (m)	tāl
rio (m)	नदी (f)	nadī
toca (f) do urso	गुफ़ा (f)	gufa
ninho (m)	घोंसला (m)	ghonsala
buraco (m) de árvore	खोखला (m)	khokhala
toca (f)	बिल (m)	bil
formigueiro (m)	बांबी (f)	bāmbī

224. Cuidados com os animais

jardim (m) zoológico	चिड़ियाघर (m)	chiriyāghar
reserva (f) natural	पशुविहार (m)	pashuvihār
viveiro (m)	पशुफ़ार्म (m)	pashufārm
jaula (f) de ar livre	अहाता (m)	ahāta
jaula, gaiola (f)	पिंजरा (m)	pinjara
casinha (f) de cachorro	कुत्ताघर (m)	kuttāghar
pombal (m)	कबूतरखाना (m)	kabūtarakhāna
aquário (m)	मछलीघर (m)	machhalīghar
delfinário (m)	डॉल्फ़िनघर (m)	dolafinaghar
criar (vt)	पालन करना	pālan karana
cria (f)	बच्चे (m)	bachche
domesticar (vt)	पालतू बनाना	pālatū banāna
adestrar (vt)	सधाना	sadhāna
ração (f)	चारा (m)	chāra
alimentar (vt)	खिलाना	khilāna
loja (f) de animais	पालतू जानवरों की दुकान (f)	pālatū jānavaron kī dukān
focinheira (m)	थूथन (f)	thūthan
coleira (f)	पट्टा (m)	patta
nome (do animal)	नाम (m)	nām
pedigree (m)	वंशावली (f)	vanshāvalī

225. Animais. Diversos

alcateia (f)	झुंड (m)	jhund
bando (pássaros)	झुंड (m)	jhund
cardume (peixes)	झुंड (m)	jhund
manada (cavalos)	झुंड (m)	jhund
macho (m)	नर (m)	nar
fêmea (f)	मादा (f)	māda
faminto (adj)	भूखा	bhūkha
selvagem (adj)	जंगली	jangalī
perigoso (adj)	खतरनाक	khataranāk

226. Cavalos

cavalo (m)	घोड़ा (m)	ghora
raça (f)	नस्ल (f)	nasl
potro (m)	बछड़ा (m)	bachhara
égua (f)	घोड़ी (f)	ghorī
mustangue (m)	मुस्तांग (m)	mustāng
pônei (m)	टट्टू (m)	tattū
cavalo (m) de tiro	भारवाही घोड़ा (m)	bhāravāhī ghora
crina (f)	अयाल (m)	ayāl
rabo (m)	पूँछ (f)	pūnchh
casco (m)	खुर (m)	khur
ferradura (f)	अश्वनाल (f)	ashvanāl
ferrar (vt)	नाल जड़ना	nāl jarana
ferreiro (m)	लोहार (m)	lohār
sela (f)	काठी (f)	kāthī
estribo (m)	रक़ाब (m)	raqāb
brida (f)	लगाम (f)	lagām
rédeas (f pl)	लगाम (f)	lagām
chicote (m)	चाबूक (m)	chābūk
cavaleiro (m)	सवार (m)	savār
colocar sela	काठी कसना	kāthī kasana
montar no cavalo	काठी पर बैठना	kāthī par baithana
galope (m)	सरपट (f)	sarapat
galopar (vi)	सरपट दौड़ना	sarapat daurana
trote (m)	दुलकी चाल (m)	dulakī chāl
a trote	दुलकी चाल चलना	dulakī chāl chalana
cavalo (m) de corrida	दौड़ का घोड़ा (m)	daur ka ghora
corridas (f pl)	घुड़दौड़ (m pl)	ghuradaur
estábulo (m)	अस्तबल (m)	astabal
alimentar (vt)	खिलाना	khilāna

feno (m)	सूखी घास (f)	sūkhī ghās
dar água	पिलाना	pilāna
limpar (vt)	नहलाना	nahalāna

pastar (vi)	चरना	charana
relinchar (vi)	हिनहिनाना	hinahināna
dar um coice	लात मारना	lāt mārana

Flora

227. Árvores

árvore (f)	पेड़ (m)	per
decídua (adj)	पर्णपाती	parnapātī
conífera (adj)	शंकुधर	shankudhar
perene (adj)	सदाबहार	sadābahār
macieira (f)	सेब वृक्ष (m)	seb vrksh
pereira (f)	नाश्पाती का पेड़ (m)	nāshpātī ka per
cerejeira, ginjeira (f)	चेरी का पेड़ (f)	cherī ka per
ameixeira (f)	आलूबुख़ारे का पेड़ (m)	ālūbukhāre ka per
bétula (f)	सनोबर का पेड़ (m)	sanobar ka per
carvalho (m)	बलूत (m)	balūt
tília (f)	लिनडेन वृक्ष (m)	linaden vrksh
choupo-tremedor (m)	आस्पेन वृक्ष (m)	āspen vrksh
bordo (m)	मेपल (m)	mepal
espruce (m)	फर का पेड़ (m)	far ka per
pinheiro (m)	देवदार (m)	devadār
alerce, lariço (m)	लार्च (m)	lārch
abeto (m)	फर (m)	far
cedro (m)	देवदर (m)	devadar
choupo, álamo (m)	पोप्लर वृक्ष (m)	poplar vrksh
tramazeira (f)	रोवाण (m)	rovān
salgueiro (m)	विलो (f)	vilo
amieiro (m)	आल्डर वृक्ष (m)	āldar vrksh
faia (f)	बीच (m)	bīch
ulmeiro, olmo (m)	एल्म वृक्ष (m)	elm vrksh
freixo (m)	एश-वृक्ष (m)	esh-vrksh
castanheiro (m)	चेस्टनट (m)	chestanat
magnólia (f)	मैगनोलिया (f)	maiganoliya
palmeira (f)	ताड़ का पेड़ (m)	tār ka per
cipreste (m)	सरो (m)	saro
mangue (m)	मैनग्रोव (m)	mainagrov
embondeiro, baobá (m)	गोरक्षी (m)	gorakshī
eucalipto (m)	यूकेलिप्टस (m)	yūkeliptas
sequoia (f)	सेकोइया (f)	sekoiya

228. Arbustos

arbusto (m)	झाड़ी (f)	jhārī
arbusto (m), moita (f)	झाड़ी (f)	jhārī

| videira (f) | अंगूर की बेल (f) | angūr kī bel |
| vinhedo (m) | अंगूर का बाग़ (m) | angūr ka bāg |

framboeseira (f)	रास्पबेरी की झाड़ी (f)	rāspaberī kī jhārī
groselheira-vermelha (f)	लाल करेंट की झाड़ी (f)	lāl karent kī jhārī
groselheira (f) espinhosa	गूज़बेरी की झाड़ी (f)	gūzaberī kī jhārī

acácia (f)	ऐकेशिय (m)	aikeshiy
bérberis (f)	बारबेरी झाड़ी (f)	bāraberī jhārī
jasmim (m)	चमेली (f)	chamelī

junípero (m)	जूनिपर (m)	jūnipar
roseira (f)	गुलाब की झाड़ी (f)	gulāb kī jhārī
roseira (f) brava	जंगली गुलाब (m)	jangalī gulāb

229. Cogumelos

cogumelo (m)	गगन-धूलि (f)	gagan-dhūli
cogumelo (m) comestível	खाने योग्य गगन-धूलि (f)	khāne yogy gagan-dhūli
cogumelo (m) venenoso	ज़हरीली गगन-धूलि (f)	zaharīlī gagan-dhūli
chapéu (m)	छतरी (f)	chhatarī
pé, caule (m)	डंठल (f)	danthal

boleto, porcino (m)	सफ़ेद गगन-धूलि (f)	safed gagan-dhūli
boleto (m) alaranjado	नारंगी छतरी वाली गगन-धूलि (f)	nārangī chhatarī vālī gagan-dhūli
boleto (m) de bétula	बर्च बोलेट (f)	barch bolet
cantarelo (m)	शेंटरेल (f)	shentarel
rússula (f)	रसुला (f)	rasula

morchella (f)	मोरेल (f)	morel
agário-das-moscas (m)	फ्लाई ऐगेरिक (f)	flaī aigerik
cicuta (f) verde	डेथ कैप (f)	deth kaip

230. Frutos. Bagas

fruta (f)	फल (m)	fal
frutas (f pl)	फल (m pl)	fal
maçã (f)	सेब (m)	seb
pera (f)	नाश्पाती (f)	nāshpātī
ameixa (f)	आलूबुखारा (m)	ālūbukhāra

morango (m)	स्ट्रॉबेरी (f)	stroberī
ginja, cereja (f)	चेरी (f)	cherī
uva (f)	अंगूर (m)	angūr

framboesa (f)	रास्पबेरी (f)	rāspaberī
groselha (f) negra	काली करेंट (f)	kālī karent
groselha (f) vermelha	लाल करेंट (f)	lāl karent
groselha (f) espinhosa	गूज़बेरी (f)	gūzaberī
oxicoco (m)	क्रेनबेरी (f)	krenaberī
laranja (f)	संतरा (m)	santara

tangerina (f)	नारंगी (f)	nārangī
abacaxi (m)	अनानास (m)	anānās
banana (f)	केला (m)	kela
tâmara (f)	खजूर (m)	khajūr
limão (m)	नींबू (m)	nīmbū
damasco (m)	खुबानी (f)	khūbānī
pêssego (m)	आडू (m)	ārū
quiuí (m)	चीकू (m)	chīkū
toranja (f)	ग्रेपफ्रूट (m)	grepafrūt
baga (f)	बेरी (f)	berī
bagas (f pl)	बेरियां (f pl)	beriyān
arando (m) vermelho	काओबेरी (f)	kaoberī
morango-silvestre (m)	जंगली स्ट्रांबेरी (f)	jangalī stroberī
mirtilo (m)	बिलबेरी (f)	bilaberī

231. Flores. Plantas

flor (f)	फूल (m)	fūl
buquê (m) de flores	गुलदस्ता (m)	guladasta
rosa (f)	गुलाब (f)	gulāb
tulipa (f)	ट्यूलिप (m)	tyūlip
cravo (m)	गुलनार (m)	gulanār
gladíolo (m)	ग्लेडियोलस (m)	glediyolas
centáurea (f)	नीलकूपी (m)	nīlakūpī
campainha (f)	ब्लूबेल (m)	blūbel
dente-de-leão (m)	कुकरौंधा (m)	kukaraundha
camomila (f)	कैमोमाइल (m)	kaimomail
aloé (m)	मुसब्बर (m)	musabbar
cacto (m)	कैक्टस (m)	kaiktas
fícus (m)	रबड़ का पौधा (m)	rabar ka paudha
lírio (m)	कुमुदिनी (f)	kumudinī
gerânio (m)	जेरेनियम (m)	jeraniyam
jacinto (m)	हायसिंथ (m)	hāyasinth
mimosa (f)	मिमोसा (m)	mimosa
narciso (m)	नरगिस (f)	naragis
capuchinha (f)	नस्टाशयम (m)	nastāshayam
orquídea (f)	आर्किड (m)	ārkid
peônia (f)	पियोनी (m)	piyonī
violeta (f)	वॉयलेट (m)	voyalet
amor-perfeito (m)	पैंज़ी (m pl)	painzī
não-me-esqueças (m)	फर्गेट मी नाट (m)	fargent mī nāt
margarida (f)	गुलबहार (f)	gulabahār
papoula (f)	खशखाश (m)	khashakhāsh
cânhamo (m)	भांग (f)	bhāng

hortelã, menta (f)	पुदीना (m)	pudīna
lírio-do-vale (m)	कामुदिनी (f)	kāmudinī
campânula-branca (f)	सफ़ेद फूल (m)	safed fūl
urtiga (f)	बिच्छु बूटी (f)	bichchhū būtī
azedinha (f)	सोरेल (m)	sorel
nenúfar (m)	कुमुदिनी (f)	kumudinī
samambaia (f)	फर्न (m)	farn
líquen (m)	शैवाक (m)	shaivāk
estufa (f)	शीशाघर (m)	shīshāghar
gramado (m)	घास का मैदान (m)	ghās ka maidān
canteiro (m) de flores	फुलवारी (f)	fulavārī
planta (f)	पौधा (m)	paudha
grama (f)	घास (f)	ghās
folha (f) de grama	तिनका (m)	tinaka
folha (f)	पत्ती (f)	pattī
pétala (f)	पंखड़ी (f)	pankharī
talo (m)	डंडी (f)	dandī
tubérculo (m)	कंद (m)	kand
broto, rebento (m)	अंकुर (m)	ankur
espinho (m)	कांटा (m)	kānta
florescer (vi)	खिलना	khilana
murchar (vi)	मुरझाना	murajhāna
cheiro (m)	बू (m)	bū
cortar (flores)	काटना	kātana
colher (uma flor)	तोड़ना	torana

232. Cereais, grãos

grão (m)	दाना (m)	dāna
cereais (plantas)	अनाज की फ़सलें (m pl)	anāj kī fasalen
espiga (f)	बाल (f)	bāl
trigo (m)	गेहूं (m)	gehūn
centeio (m)	रई (f)	raī
aveia (f)	जई (f)	jaī
painço (m)	बाजरा (m)	bājara
cevada (f)	जौ (m)	jau
milho (m)	मक्का (m)	makka
arroz (m)	चावल (m)	chāval
trigo-sarraceno (m)	मोथी (m)	mothī
ervilha (f)	मटर (m)	matar
feijão (m) roxo	राजमा (f)	rājama
soja (f)	सोया (m)	soya
lentilha (f)	दाल (m)	dāl
feijão (m)	फली (f pl)	falī

233. Vegetais. Verduras

vegetais (m pl)	सब्जियाँ (f pl)	sabziyān
verdura (f)	हरी सब्जियाँ (f)	harī sabjiyān
tomate (m)	टमाटर (m)	tamātar
pepino (m)	खीरा (m)	khīra
cenoura (f)	गाजर (f)	gājar
batata (f)	आलू (m)	ālū
cebola (f)	प्याज़ (f)	pyāz
alho (m)	लहसुन (m)	lahasun
couve (f)	बंदगोभी (f)	bandagobhī
couve-flor (f)	फूल गोभी (f)	fūl gobhī
couve-de-bruxelas (f)	ब्रसेल्स स्प्राउट्स (m)	brasels sprauts
beterraba (f)	चुकन्दर (m)	chukandar
berinjela (f)	बैंगन (m)	baingan
abobrinha (f)	लौकी (f)	laukī
abóbora (f)	कद्दू (m)	kaddū
nabo (m)	शलजम (f)	shalajam
salsa (f)	अजमोद (f)	ajamod
endro, aneto (m)	सोआ (m)	soa
alface (f)	सलाद पत्ता (m)	salād patta
aipo (m)	सेलरी (m)	selarī
aspargo (m)	एस्परैगस (m)	esparaigas
espinafre (m)	पालक (m)	pālak
ervilha (f)	मटर (m)	matar
feijão (~ soja, etc.)	फली (f pl)	falī
milho (m)	मकई (f)	makī
feijão (m) roxo	राजमा (f)	rājama
pimentão (m)	मिर्च (f)	mirch
rabanete (m)	मूली (f)	mūlī
alcachofra (f)	अतिशोक (m)	artishok

GEOGRAFIA REGIONAL

Países. Nacionalidades

234. Europa Ocidental

Europa (f)	यूरोप (m)	yūrop
União (f) Europeia	यूरोपीय संघ (m)	yūropīy sangh
europeu (m)	यरोपीय (m)	yaropīy
europeu (adj)	यरोपीय	yaropīy
Áustria (f)	ऑस्ट्रिया (m)	ostriya
austríaco (m)	ऑस्ट्रियाई (m)	ostriyaī
austríaca (f)	ऑस्ट्रीयाई (f)	ostrīyaī
austríaco (adj)	ऑस्ट्रीयाई	ostrīyaī
Grã-Bretanha (f)	ग्रेट ब्रिटेन (m)	gret briten
Inglaterra (f)	इंग्लैंड (m)	inglaind
inglês (m)	ब्रिटिश (m)	british
inglesa (f)	ब्रिटिश (f)	british
inglês (adj)	अंग्रेज़	angrez
Bélgica (f)	बेल्जियम (m)	beljiyam
belga (m)	बेल्जियाई (m)	beljiyaī
belga (f)	बेल्जियाई (f)	beljiyaī
belga (adj)	बेल्जियाई	beljiyaī
Alemanha (f)	जर्मन (m)	jarman
alemão (m)	जर्मन (m)	jarman
alemã (f)	जर्मन (f)	jarman
alemão (adj)	जर्मन	jarman
Países Baixos (m pl)	नीदरलैंड्स (m)	nīdaralainds
Holanda (f)	हॉलैंड (m)	holaind
holandês (m)	डच (m)	dach
holandesa (f)	डच (f)	dach
holandês (adj)	डच	dach
Grécia (f)	ग्रीस (m)	grīs
grego (m)	ग्रीक (m)	grīk
grega (f)	ग्रीक (f)	grīk
grego (adj)	ग्रीक	grīk
Dinamarca (f)	डेन्मार्क (m)	denmārk
dinamarquês (m)	डेनिश (m)	denish
dinamarquesa (f)	डेनिश (f)	denish
dinamarquês (adj)	डेनिश	denish
Irlanda (f)	आयरलैंड (m)	āyaralaind
irlandês (m)	आयरिश (m)	āyarish

irlandesa (f)	आयरिश (f)	āyarish
irlandês (adj)	आयरिश	āyarish
Islândia (f)	आयसलैंड (m)	āyasalaind
islandês (m)	आयसलैंडर (m)	āyasalaindar
islandesa (f)	आयसलैंडर (f)	āyasalaindar
islandês (adj)	आयसलैंडर	āyasalaindar
Espanha (f)	स्पेन (m)	spen
espanhol (m)	स्पेनी (m)	spenī
espanhola (f)	स्पेनी (f)	spenī
espanhol (adj)	स्पेनी	spenī
Itália (f)	इटली (m)	italī
italiano (m)	इतालवी (m)	itālavī
italiana (f)	इतालवी (f)	itālavī
italiano (adj)	इतालवी	itālavī
Chipre (m)	साइप्रस (m)	saipras
cipriota (m)	साइप्रस वासी (m)	saipras vāsī
cipriota (f)	साइप्रस वासी (f)	saipras vāsī
cipriota (adj)	साइप्रसी	saiprasī
Malta (f)	माल्टा (m)	mālta
maltês (m)	मोलतिज़ (m)	molatiz
maltesa (f)	मोलतिज़ (f)	molatiz
maltês (adj)	मोलतिज़	molatiz
Noruega (f)	नार्वे (m)	nārve
norueguês (m)	नार्वेजियन (m)	nārvejiyan
norueguesa (f)	नार्वेजियन (f)	nārvejiyan
norueguês (adj)	नार्वेजियन	nārvejiyan
Portugal (m)	पुर्तगाल (m)	purtagāl
português (m)	पुर्तगाली (m)	purtagālī
portuguesa (f)	पुर्तगाली (f)	purtagālī
português (adj)	पुर्तगाली	purtagālī
Finlândia (f)	फिनलैंड (m)	finalaind
finlandês (m)	फिनिश (m)	finish
finlandesa (f)	फिनिश (f)	finish
finlandês (adj)	फिनिश	finish
França (f)	फ्रांस (m)	frāns
francês (m)	फ्रांसीसी (m)	frānsīsī
francesa (f)	फ्रांसीसी (f)	frānsīsī
francês (adj)	फ्रांसीसी	frānsīsī
Suécia (f)	स्वीडन (m)	svīdan
sueco (m)	स्वीड (m)	svīd
sueca (f)	स्वीड (f)	svīd
sueco (adj)	स्वीडिश	svīdish
Suíça (f)	स्विट्ज़रलैंड (m)	svitzaralaind
suíço (m)	स्विस (m)	svis
suíça (f)	स्विस (f)	svis

suíço (adj)	स्विस	svis
Escócia (f)	स्कॉटलैंड (m)	skotalaind
escocês (m)	स्कॉटिश (m)	skotish
escocesa (f)	स्कॉटिश (f)	skotish
escocês (adj)	स्कॉटिश	skotish

Vaticano (m)	वेटिकन (m)	vetikan
Liechtenstein (m)	लिकटेंस्टीन (m)	likatenstīn
Luxemburgo (m)	लक्ज़मबर्ग (m)	lakzamabarg
Mônaco (m)	मोनाको (m)	monāko

235. Europa Central e de Leste

Albânia (f)	अल्बानिया (m)	albāniya
albanês (m)	अल्बानियाई (m)	albāniyaī
albanesa (f)	अल्बानियाई (f)	albāniyaī
albanês (adj)	अल्बानियाई	albāniyaī

Bulgária (f)	बुल्गारिया (m)	bulgāriya
búlgaro (m)	बल्गेरियाई (m)	balgeriyaī
búlgara (f)	बल्गेरियाई (f)	balgeriyaī
búlgaro (adj)	बल्गेरियाई	balgeriyaī

Hungria (f)	हंगरी (m)	hangarī
húngaro (m)	हंगेरियाई (m)	hangeriyaī
húngara (f)	हंगेरियाई (f)	hangeriyaī
húngaro (adj)	हंगेरियाई	hangeriyaī

Letônia (f)	लाटविया (m)	lātaviya
letão (m)	लाटवियाई (m)	lātaviyaī
letã (f)	हंगेरियाई (f)	hangeriyaī
letão (adj)	लाटवियाई	lātaviyaī

Lituânia (f)	लिथुआनिया (m)	lithuāniya
lituano (m)	लिथुआनियन (m)	lithuāniyan
lituana (f)	लिथुआनियन (f)	lithuāniyan
lituano (adj)	लिथुआनियन	lithuāniyan

Polônia (f)	पोलैंड (m)	polaind
polonês (m)	पोलिश (m)	polish
polonesa (f)	पोलिश (f)	polish
polonês (adj)	पोलिश	polish

Romênia (f)	रोमानिया (m)	romāniya
romeno (m)	रोमानियाई (m)	romāniyaī
romena (f)	रोमानियाई (f)	romāniyaī
romeno (adj)	रोमानियाई	romāniyaī

Sérvia (f)	सर्बिया (m)	sarbiya
sérvio (m)	सर्बियाई (m)	sarbiyaī
sérvia (f)	सर्बियाई (f)	sarbiyaī
sérvio (adj)	सर्बियाई	sarbiyaī
Eslováquia (f)	स्लोवाकिया (m)	slovākiya
eslovaco (m)	स्लोवाकियन (m)	slovākiyan

eslovaca (f)	स्लोवाकियन (f)	slovākiyan
eslovaco (adj)	स्लोवाकियन	slovākiyan
Croácia (f)	क्रोएशिया (m)	kroeshiya
croata (m)	क्रोएशियन (m)	kroeshiyan
croata (f)	क्रोएशियन (f)	kroeshiyan
croata (adj)	क्रोएशियन	kroeshiyan
República (f) Checa	चेक गणतंत्र (m)	chek ganatantr
checo (m)	चेक (m)	chek
checa (f)	चेक (f)	chek
checo (adj)	चेक	chek
Estônia (f)	एस्तोनिया (m)	estoniya
estônio (m)	एस्तोनियन (m)	estoniyan
estônia (f)	एस्तोनियन (f)	estoniyan
estônio (adj)	एस्तोनियन	estoniyan
Bósnia e Herzegovina (f)	बोस्निया और हर्ज़ेगोविना	bosniya aur harzegovina
Macedônia (f)	मेसेडोनिया (m)	mesedoniya
Eslovênia (f)	स्लोवेनिया (m)	sloveniya
Montenegro (m)	मॉंटेनेग्रो (m)	montenegro

236. Países da ex-URSS

Azerbaijão (m)	आज़रबाइजान (m)	āzarabaijān
azeri (m)	आज़रबाइजानी (m)	āzarabaijānī
azeri (f)	आज़रबाइजानी (f)	āzarabaijānī
azeri, azerbaijano (adj)	आज़रबाइजानी	āzarabaijānī
Armênia (f)	आर्मीनिया (m)	ārmīniya
armênio (m)	आर्मीनियन (m)	ārmīniyan
armênia (f)	आर्मीनियन (f)	ārmīniyan
armênio (adj)	आर्मीनियाई	ārmīniyaī
Belarus	बेलारूस (m)	belārūs
bielorrusso (m)	बेलारूसी (m)	belārūsī
bielorrussa (f)	बेलारूसी (f)	belārūsī
bielorrusso (adj)	बेलारूसी	belārūsī
Geórgia (f)	जॉर्जिया (m)	jorjiya
georgiano (m)	जॉर्जियन (m)	jorjiyan
georgiana (f)	जॉर्जियन (f)	jorjiyan
georgiano (adj)	जॉर्जिया	jorjiya
Cazaquistão (m)	कज़ाकस्तान (m)	kazākastān
cazaque (m)	कज़ाकी (m)	kazākī
cazaque (f)	कज़ाकी (f)	kazākī
cazaque (adj)	कज़ाकी	kazākī
Quirguistão (m)	किर्गीज़िया (m)	kirgīziya
quirguiz (m)	किर्गीज़ (m)	kirgīz
quirguiz (f)	किर्गीज़ (f)	kirgīz
quirguiz (adj)	किर्गीज़	kirgīz

Moldávia (f)	मोलदोवा (m)	moladova
moldavo (m)	मोलदोवियन (m)	moladoviyan
moldava (f)	मोलदोवियन (f)	moladoviyan
moldavo (adj)	मोलदोवियन	moladoviyan

Rússia (f)	रूस (m)	rūs
russo (m)	रूसी (m)	rūsī
russa (f)	रूसी (f)	rūsī
russo (adj)	रूसी	rūsī

Tajiquistão (m)	ताजिकिस्तान (m)	tājikistān
tajique (m)	ताजिक (m)	tājik
tajique (f)	ताजिक (f)	tājik
tajique (adj)	ताजिक	tājik

Turquemenistão (m)	तुर्कमानिस्तान (m)	turkamānistān
turcomeno (m)	तुर्कमानी (m)	turkamānī
turcomena (f)	तुर्कमानी (f)	turkamānī
turcomeno (adj)	तुर्कमानी	turkamānī

Uzbequistão (f)	उज़्बेकिस्तान (m)	uzbekistān
uzbeque (m)	उज़्बेकी (m)	uzbekī
uzbeque (f)	उज़्बेकी (f)	uzbekī
uzbeque (adj)	उज़्बेकि	uzbeki

Ucrânia (f)	यूक्रेन (m)	yūkren
ucraniano (m)	यूक्रेनी (m)	yūkrenī
ucraniana (f)	यूक्रेनी (f)	yūkrenī
ucraniano (adj)	यूक्रेनी	yūkrenī

237. Asia

| Ásia (f) | एशिया (f) | eshiya |
| asiático (adj) | एशियई | eshiyī |

Vietnã (m)	वियतनाम (m)	viyatanām
vietnamita (m)	वियतनामी (m)	viyatanāmī
vietnamita (f)	वियतनामी (f)	viyatanāmī
vietnamita (adj)	वियतनामी	viyatanāmī

Índia (f)	भारत (m)	bhārat
indiano (m)	भारतीय (m)	bhāratīy
indiana (f)	भारतीय (f)	bhāratīy
indiano (adj)	भारतीय	bhāratīy

Israel (m)	इसायल (m)	isrāyal
israelense (m)	इसाइली (m)	israilī
israelita (f)	इसाइली (f)	israilī
israelense (adj)	इसाइली	israilī

judeu (m)	यहूदी (m)	yahūdī
judia (f)	यहूदी (f)	yahūdī
judeu (adj)	यहूदी	yahūdī
China (f)	चीन (m)	chīn

chinês (m)	चीनी (m)	chīnī
chinesa (f)	चीनी (f)	chīnī
chinês (adj)	चीनी	chīnī

coreano (m)	कोरियन (m)	koriyan
coreana (f)	कोरियन (f)	koriyan
coreano (adj)	कोरियन	koriyan

Líbano (m)	लेबनान (m)	lebanān
libanês (m)	लेबनानी (m)	lebanānī
libanesa (f)	लेबनानी (f)	lebanānī
libanês (adj)	लेबनानी	lebanānī

Mongólia (f)	मंगोलिया (m)	mangoliya
mongol (m)	मंगोलियन (m)	mangoliyan
mongol (f)	मंगोलियन (f)	mangoliyan
mongol (adj)	मंगोलियन	mangoliyan

Malásia (f)	मलेशिया (m)	maleshiya
malaio (m)	मलेशियाई (m)	maleshiyaī
malaia (f)	मलेशियाई (f)	maleshiyaī
malaio (adj)	मलेशियाई	maleshiyaī

Paquistão (m)	पाकिस्तान (m)	pākistān
paquistanês (m)	पाकिस्तानी (m)	pākistānī
paquistanesa (f)	पाकिस्तानी (f)	pākistānī
paquistanês (adj)	पाकिस्तानी	pākistānī

Arábia (f) Saudita	सऊदी अरब (m)	saūdī arab
árabe (m)	अरब (m)	arab
árabe (f)	अरबी (f)	arabī
árabe (adj)	अरबी	arabī

Tailândia (f)	थाईलैंड (m)	thaīlaind
tailandês (m)	थाई (m)	thaī
tailandesa (f)	थाई (f)	thaī
tailandês (adj)	थाई	thaī

Taiwan (m)	ताइवान (m)	taivān
taiwanês (m)	ताइवानी (m)	taivānī
taiwanesa (f)	ताइवानी (f)	taivānī
taiwanês (adj)	ताइवानी	taivānī

Turquia (f)	तुर्की (m)	turkī
turco (m)	तुर्क (m)	turk
turca (f)	तुर्क (m)	turk
turco (adj)	तुर्किश	turkish

Japão (m)	जापान (m)	jāpān
japonês (m)	जापानी (m)	jāpānī
japonesa (f)	जापानी (f)	jāpānī
japonês (adj)	जापानी	jāpānī

Afeganistão (m)	अफ़ग़ानिस्तान (m)	afagānistān
Bangladesh (m)	बांग्लादेश (m)	bānglādesh
Indonésia (f)	इण्डोनेशिया (m)	indoneshiya

Jordânia (f)	जॉर्डन (m)	jordan
Iraque (m)	इराक़ (m)	irāq
Irã (m)	इरान (m)	irān
Camboja (f)	कम्बोडिया (m)	kambodiya
Kuwait (m)	कुवैत (m)	kuvait

Laos (m)	लाओस (m)	laos
Birmânia (f)	म्यांमर (m)	myāmmar
Nepal (m)	नेपाल (m)	nepāl
Emirados Árabes Unidos	संयुक्त अरब अमीरात (m)	sanyukt arab amīrāt

Síria (f)	सीरिया (m)	sīriya
Palestina (f)	फिलिस्तीन (m)	filistīn
Coreia (f) do Sul	दक्षिण कोरिया (m)	dakshin koriya
Coreia (f) do Norte	उत्तर कोरिया (m)	uttar koriya

238. América do Norte

Estados Unidos da América	संयुक्त राज्य अमरीका (m)	sanyukt rājy amarīka
americano (m)	अमरीकी (m)	amarīkī
americana (f)	अमरीकी (f)	amarīkī
americano (adj)	अमरीकी	amarīkī

Canadá (m)	कनाडा (m)	kanāda
canadense (m)	कैनेडियन (m)	kainediyan
canadense (f)	कैनेडियन (f)	kainediyan
canadense (adj)	कैनेडियन	kainediyan

México (m)	मेक्सिको (m)	meksiko
mexicano (m)	मेक्सिकन (m)	meksikan
mexicana (f)	मेक्सिकन (f)	meksikan
mexicano (adj)	मेक्सिकन	meksikan

239. América Central do Sul

Argentina (f)	अर्जेंटीना (m)	arjentīna
argentino (m)	अर्जेंटीनी (m)	arjentīnī
argentina (f)	अर्जेंटीनी (f)	arjentīnī
argentino (adj)	अर्जेंटीनी	arjentīnī

Brasil (m)	ब्राज़ील (m)	brāzīl
brasileiro (m)	ब्राज़ीली (m)	brāzīlī
brasileira (f)	ब्राज़ीली (f)	brāzīlī
brasileiro (adj)	ब्राज़ीली	brāzīlī

Colômbia (f)	कोलम्बिया (m)	kolambiya
colombiano (m)	कोलम्बियन (m)	kolambiyan
colombiana (f)	कोलम्बियन (f)	kolambiyan
colombiano (adj)	कोलम्बियन	kolambiyan

| Cuba (f) | क्यूबा (m) | kyūba |
| cubano (m) | क्यूबन (m) | kyūban |

cubana (f)	क्यूबन (f)	kyūban
cubano (adj)	क्यूबाई	kyūbaī
Chile (m)	चिली (m)	chilī
chileno (m)	चीलीयन (m)	chīlīyan
chilena (f)	चीलीयन (f)	chīlīyan
chileno (adj)	चीलीयन	chīlīyan
Bolívia (f)	बोलीविया (m)	bolīviya
Venezuela (f)	वेनेज़ुएला (m)	venezuela
Paraguai (m)	परागुआ (m)	parāgua
Peru (m)	पेरू (m)	perū
Suriname (m)	सूरीनाम (m)	sūrīnām
Uruguai (m)	उरुग्वे (m)	urugve
Equador (m)	इक्वेडोर (m)	ikvedor
Bahamas (f pl)	बहामा (m)	bahāma
Haiti (m)	हाइटी (m)	haitī
República Dominicana	डोमिनिकन रिपब्लिक (m)	dominikan ripablik
Panamá (m)	पनामा (m)	panāma
Jamaica (f)	जमैका (m)	jamaika

240. Africa

Egito (m)	मिस्र (m)	misr
egípcio (m)	मिस्री (m)	misrī
egípcia (f)	मिस्री (f)	misrī
egípcio (adj)	मिस्री	misrī
Marrocos	मोरक्को (m)	morakko
marroquino (m)	मोरकन (m)	morakan
marroquina (f)	मोरकन (f)	morakan
marroquino (adj)	मोरकन	morakan
Tunísia (f)	ट्यूनीसिया (m)	tyunīsiya
tunisiano (m)	ट्यूनीसियन (m)	tyunīsiyan
tunisiana (f)	ट्यूनीसियन (f)	tyunīsiyan
tunisiano (adj)	ट्यूनीसियन	tyunīsiyan
Gana (f)	घाना (m)	ghāna
Zanzibar (m)	ज़ैंज़िबार (m)	zainzibār
Quênia (f)	केन्या (m)	kenya
Líbia (f)	लीबिया (m)	lībiya
Madagascar (m)	मडागास्कार (m)	madāgāskār
Namíbia (f)	नामीबिया (m)	nāmībiya
Senegal (m)	सेनेगाल (m)	senegāl
Tanzânia (f)	तंज़ानिया (m)	tanzāniya
África (f) do Sul	दक्षिण अफ्रीका (m)	dakshin afrīka
africano (m)	अफ्रीकी (m)	afrīkī
africana (f)	अफ्रीकी (f)	afrīkī
africano (adj)	अफ्रीकी	afrīkī

241. Austrália. Oceania

Austrália (f)	आस्ट्रेलिया (m)	āstreliya
australiano (m)	आस्ट्रेलियन (m)	āstreliyan
australiana (f)	आस्ट्रेलियन (f)	āstreliyan
australiano (adj)	आस्ट्रेलियन	āstreliyan
Nova Zelândia (f)	न्यू ज़ीलैंड (m)	nyū zīlaind
neozelandês (m)	न्यू ज़ीलैंडियन (m)	nyū zīlaindiyan
neozelandesa (f)	न्यू ज़ीलैंडियन (f)	nyū zīlaindiyan
neozelandês (adj)	न्यू ज़ीलैंडियन	nyū zīlaindiyan
Tasmânia (f)	तास्मानिया (m)	tāsmāniya
Polinésia (f) Francesa	फ्रेंच पॉलीनेशिया (m)	french polīneshiya

242. Cidades

Amesterdã, Amsterdã	एम्स्टर्डम (m)	emstardam
Ancara	अंकारा (m)	ankāra
Atenas	एथेन्स (m)	ethens
Bagdade	बगदाद (m)	bagadād
Bancoque	बैंकॉक (m)	bainkok
Barcelona	बार्सिलोना (m)	bārsilona
Beirute	बेरूत (m)	berūt
Berlim	बर्लिन (m)	barlin
Bonn	बॉन (m)	bon
Bordéus	बोर्दी (m)	bordo
Bratislava	ब्राटीस्लावा (m)	brātīslāva
Bruxelas	ब्रसेल्स (m)	brasels
Bucareste	बुखारेस्ट (m)	bukhārest
Budapeste	बुडापेस्ट (m)	budāpest
Cairo	कॉहिरा (m)	kāhira
Calcutá	कोलकाता (m)	kolakāta
Chicago	शिकागो (m)	shikāgo
Cidade do México	मेक्सिको सिटी (f)	meksiko sitī
Copenhague	कोपनहेगन (m)	kopanahegan
Dar es Salaam	दार-एस-सलाम (m)	dār-es-salām
Deli	दिल्ली (f)	dillī
Dubai	दुबई (m)	dubī
Dublim	डब्लिन (m)	dablin
Düsseldorf	डसेलडोर्फ़ (m)	daseladorf
Estocolmo	स्टॉकहोम (m)	stokahom
Florença	फ्लोरेंस (m)	florens
Frankfurt	फ्रैंकफ़र्ट (m)	frainkfart
Genebra	जेनेवा (m)	jeneva
Haia	हेग (m)	heg
Hamburgo	हैम्बर्ग (m)	haimbarg
Hanói	हनोई (m)	hanoī

Havana	हवाना (m)	havāna
Helsinque	हेलसिंकी (m)	helasinkī
Hiroshima	हिरोशीमा (m)	hiroshīma
Hong Kong	हांगकांग (m)	hāngakāng
Istambul	इस्तांबुल (m)	istāmbul
Jerusalém	यरूशलम (m)	yarūshalam
Kiev, Quieve	कीव (m)	kīv
Kuala Lumpur	कुआला लुम्पुर (m)	kuāla lumpur
Lion	लिओन (m)	lion
Lisboa	लिस्बन (m)	lisban
Londres	लंदन (m)	landan
Los Angeles	लॉस एंजेलेस (m)	los enjeles
Madrid	मेड्रिड (m)	medrid
Marselha	मासेल (m)	mārsel
Miami	मियामी (m)	miyāmī
Montreal	मांट्रियल (m)	māntriyal
Moscou	मॉस्को (m)	mosko
Mumbai	मुम्बई (m)	mumbī
Munique	म्यूनिख़ (m)	myūnikh
Nairóbi	नैरोबी (m)	nairobī
Nápoles	नेपल्स (m)	nepals
Nice	नीस (m)	nīs
Nova York	न्यू यॉर्क (m)	nyū york
Oslo	ओस्लो (m)	oslo
Ottawa	ओटावा (m)	otāva
Paris	पेरिस (m)	peris
Pequim	बीजिंग (m)	bījing
Praga	प्राग (m)	prāg
Rio de Janeiro	रिओ डे जैनेरो (m)	rio de jainero
Roma	रोम (m)	rom
São Petersburgo	सेंट पीटरस्बर्ग (m)	sent pītarasbarg
Seul	सियोल (m)	siyol
Singapura	सिंगापुर (m)	singāpur
Sydney	सिडनी (m)	sidanī
Taipé	ताइपे (m)	taipe
Tóquio	टोकियो (m)	tokiyo
Toronto	टोरोन्टो (m)	toronto
Varsóvia	वॉरसों (m)	voraso
Veneza	वीनिस (m)	vīnis
Viena	विएना (m)	viena
Washington	वॉशिंग्टन (m)	voshingtan
Xangai	शंघाई (m)	shanghaī

243. Política. Governo. Parte 1

política (f)	राजनीति (f)	rājanīti
político (adj)	राजनीतिक	rājanītik

político (m)	राजनीतिज्ञ (m)	rājanītigy
estado (m)	राज्य (m)	rājy
cidadão (m)	नागरिक (m)	nāgarik
cidadania (f)	नागरिकता (f)	nāgarikata
brasão (m) de armas	राष्ट्रीय प्रतीक (m)	rāshtrīy pratīk
hino (m) nacional	राष्ट्रीय धुन (f)	rāshtrīy dhun
governo (m)	सरकार (m)	sarakār
Chefe (m) de Estado	देश का नेता (m)	desh ka neta
parlamento (m)	संसद (m)	sansad
partido (m)	दल (m)	dal
capitalismo (m)	पुंजीवाद (m)	punjīvād
capitalista (adj)	पुंजीवादी	punjīvādī
socialismo (m)	समाजवाद (m)	samājavād
socialista (adj)	समाजवादी	samājavādī
comunismo (m)	साम्यवाद (m)	sāmyavād
comunista (adj)	साम्यवादी	sāmyavādī
comunista (m)	साम्यवादी (m)	sāmyavādī
democracia (f)	प्रजातंत्र (m)	prajātantr
democrata (m)	प्रजातंत्रवादी (m)	prajātantravādī
democrático (adj)	प्रजातंत्रवादी	prajātantravādī
Partido (m) Democrático	प्रजातंत्रवादी पार्टी (m)	prajātantravādī pārtī
liberal (m)	उदारवादी (m)	udāravādī
liberal (adj)	उदारवादी	udāravādī
conservador (m)	रूढ़िवादी (m)	rūrhivādī
conservador (adj)	रूढ़िवादी	rūrhivādī
república (f)	गणतंत्र (m)	ganatantr
republicano (m)	गणतंत्रवादी (m)	ganatantravādī
Partido (m) Republicano	गणतंत्रवादी पार्टी (m)	ganatantravādī pārtī
eleições (f pl)	चुनाव (m pl)	chunāv
eleger (vt)	चुनना	chunana
eleitor (m)	मतदाता (m)	matadāta
campanha (f) eleitoral	चुनाव प्रचार (m)	chunāv prachār
votação (f)	मतदान (m)	matadān
votar (vi)	मत डालना	mat dālana
sufrágio (m)	मताधिकार (m)	matādhikār
candidato (m)	उम्मीदवार (m)	ummīdavār
candidatar-se (vi)	चुनाव लड़ना	chunāv larana
campanha (f)	अभियान (m)	abhiyān
da oposição	विरोधी	virodhī
oposição (f)	विरोध (m)	virodh
visita (f)	यात्रा (f)	yātra
visita (f) oficial	सरकारी यात्रा (f)	sarakārī yātra
internacional (adj)	अंतरराष्ट्रीय	antarrāshtrīy

| negociações (f pl) | वार्ता (f pl) | vārtta |
| negociar (vi) | वार्ता करना | vārtta karana |

244. Política. Governo. Parte 2

sociedade (f)	समाज (m)	samāj
constituição (f)	संविधान (m)	sanvidhān
poder (ir para o ~)	शासन (m)	shāsan
corrupção (f)	भ्रष्टाचार (m)	bhrashtāchār

| lei (f) | कानून (m) | kānūn |
| legal (adj) | कानूनी | kānūnī |

| justeza (f) | न्याय (m) | nyāy |
| justo (adj) | न्यायी | nyāyī |

comitê (m)	समिति (f)	samiti
projeto-lei (m)	विधेयक (m)	vidheyak
orçamento (m)	बजट (m)	bajat
política (f)	नीति (f)	nīti
reforma (f)	सुधार (m)	sudhār
radical (adj)	आमूल	āmūl

força (f)	ताकत (f)	tākat
poderoso (adj)	प्रबल	prabal
partidário (m)	समर्थक (m)	samarthak
influência (f)	असर (m)	asar

regime (m)	शासन (m)	shāsan
conflito (m)	टकराव (m)	takarāv
conspiração (f)	साज़िश (f)	sāzish
provocação (f)	उकसाव (m)	ukasāv

derrubar (vt)	तख़्ता पलटना	takhta palatana
derrube (m), queda (f)	तख़्ता पलट (m)	takhta palat
revolução (f)	क्रांति (f)	krānti

| golpe (m) de Estado | तख़्ता पलट (m) | takhta palat |
| golpe (m) militar | फ़ौजी बगावत (f) | faujī bagāvat |

crise (f)	संकट (m)	sankat
recessão (f) econômica	आर्थिक मंदी (f)	ārthik mandī
manifestante (m)	प्रदर्शक (m)	pradarshak
manifestação (f)	प्रदर्शन (m)	pradarshan
lei (f) marcial	फ़ौजी कानून (m)	faujī kānūn
base (f) militar	सैन्य अड्डा (m)	sainy adda

| estabilidade (f) | स्थिरता (f) | sthirata |
| estável (adj) | स्थिर | sthir |

exploração (f)	शोषण (m)	shoshan
explorar (vt)	शोषण करना	shoshan karana
racismo (m)	जातिवाद (m)	jātivād
racista (m)	जातिवादी (m)	jātivādī

fascismo (m)	फ़ासिवादी (m)	fāsivādī
fascista (m)	फ़ासिस्ट (m)	fāsist

245. Países. Diversos

estrangeiro (m)	विदेशी (m)	videshī
estrangeiro (adj)	विदेश	videsh
no estrangeiro	परदेश में	paradesh men
emigrante (m)	प्रवासी (m)	pravāsī
emigração (f)	प्रवासन (m)	pravāsan
emigrar (vi)	प्रवास करना	pravās karana
Ocidente (m)	पश्चिम (m)	pashchim
Oriente (m)	पूर्व (m)	pūrv
Extremo Oriente (m)	सुदूर पूर्व (m)	sudūr pūrv
civilização (f)	सभ्यता (f)	sabhyata
humanidade (f)	मानवजाति (f)	mānavajāti
mundo (m)	संसार (m)	sansār
paz (f)	शांति (f)	shānti
mundial (adj)	विश्वव्यापी	vishvavyāpī
pátria (f)	मातृभूमि (f)	mātrbhūmi
povo (população)	जनता (m)	janata
população (f)	जनता (m)	janata
gente (f)	लोग (m)	log
nação (f)	जाति (f)	jāti
geração (f)	पीढ़ी (f)	pīrhī
território (m)	प्रदेश (m)	pradesh
região (f)	क्षेत्र (m)	kshetr
estado (m)	राज्य (m)	rājy
tradição (f)	रिवाज़ (m)	rivāz
costume (m)	परम्परा (m)	parampara
ecologia (f)	परिस्थितिकी (f)	paristhitikī
índio (m)	रेड इंडियन (m)	red indiyan
cigano (m)	जिप्सी (f)	jipsī
cigana (f)	जिप्सी (f)	jipsī
cigano (adj)	जिप्सी	jipsī
império (m)	साम्राज्य (m)	sāmrājy
colônia (f)	उपनिवेश (m)	upanivesh
escravidão (f)	दासता (f)	dāsata
invasão (f)	हमला (m)	hamala
fome (f)	भूखमरी (f)	bhūkhamarī

246. Grupos religiosos mais importantes. Confissões

religião (f)	धर्म (m)	dharm
religioso (adj)	धार्मिक	dhārmik

crença (f)	धर्म (m)	dharm
crer (vt)	आस्था रखना	āstha rakhana
crente (m)	आस्तिक (m)	āstik
ateísmo (m)	नास्तिकवाद (m)	nāstikavād
ateu (m)	नास्तिक (m)	nāstik
cristianismo (m)	ईसाई धर्म (m)	īsaī dharm
cristão (m)	ईसाई (m)	īsaī
cristão (adj)	ईसाई	īsaī
catolicismo (m)	कैथोलिक धर्म (m)	kaitholik dharm
católico (m)	कैथोलिक (m)	kaitholik
católico (adj)	कैथोलिक	kaitholik
protestantismo (m)	प्रोटेस्टेंट धर्म (m)	protestent dharm
Igreja (f) Protestante	प्रोटेस्टेंट चर्च (m)	protestent charch
protestante (m)	प्रोटेस्टेंट (m)	protestent
ortodoxia (f)	ऑथीडॉक्सी (m)	orthodoksī
Igreja (f) Ortodoxa	ऑथीडॉक्स चर्च (m)	orthodoks charch
ortodoxo (m)	ऑथीडॉक्सी (m)	orthodoksī
presbiterianismo (m)	प्रेस्बिटेरियनवाद (m)	presbiteriyanavād
Igreja (f) Presbiteriana	प्रेस्बिटेरियन चर्च (m)	presbiteriyan charch
presbiteriano (m)	प्रेस्बिटेरियन (m)	presbiteriyan
luteranismo (m)	लुथर धर्म (m)	luthar dharm
luterano (m)	लुथर (m)	luthar
Igreja (f) Batista	बैप्टिस्ट चर्च (m)	baiptist charch
batista (m)	बैप्टिस्ट (m)	baiptist
Igreja (f) Anglicana	अंग्रेज़ी चर्च (m)	angrezī charch
anglicano (m)	अंग्रेज़ी (m)	angrezī
mormonismo (m)	मोर्मनवाद (m)	mormanavād
mórmon (m)	मोर्मन (m)	morman
Judaísmo (m)	यहूदी धर्म (m)	yahūdī dharm
judeu (m)	यहूदी (m)	yahūdī
budismo (m)	बौद्ध धर्म (m)	bauddh dharm
budista (m)	बौद्ध (m)	bauddh
hinduísmo (m)	हिन्दू धर्म (m)	hindū dharm
hindu (m)	हिन्दू (m)	hindū
Islã (m)	इस्लाम (m)	islām
muçulmano (m)	मुस्लिम (m)	muslim
muçulmano (adj)	मुस्लिम	muslim
xiismo (m)	शिया इस्लाम (m)	shiya islām
xiita (m)	शिया (m)	shiya
sunismo (m)	सुन्नी इस्लाम (m)	sunnī islām
sunita (m)	सुन्नी (m)	sunnī

247. Religiões. Padres

padre (m)	पादरी (m)	pādarī
Papa (m)	पोप (m)	pop
monge (m)	मठवासी (m)	mathavāsī
freira (f)	नन (f)	nan
pastor (m)	पादरी (m)	pādarī
abade (m)	एब्बट (m)	ebbat
vigário (m)	विकार (m)	vikār
bispo (m)	बिशप (m)	bishap
cardeal (m)	कार्डिनल (m)	kārdinal
pregador (m)	प्रीचर (m)	prīchar
sermão (m)	धर्मोपदेश (m)	dharmopadesh
paroquianos (pl)	ग्रामवासी (m)	grāmavāsī
crente (m)	आस्तिक (m)	āstik
ateu (m)	नास्तिक (m)	nāstik

248. Fé. Cristianismo. Islão

Adão	आदम (m)	ādam
Eva	हव्वा (f)	havva
Deus (m)	भगवान (m)	bhagavān
Senhor (m)	ईश्वर (m)	īshvar
Todo Poderoso (m)	सर्वशक्तिशाली (m)	sarvashaktishālī
pecado (m)	पाप (m)	pāp
pecar (vi)	पाप करना	pāp karana
pecador (m)	पापी (m)	pāpī
pecadora (f)	पापी (f)	pāpī
inferno (m)	नरक (m)	narak
paraíso (m)	जन्नत (m)	jannat
Jesus	ईसा (m)	īsa
Jesus Cristo	ईसा मसीह (m)	īsa masīh
Espírito (m) Santo	पवित्र आत्मा (m)	pavitr ātma
Salvador (m)	मुक्तिदाता (m)	muktidāta
Virgem Maria (f)	वर्जिन मैरी (f)	varjin mairī
Diabo (m)	शैतान (m)	shaitān
diabólico (adj)	शैतानी	shaitānī
Satanás (m)	शैतान (m)	shaitān
satânico (adj)	शैतानी	shaitānī
anjo (m)	फरिश्ता (m)	farishta
anjo (m) da guarda	देवदूत (m)	devadūt
angelical	देवदूतीय	devadūtīy

apóstolo (m)	धर्मदूत (m)	dharmadūt
arcanjo (m)	महादेवदूत (m)	mahādevadūt
anticristo (m)	ईसा मसीह का शत्रु (m)	īsa masīh ka shatru
Igreja (f)	गिरजाघर (m)	girajāghar
Bíblia (f)	बाइबिल (m)	baibil
bíblico (adj)	बाइबिल का	baibil ka
Velho Testamento (m)	ओल्ड टेस्टामेंट (m)	old testāment
Novo Testamento (m)	न्यू टेस्टामेंट (m)	nyū testāment
Evangelho (m)	धर्मसिद्धान्त (m)	dharmasiddhānt
Sagradas Escrituras (f pl)	धर्म ग्रंथ (m)	dharm granth
Céu (sete céus)	स्वर्ग (m)	svarg
mandamento (m)	धर्मादेश (m)	dharmādesh
profeta (m)	पैगंबर (m)	paigambar
profecia (f)	आगामवाणी (f)	āgāmavānī
Alá (m)	अल्लाह (m)	allāh
Maomé (m)	मुहम्मद (m)	muhammad
Alcorão (m)	कुरान (m)	qurān
mesquita (f)	मस्जिद (m)	masjid
mulá (m)	मुल्ला (m)	mulla
oração (f)	दुआ (f)	dua
rezar, orar (vi)	दुआ करना	dua karana
peregrinação (f)	तीर्थ यात्रा (m)	tīrth yātra
peregrino (m)	तीर्थ यात्री (m)	tīrth yātrī
Meca (f)	मक्का (m)	makka
igreja (f)	गिरजाघर (m)	girajāghar
templo (m)	मंदिर (m)	mandir
catedral (f)	गिरजाघर (m)	girajāghar
gótico (adj)	गोथिक	gothik
sinagoga (f)	सीनागोग (m)	sīnāgog
mesquita (f)	मस्जिद (m)	masjid
capela (f)	चैपल (m)	chaipal
abadia (f)	ईसाई मठ (m)	īsaī math
convento (m)	मठ (m)	math
monastério (m)	मठ (m)	math
sino (m)	घंटा (m)	ghanta
campanário (m)	घंटाघर (m)	ghantāghar
repicar (vi)	बजाना	bajāna
cruz (f)	क्रॉस (m)	kros
cúpula (f)	गुंबद (m)	gumbad
ícone (m)	देव प्रतिमा (f)	dev pratima
alma (f)	आत्मा (f)	ātma
destino (m)	भाग्य (f)	bhāgy
mal (m)	बुराई (f)	buraī
bem (m)	भलाई (f)	bhalaī
vampiro (m)	पिशाच (m)	plshāch

bruxa (f)	डायन (f)	dāyan
demônio (m)	असुर (m)	asur
espírito (m)	आत्मा (f)	ātma
redenção (f)	प्रयाश्चित (m)	prayāshchit
redimir (vt)	प्रयाश्चित करना	prayāshchit karana
missa (f)	धार्मिक सेवा (m)	dhārmik seva
celebrar a missa	उपासना करना	upāsana karana
confissão (f)	पापस्वीकरण (m)	pāpasvīkaran
confessar-se (vr)	पापस्वीकरण करना	pāpasvīkaran karana
santo (m)	संत (m)	sant
sagrado (adj)	पवित्र	pavitr
água (f) benta	पवित्र पानी (m)	pavitr pānī
ritual (m)	अनुष्ठान (m)	anushthān
ritual (adj)	सांस्कारिक	sānskārik
sacrifício (m)	कुरबानी (f)	kurabānī
superstição (f)	अंधविश्वास (m)	andhavishvās
supersticioso (adj)	अंधविश्वासी	andhavishvāsī
vida (f) após a morte	परलोक (m)	paralok
vida (f) eterna	अमर जीवन (m)	amar jīvan

TEMAS DIVERSOS

249. Várias palavras úteis

ajuda (f)	सहायता (f)	sahāyata
barreira (f)	बाधा (f)	bādha
base (f)	आधार (m)	ādhār
categoria (f)	श्रेणी (f)	shrenī
causa (f)	कारण (m)	kāran
coincidência (f)	समकालीनता (f)	samakālīnata
coisa (f)	वस्तु (f)	vastu
começo, início (m)	शुरू (m)	shurū
cômodo (ex. poltrona ~a)	आरामदेह	ārāmadeh
comparação (f)	तुलना (f)	tulana
compensação (f)	क्षतिपूर्ति (f)	kshatipurti
crescimento (m)	वृद्धि (f)	vrddhi
desenvolvimento (m)	विकास (m)	vikās
diferença (f)	फ़र्क़ (m)	fark
efeito (m)	प्रभाव (m)	prabhāv
elemento (m)	तत्व (m)	tatv
equilíbrio (m)	संतुलन (m)	santulan
erro (m)	गलती (f)	galatī
esforço (m)	प्रयत्न (m)	prayatn
estilo (m)	शैली (f)	shailī
exemplo (m)	उदाहरण (m)	udāharan
fato (m)	तथ्य (m)	tathy
fim (m)	ख़त्म (m)	khatm
forma (f)	रूप (m)	rūp
frequente (adj)	बारंबार	bārambār
fundo (ex. ~ verde)	पृष्ठिका (f)	prshtika
gênero (tipo)	प्रकार (m)	prakār
grau (m)	मात्रा (f)	mātra
ideal (m)	आदर्श (m)	ādarsh
labirinto (m)	भूलभुलैया (f)	bhūlabhulaiya
modo (m)	तरीका (m)	tarīka
momento (m)	पल (m)	pal
objeto (m)	चीज़ें (f)	chīzen
obstáculo (m)	अवरोध (m)	avarodh
original (m)	मूल (m)	mūl
padrão (adj)	मानक	mānak
padrão (m)	मानक (m)	mānak
paragem (pausa)	विराम (m)	virām
parte (f)	भाग (m)	bhāg

partícula (f)	टुकड़ा (m)	tukara
pausa (f)	विराम (m)	virām
posição (f)	स्थिति (f)	sthiti
princípio (m)	उसूल (m)	usūl

problema (m)	समस्या (f)	samasya
processo (m)	प्रक्रिया (f)	prakriya
progresso (m)	उन्नति (f)	unnati
propriedade (qualidade)	गुण (m)	gun

reação (f)	प्रतिक्रिया (f)	pratikriya
risco (m)	जोखिम (m)	jokhim
ritmo (m)	गति (f)	gati
segredo (m)	रहस्य (m)	rahasy
série (f)	श्रृंखला (f)	shrrnkhala

sistema (m)	प्रणाली (f)	pranālī
situação (f)	स्थिति (f)	sthiti
solução (f)	हल (m)	hal
tabela (f)	सारणी (f)	sāranī
termo (ex. ~ técnico)	पारिभाषिक शब्द (m)	pāribhāshik shabd

tipo (m)	ढंग (m)	dhang
urgente (adj)	अत्यावश्यक	atyāvashyak
urgentemente	तत्काल	tatkāl
utilidade (f)	उपयोग (m)	upayog

variante (f)	विकल्प (m)	vikalp
variedade (f)	चुनाव (m)	chunāv
verdade (f)	सच (m)	sach
vez (f)	बारी (f)	bārī
zona (f)	क्षेत्र (m)	kshetr

250. Modificadores. Adjetivos. Parte 1

aberto (adj)	खुला	khula
afetuoso (adj)	नाज़ुक	nāzuk
afiado (adj)	तेज़	tez
agradável (adj)	अच्छा	achchha
agradecido (adj)	आभारी	ābhārī

alegre (adj)	हँसमुख	hansamukh
alto (ex. voz ~a)	ऊंचा	ūncha
amargo (adj)	कड़वा	karava
amplo (adj)	विस्तृत	vistrt
antigo (adj)	प्राचीन	prāchīn

apropriado (adj)	उचित	uchit
arriscado (adj)	खतरनाक	khataranāk
artificial (adj)	कृत्रिम	krtrim

azedo (adj)	खट्टा	khatta
baixo (voz ~a)	धीमा	dhīma
barato (adj)	सस्ता	sasta

belo (adj)	सुंदर	sundar
bom (adj)	अच्छा	achchha
bondoso (adj)	नेक	nek
bonito (adj)	सुंदर	sundar
bronzeado (adj)	सांवला	sānvala
burro, estúpido (adj)	बेवकूफ	bevakūf

calmo (adj)	शांत	shānt
cansado (adj)	थका	thaka
cansativo (adj)	थकाऊ	thakaū
carinhoso (adj)	विचारशील	vichārashīl
caro (adj)	महंगा	mahanga

cego (adj)	अंधा	andha
central (adj)	केंद्रीय	kendrīy
cerrado (ex. nevoeiro ~)	घना	ghana
cheio (xícara ~a)	भरा	bhara

civil (adj)	नागरिक	nāgarik
clandestino (adj)	गुस	gupt
claro (explicação ~a)	साफ	sāf
claro (pálido)	हल्का	halka

compatível (adj)	अनुकूल	anukūl
comum, normal (adj)	आम	ām
congelado (adj)	जमा	jama
conjunto (adj)	संयुक्त	sanyukt
considerável (adj)	महत्वपूर्ण	mahatvapūrn

contente (adj)	संतुष्ट	santusht
contínuo (adj)	दीर्घकालिक	dīrghakālik
contrário (ex. o efeito ~)	उल्टा	ulta
correto (resposta ~a)	ठीक	thīk
cru (não cozinhado)	कच्चा	kachcha

curto (adj)	छोटा	chhota
de curta duração	अल्पकालिक	alpakālik
de sol, ensolarado	सूरज का	sūraj ka
de trás	पिछा	pichha
denso (fumaça ~a)	घना	ghana

desanuviado (adj)	निर्मेघ	nirmegh
descuidado (adj)	लापरवाह	lāparavāh
diferente (adj)	भिन्न	bhinn
difícil (decisão)	मुश्किल	mushkil
difícil, complexo (adj)	कठिन	kathin

direito (lado ~)	दायां	dāyān
distante (adj)	दूर	dūr
diverso (adj)	विभिन्न	vibhinn
doce (açucarado)	मीठा	mītha
doce (água)	ताज़ा	tāza

doente (adj)	बीमार	bīmār
duro (material ~)	कड़ा	kara
educado (adj)	विनम्र	vinamr

encantador (agradável)	दयालु	dayālu
enigmático (adj)	रहस्यपूर्ण	rahasyapūrn
enorme (adj)	विशाल	vishāl
escuro (quarto ~)	अंधेरा	andhera
especial (adj)	ख़ास	khās
esquerdo (lado ~)	बायाँ	bāyān
estrangeiro (adj)	विदेश	videsh
estreito (adj)	तंग	tang
exato (montante ~)	ठीक	thīk
excelente (adj)	उत्कृष्ट	utkrsht
excessivo (adj)	अत्यधिक	atyadhik
externo (adj)	बाहरी	bāharī
fácil (adj)	आसान	āsān
faminto (adj)	भूखा	bhūkha
fechado (adj)	बंद	band
feliz (adj)	प्रसन्न	prasann
fértil (terreno ~)	उपजाऊ	upajaū
forte (pessoa ~)	शक्तिशाली	shaktishālī
fraco (luz ~a)	धुंधला	dhundhala
frágil (adj)	नाज़ुक	nāzuk
fresco (pão ~)	ताज़ा	tāza
fresco (tempo ~)	ठंडा	thanda
frio (adj)	ठंडा	thanda
gordo (alimentos ~s)	चरबीला	charabīla
gostoso, saboroso (adj)	मज़ेदार	mazedār
grande (adj)	बड़ा	bara
gratuito, grátis (adj)	मुफ़्त	muft
grosso (camada ~a)	मोटा	mota
hostil (adj)	शत्रुतापूर्ण	shatrutāpūrn

251. Modificadores. Adjetivos. Parte 2

igual (adj)	समान	samān
imóvel (adj)	अचल	achal
importante (adj)	महत्वपूर्ण	mahatvapūrn
impossível (adj)	असंभव	asambhav
incompreensível (adj)	समझ से बाहर	samajh se bāhar
indigente (muito pobre)	गरीब	garīb
indispensável (adj)	ज़रूरी	zarūrī
inexperiente (adj)	अनुभवहीन	anubhavahīn
infantil (adj)	बच्चों का	bachchon ka
ininterrupto (adj)	निरंतर	nirantar
insignificante (adj)	महत्वहीन	mahatvahīn
inteiro (completo)	पूरा	pūra
inteligente (adj)	बुद्धिमान	buddhimān
interno (adj)	आंतरिक	āntarik
jovem (adj)	जवान	javān

largo (caminho ~)	चौड़ा	chaura
legal (adj)	कानूनी	kānūnī
leve (adj)	हल्का	halka

limitado (adj)	सीमित	sīmit
limpo (adj)	साफ़	sāf
líquido (adj)	तरल	taral
liso (adj)	समतल	samatal
liso (superfície ~a)	समतल	samatal

livre (adj)	मुक्त	mukt
longo (ex. cabelo ~)	लंबा	lamba
maduro (ex. fruto ~)	पक्का	pakka
magro (adj)	दुबला	dubala
mais próximo (adj)	निकटतम	nikatatam

mais recente (adj)	बीता हुआ	bīta hua
mate (adj)	मैट	mait
mau (adj)	बुरा	bura
meticuloso (adj)	सुव्यवस्थित	suvvavasthit
míope (adj)	निकटदर्शी	nikatadarshī

mole (adj)	नरम	naram
molhado (adj)	भीगा	bhīga
moreno (adj)	काले मुँख का	kāle munkh ka
morto (adj)	मृत	mrt
muito magro (adj)	पतला	patala

não difícil (adj)	आसान	āsān
não é clara (adj)	धुंधला	dhundhala
não muito grande (adj)	बड़ा नहीं	bara nahin
natal (país ~)	देसी	desī
necessário (adj)	ज़रूरी	zarūrī

negativo (resposta ~a)	नकारात्मक	nakārātmak
nervoso (adj)	बेचैन	bechain
normal (adj)	साधारण	sādhāran
novo (adj)	नया	naya
o mais importante (adj)	सबसे महत्वपूर्ण	sabase mahatvapūrn

obrigatório (adj)	अनिवार्य	anivāry
original (incomum)	मूल	mūl
passado (adj)	पिछला	pichhala
pequeno (adj)	छोटा	chhota
perigoso (adj)	खतरनाक	khataranāk

permanente (adj)	स्थायी	sthāyī
perto (adj)	निकट	nikat
pesado (adj)	भारी	bhārī
pessoal (adj)	व्यक्तिगत	vyaktigat
plano (ex. ecrã ~ a)	सपाट	sapāt

pobre (adj)	गरीब	garīb
pontual (adj)	ठीक	thīk
possível (adj)	संभव	sambhav
pouco fundo (adj)	उथला	uthala

presente (ex. momento ~)	वर्तमान	vartamān
primeiro (principal)	मूल	mūl
principal (adj)	मुख्य	mukhy
privado (adj)	निजी	nijī
provável (adj)	मुमकिन	mumakin
próximo (adj)	समीप	samīp
público (adj)	सार्वजनिक	sārvajanik
quente (cálido)	गरम	garam
quente (morno)	गरम	garam
rápido (adj)	तेज़	tez
raro (adj)	असाधारण	asādhāran
remoto, longínquo (adj)	सुदूर	sudūr
reto (linha ~a)	सीधा	sīdha
salgado (adj)	नमकीन	namakīn
satisfeito (adj)	संतुष्ट	santusht
seco (roupa ~a)	सूखा	sūkha
seguinte (adj)	अगला	agala
seguro (não perigoso)	सुरक्षित	surakshit
similar (adj)	मिलता-जुलता	milata-julata
simples (fácil)	सरल	saral
soberbo, perfeito (adj)	उत्तम	uttam
sólido (parede ~a)	मज़बूत	mazabūt
sombrio (adj)	विषादपूर्ण	vishādapūrn
sujo (adj)	मैला	maila
superior (adj)	उच्चतम	uchchatam
suplementar (adj)	अतिरिक्त	atirikt
tranquilo (adj)	शांत	shānt
transparente (adj)	पारदर्शी	pāradarshī
triste (pessoa)	उदास	udās
triste (um ar ~)	उदास	udās
último (adj)	आखिरी	ākhirī
úmido (adj)	नमी	namī
único (adj)	अद्वितीय	advitīy
usado (adj)	इस्तेमाल किया हुआ	istemāl kiya hua
vazio (meio ~)	खाली	khālī
velho (adj)	पुराना	purāna
vizinho (adj)	पड़ोस	paros

500 VERBOS PRINCIPAIS

252. Verbos A-B

abraçar (vt)	गले लगाना	gale lagāna
abrir (vt)	खोलना	kholana
acalmar (vt)	शांत करना	shānt karana
acariciar (vt)	सहलाना	sahalāna
acenar (com a mão)	हाथ हिलाना	hāth hilāna
acender (~ uma fogueira)	जलाना	jalāna
achar (vt)	सोचना	sochana
acompanhar (vt)	साथ चलना	sāth chalana
aconselhar (vt)	सलाह देना	salāh dena
acordar, despertar (vt)	जगाना	jagāna
acrescentar (vt)	और डालना	aur dālana
acusar (vt)	आरोप लगाना	ārop lagāna
adestrar (vt)	सधाना	sadhāna
adivinhar (vt)	अनुमान लगाना	anumān lagāna
admirar (vt)	सराहना	sarāhana
adorar (~ fazer)	अच्छा लगना	achchha lagana
advertir (vt)	चेतावनी देना	chetāvanī dena
afirmar (vt)	स्वीकार करना	svīkār karana
afogar-se (vr)	डूबना	dūbana
afugentar (vt)	भगा देना	bhaga dena
agir (vi)	करना	karana
agitar, sacudir (vt)	हिलाना	hilāna
agradecer (vt)	धन्यवाद देना	dhanyavād dena
ajudar (vt)	मदद करना	madad karana
alcançar (objetivos)	पाना	pāna
alimentar (dar comida)	खिलाना	khilāna
almoçar (vi)	भोजन करना	bhojan karana
alugar (~ o barco, etc.)	किराये पर लेना	kirāye par lena
alugar (~ um apartamento)	किराए पर लेना	kirae par lena
amar (pessoa)	प्यार करना	pyār karana
amarrar (vt)	बाँधना	bāndhana
ameaçar (vt)	धमकाना	dhamakāna
amputar (vt)	अंगविच्छेद करना	angavichchhed karana
anotar (escrever)	लिख लेना	likh lena
anotar (escrever)	लिखना	likhana
anular, cancelar (vt)	रद्द करना	radd karana
apagar (com apagador, etc.)	साफ़ करना	sāf karana
apagar (um incêndio)	बुझाना	bujhāna

apaixonar-se ...	प्रेम में पड़ना	prem men parana
aparecer (vi)	सामने आना	sāmane āna
aplaudir (vi)	तालियां बजाना	tāliyān bajāna

apoiar (vt)	समर्थन करना	samarthan karana
apontar para ...	निशाना लगाना	nishāna lagāna
apresentar (alguém a alguém)	परिचय कराना	parichay karāna
apresentar (Gostaria de ~)	प्रस्तुत करना	prastut karana

apressar (vt)	जल्दी करना	jaldī karana
apressar-se (vr)	जल्दी करना	jaldī karana
aproximar-se (vr)	पास आना	pās āna
aquecer (vt)	गरमाना	garamāna

arrancar (vt)	फाड़ना	fārana
arranhar (vt)	खरोंचना	kharonchana
arrepender-se (vr)	अफ़सोस करना	afasos karana
arriscar (vt)	जोखिम उठाना	jokhim uthāna

arrumar, limpar (vt)	साफ़ करना	sāf karana
aspirar a ...	... की महत्त्वाकांक्षा करना	... kī mahattvākānksha karana

assinar (vt)	हस्ताक्षर करना	hastākshar karana
assistir (vt)	मदद करना	madad karana
atacar (vt)	हमला करना	hamala karana

atar (vt)	बांधना	bāndhana
atracar (vi)	किनारे लगाना	kināre lagāna
aumentar (vi)	बढ़ना	barhana
aumentar (vt)	बढ़ाना	barhāna

avançar (vi)	आगे बढ़ना	āge barhana
avistar (vt)	देख लेना	dekh lena
baixar (guindaste, etc.)	नीचे करना	nīche karana
barbear-se (vr)	शेव करना	shev karana
basear-se (vr)	आधारित होना	ādhārit hona

bastar (vi)	बहुत हो जाना	bahut ho jāna
bater (à porta)	खटखटाना	khatakhatāna
bater (espancar)	पीटना	pītana
bater-se (vr)	झगड़ना	jhagarana

beber, tomar (vt)	पीना	pīna
brilhar (vi)	चमकना	chamakana
brincar, jogar (vi, vt)	खेलना	khelana
buscar (vt)	तलाश करना	talāsh karana

253. Verbos C-D

caçar (vi)	शिकार करना	shikār karana
calar-se (parar de falar)	चुप होना	chup hona
calcular (vt)	गिनना	ginana
carregar (o caminhão, etc.)	लादना	lādana

carregar (uma arma)	भरना	bharana
casar-se (vr)	शादी करना	shādī karana
causar (vt)	की वजह होना	kī vajah hona
cavar (vt)	खोदना	khodana

ceder (não resistir)	मान जाना	mān jāna
cegar, ofuscar (vt)	अंधा करना	andha karana
censurar (vt)	ताने देना	tāne dena
chamar (~ por socorro)	बुलाना	bulāna

chamar (alguém para ...)	बुलाना	bulāna
chegar (a algum lugar)	पहुंचना	pahunchana
chegar (vi)	पहुंचना	pahunchana
cheirar (~ uma flor)	सूंघना	sūnghana

cheirar (tem o cheiro)	गंध देना	gandh dena
chorar (vi)	रोना	rona
citar (vt)	उद्धत करना	uddhat karana
colher (flores)	तोड़ना	torana

colocar (vt)	रखना	rakhana
combater (vi, vt)	झगड़ना	jhagarana
começar (vt)	शुरू करना	shurū karana
comer (vt)	खाना	khāna
comparar (vt)	तुलना करना	tulana karana

compensar (vt)	क्षतिपूर्ति करना	kshatipūrti karana
competir (vi)	प्रतियोगिता करना	pratiyogita karana
complicar (vt)	उलझाना	ulajhāna
compor (~ música)	रचना	rachana

comportar-se (vr)	बरताव करना	baratāv karana
comprar (vt)	खरीदना	kharīdana
comprometer (vt)	समझौता करना	samajhauta karana
concentrar-se (vr)	ध्यान देना	dhyān dena
concordar (dizer "sim")	राज़ी होना	rāzī hona

condecorar (dar medalha)	पुरस्कार देना	puraskār dena
confessar-se (vr)	मानना	mānana
confiar (vt)	यकीन करना	yakīn karana
confundir (equivocar-se)	उलट-पलट करना	ulat-palat karana
conhecer (vt)	जानना	jānana

conhecer-se (vr)	परिचय करना	parichay karana
consertar (vt)	ठीक करना	thīk karana
consultar ...	सलाह करना	salāh karana
contagiar-se com ...	छूत का रोग लगना	chhūt ka rog lagana

contar (vt)	बताना	batāna
contar com ...	भरोसा रखना	bharosa rakhana
continuar (vt)	जारी रखना	jārī rakhana
contratar (vt)	काम पर रखना	kām par rakhana

controlar (vt)	नियंत्रित करना	niyantrit karana
convencer (vt)	यकीन दिलाना	yakīn dilāna
convidar (vt)	आमंत्रित करना	āmantrit karana

cooperar (vi)	सहयोग करना	sahayog karana
coordenar (vt)	समन्वय करना	samanvay karana
corar (vi)	चेहरा लाल होना	chehara lāl hona
correr (vi)	दौड़ना	daurana
corrigir (~ um erro)	ठीक करना	thīk karana
cortar (com um machado)	काटना	kātana
cortar (com uma faca)	काटना	kātana
cozinhar (vt)	बनाना	banāna
crer (pensar)	विश्वास करना	vishvās karana
criar (vt)	बनाना	banāna
cultivar (~ plantas)	उगाना	ugāna
cuspir (vi)	थूकना	thūkana
custar (vt)	दाम होना	dām hona
dar banho, lavar (vt)	नहाना	nahāna
datar (vi)	तारीख़ डालना	tārīkh dālana
decidir (vt)	फ़ैसला करना	faisala karana
decorar (enfeitar)	सजाना	sajāna
dedicar (vt)	अर्पित करना	arpit karana
defender (vt)	रक्षा करना	raksha karana
defender-se (vr)	रक्षा करना	raksha karana
deixar (~ a mulher)	छोड़ना	chhorana
deixar (esquecer)	छोड़ना	chhorana
deixar (permitir)	अनुमति देना	anumati dena
deixar cair (vt)	गिराना	girāna
denominar (vt)	नाम देना	nām dena
denunciar (vt)	आरोप लगाना	ārop lagāna
depender de ...	निर्भर होना	nirbhar hona
derramar (~ líquido)	छलकाना	chhalakāna
desaparecer (vi)	गायब होना	gāyab hona
desatar (vt)	ढीला करना	dhīla karana
desatracar (vi)	फेंक देना	fenk dena
descansar (um pouco)	आराम करना	ārām karana
descer (para baixo)	उतरना	utarana
descobrir (novas terras)	खोजना	khojana
descolar (avião)	उड़ना	urana
desculpar (vt)	माफ़ी देना	māfī dena
desculpar-se (vr)	माफ़ी मांगना	māfī māngana
desejar (vt)	चाहना	chāhana
desempenhar (papel)	अभिनय करना	abhinay karana
desligar (vt)	बुझाना	bujhāna
desprezar (vt)	नफ़रत करना	nafarat karana
destruir (documentos, etc.)	तबाह करना	tabāh karana
dever (vi)	ज़रूर	zarūr
devolver (vt)	वापस भेजना	vāpas bhejana
direcionar (vt)	रास्ता बताना	rāsta batāna
dirigir (~ um carro)	कार चलाना	kār chalāna

dirigir (~ uma empresa)	नेतृत्व करना	netrtv karana
dirigir-se	संबोधित करना	sambodhit karana
(a um auditório, etc.)		
discutir (notícias, etc.)	वाद-विवाद करना	vād-vivād karana
disparar, atirar (vi)	गोली चलाना	golī chalāna
distribuir (folhetos, etc.)	बाँटना	bāntana
distribuir (vt)	बांटना	bāntana
divertir (vt)	मन बहलाना	man bahalāna
divertir-se (vr)	आनंद उठाना	ānand uthāna
dividir (mat.)	विभाजित करना	vibhājit karana
dizer (vt)	कहना	kahana
dobrar (vt)	दुगुना करना	duguna karana
duvidar (vt)	शक करना	shak karana

254. Verbos E-J

elaborar (uma lista)	संकलन करना	sankalan karana
elevar-se acima de ...	ऊँचा होना	ūncha hona
eliminar (um obstáculo)	हटाना	hatāna
embrulhar (com papel)	लपेटना	lapetana
emergir (submarino)	पानी की सतह पर आना	pānī kī satah par āna
emitir (~ cheiro)	निकलना	nikalana
empreender (vt)	ज़िम्मेदारी लेना	zimmedārī lena
empurrar (vt)	धकेलना	dhakelana
encabeçar (vt)	संचालन करना	sanchālan karana
encher (~ a garrafa, etc.)	भरना	bharana
encontrar (achar)	ढूंढ लेना	dhūnrh lena
enganar (vt)	धोखा देना	dhokha dena
ensinar (vt)	सीखाना	sīkhāna
entediar-se (vr)	ऊबना	ūbana
entender (vt)	समझना	samajhana
entrar (na sala, etc.)	अंदर आना	andar āna
enviar (uma carta)	भेजना	bhejana
equipar (vt)	तैयारी करना	taiyārī karana
errar (enganar-se)	ग़लती करना	galatī karana
escolher (vt)	चुनना	chunana
esconder (vt)	छिपाना	chhipāna
escrever (vt)	लिखना	likhana
escutar (vt)	सुनना	sunana
escutar atrás da porta	छिपकर सुनना	chhipakar sunana
esmagar (um inseto, etc.)	कुचलना	kuchalana
esperar (aguardar)	इंतज़ार करना	intazār karana
esperar (contar com)	आशा करना	āsha karana
esperar (ter esperança)	आशा रखना	āsha rakhana
espreitar (vi)	छिपकर देखना	chhipakar dekhana
estar	रखा होना	rakha hona

estar convencido	यकीन आना	yakīn āna
estar deitado	लेटना	letana
estar perplexo	सटपटाना	satapatāna
estar preocupado	फ़िक्र होना	fikr hona
estar sentado	बैठना	baithana
estremecer (vi)	सिहर जाना	sihar jāna
estudar (vt)	पढ़ना	parhana
evitar (~ o perigo)	टालना	tālana
examinar (~ uma proposta)	विचार करना	vichār karana
exigir (vt)	माँगना	māngana
existir (vi)	होना	hona
explicar (vt)	समझाना	samajhāna
expressar (vt)	प्रकट करना	prakat karana
expulsar (~ da escola, etc.)	बर्ख़ास्त करना	barakhāst karana
facilitar (vt)	आसान बनाना	āsān banāna
falar com ...	से कहना	se kahana
faltar (a la escuela, etc.)	ग़ैरहाजिर होना	gairahājir hona
fascinar (vt)	मोहना	mohana
fatigar (vt)	थकाना	thakāna
fazer (vt)	करना	karana
fazer lembrar	याद दिलाना	yād dilāna
fazer piadas	मज़ाक करना	mazāk karana
fazer publicidade	विज्ञापन देना	vigyāpan dena
fazer uma tentativa	कोशिश करना	koshish karana
fechar (vt)	बंद करना	band karana
felicitar (vt)	बधाई देना	badhaī dena
ficar cansado	थकना	thakana
ficar em silêncio	चुप रहना	chup rahana
ficar pensativo	ख़्यालों में गुम रहना	khyālon men gum rahana
forçar (vt)	विवश करना	vivash karana
formar (vt)	बनाना	banāna
gabar-se (vr)	डींग मारना	dīng mārana
garantir (vt)	गारंटी देना	gārantī dena
gostar (apreciar)	अच्छा लगना	achchha lagana
gritar (vi)	चिल्लाना	chillāna
guardar (fotos, etc.)	रखना	rakhana
guardar (no armário, etc.)	रख देना	rakh dena
guerrear (vt)	युद्ध करना	yuddh karana
herdar (vt)	उत्तराधिकार में पाना	uttarādhikār men pāna
iluminar (vt)	प्रकाश करना	prakāsh karana
imaginar (vt)	सोचना	sochana
imitar (vt)	नकल करना	nakal karana
implorar (vt)	प्रार्थना करके मनाना	prārthana karake manāna
importar (vt)	आयात करना	āyāt karana
indicar (~ o caminho)	दिखाना	dikhāna
indignar-se (vr)	गुस्से में आना	gusse men āna

infetar, contagiar (vt)	संक्रमित करना	sankramit karana
influenciar (vt)	असर डालना	asar dālana
informar (~ a policia)	बताना	batāna
informar (vt)	ख़बर देना	khabar dena
informar-se (~ sobre)	जानकारी पाना	jānakārī pāna
inscrever (na lista)	दर्ज करना	darj karana
inserir (vt)	डालना	dālana
insinuar (vt)	इशारा करना	ishāra karana
insistir (vi)	आग्रह करना	āgrah karana
inspirar (vt)	प्रेरित करना	prerit karana
instruir (ensinar)	निर्देश देना	nirdesh dena
insultar (vt)	अपमान करना	apamān karana
interessar (vt)	रुचि लेना	ruchi lena
interessar-se (vr)	रुचि लेना	ruchi lena
intervir (vi)	घुलना-मिलना	ghulana-milana
invejar (vt)	ईर्ष्या करना	īrshya karana
inventar (vt)	आविष्कार करना	āvishkār karana
ir (a pé)	जाना	jāna
ir (de carro, etc.)	जाना	jāna
ir nadar	तैरना	tairana
ir para a cama	सोने जाना	sone jāna
irritar (vt)	नाराज़ करना	nārāz karana
irritar-se (vr)	नाराज़ होना	nārāz hona
isolar (vt)	अलग करना	alag karana
jantar (vi)	भोजन करना	bhojan karana
jogar, atirar (vt)	फेंकना	fenkana
juntar, unir (vt)	संयुक्त करना	sanyukt karana
juntar-se a ...	जुड़ना	jurana

255. Verbos L-P

lançar (novo projeto, etc.)	शुरू करना	shurū karana
lavar (vt)	धोना	dhona
lavar a roupa	धोना	dhona
lavar-se (vr)	नहाना	nahāna
lembrar (vt)	याद करना	yād karana
ler (vt)	पढ़ना	parhana
levantar-se (vr)	उठना	uthana
levar (ex. leva isso daqui)	ले जाना	le jāna
libertar (cidade, etc.)	आज़ाद करना	āzād karana
ligar (~ o radio, etc.)	चलाना	chalāna
limitar (vt)	पाबंदी लगाना	pābandī lagāna
limpar (eliminar sujeira)	साफ़ करना	sāf karana
limpar (tirar o calcário, etc.)	साफ़ करना	sāf karana
lisonjear (vt)	चापलूसी करना	chāpalūsī karana
livrar-se de ...	छुटकारा पान	chhutakāra pān

lutar (combater)	लड़ना	larana
lutar (esporte)	कुश्ती लड़ना	kushtī larana
marcar (com lápis, etc.)	चिह्न लाना	chihn lāna
matar (vt)	मारना	mārana
memorizar (vt)	याद करना	yād karana
mencionar (vt)	उल्लेख करना	ullekh karana
mentir (vi)	झूठ बोलना	jhūth bolana
merecer (vt)	लायक होना	lāyak hona
mergulhar (vi)	गोता मारना	gota mārana
misturar (vt)	मिलाना	milāna
morar (vt)	रहना	rahana
mostrar (vt)	दिखाना	dikhāna
mover (vt)	सरकाना	sarakāna
mudar (modificar)	बदलना	badalana
multiplicar (mat.)	गुणा करना	guna karana
nadar (vi)	तैरना	tairana
negar (vt)	नकारना	nakārana
negociar (vi)	वार्ता करना	vārtta karana
nomear (função)	तय करना	tay karana
obedecer (vt)	मानना	mānana
objetar (vt)	एतराज़ करना	etarāz karana
observar (vt)	देखना	dekhana
ofender (vt)	नाराज़ करना	nārāz karana
olhar (vt)	देखना	dekhana
omitir (vt)	छोड़ना	chhorana
ordenar (mil.)	हुक्म देना	hukm dena
organizar (evento, etc.)	आयोजित करना	āyojit karana
ousar (vt)	साहस करना	sāhas karana
ouvir (vt)	सुनना	sunana
pagar (vt)	दाम चुकाना	dām chukāna
parar (para descansar)	रुकना	rukana
parar, cessar (vt)	बंद करना	band karana
parecer-se (vr)	मिलता-जुलता होना	milata-julata hona
participar (vi)	भाग लेना	bhāg lena
partir (~ para o estrangeiro)	चला जाना	chala jāna
passar (vt)	गुज़रना	guzarana
passar a ferro	इस्तरी करना	istarī karana
pecar (vi)	पाप करना	pāp karana
pedir (comida)	ऑर्डर करना	ordar karana
pedir (um favor, etc.)	कहना	kahana
pegar (tomar com a mão)	पकड़ना	pakarana
pegar (tomar)	लेना	lena
pendurar (cortinas, etc.)	टांगना	tāngana
penetrar (vt)	घुसना	ghusana
pensar (vi, vt)	सोचना	sochana
pentear-se (vr)	अपने बालों में कंघी करना	apane bālon men kanghī karana

perceber (ver)	देखना	dekhana
perder (o guarda-chuva, etc.)	खोना	khona
perdoar (vt)	क्षमा करना	kshama karana
permitir (vt)	अनुमति देना	anumati dena
pertencer a ...	स्वामी होना	svāmī hona
perturbar (vt)	बाधा डालना	bādha dālana
pesar (ter o peso)	वज़न करना	vazan karana
pescar (vt)	मछली पकड़ना	machhalī pakarana
planejar (vt)	योजना बनाना	yojana banāna
poder (~ fazer algo)	सकना	sakana
pôr (posicionar)	रखना	rakhana
possuir (uma casa, etc.)	रखना	rakhana
predominar (vi, vt)	विजयी होना	vijayī hona
preferir (vt)	तरजीह देना	tarajīh dena
preocupar (vt)	परेशान करना	pareshān karana
preocupar-se (vr)	परेशान होना	pareshān hona
preparar (vt)	तैयार करना	taiyār karana
preservar (ex. ~ a paz)	बचाना	bachāna
prever (vt)	भविष्य देखना	bhavishy dekhana
privar (vt)	वंचित करना	vanchit karana
proibir (vt)	मना करना	mana karana
projetar, criar (vt)	डिज़ाइन बनाना	dizain banāna
prometer (vt)	वचन देना	vachan dena
pronunciar (vt)	उच्चारण करना	uchchāran karana
propor (vt)	प्रस्ताव करना	prastāv karana
proteger (a natureza)	रक्षा करना	raksha karana
protestar (vi)	विरोध करना	virodh karana
provar (~ a teoria, etc.)	साबित करना	sābit karana
provocar (vt)	उकसाना	ukasāna
punir, castigar (vt)	सज़ा देना	saza dena
puxar (vt)	खींचना	khīnchana

256. Verbos Q-Z

quebrar (vt)	तोड़ना	torana
queimar (vt)	जलाना	jalāna
queixar-se (vr)	शिकायत करना	shikāyat karana
querer (desejar)	चाहना	chāhana
rachar-se (vr)	चीर पड़ना	chīr parana
ralhar, repreender (vt)	डाँटना	dāntana
realizar (vt)	पूरा करना	pūra karana
recomendar (vt)	सिफ़ारिश करना	sifārish karana
reconhecer (identificar)	पहचानना	pahachānana
reconhecer (o erro)	मानना	mānana
recordar, lembrar (vt)	याद करना	yād karana

recuperar-se (vr)	ठीक हो जाना	thīk ho jāna
recusar (~ alguém)	इन्कार करना	inkār karana
reduzir (vt)	कम करना	kam karana
refazer (vt)	दोबारा करना	dobāra karana
reforçar (vt)	दृढ़ करना	drrh karana
refrear (vt)	रोकना	rokana
regar (plantas)	सींचना	sīnchana
remover (~ uma mancha)	धब्बा मिटाना	dhabba mitāna
reparar (vt)	ठीक करना	thīk karana
repetir (dizer outra vez)	दोहराना	doharāna
reportar (vt)	रिपोर्ट करना	riport karana
reservar (~ um quarto)	बुक करना	buk karana
resolver (o conflito)	सुलझाना	sulajhāna
resolver (um problema)	हल करना	hal karana
respirar (vi)	साँस लेना	sāns lena
responder (vt)	जवाब देना	javāb dena
rezar, orar (vi)	दुआ देना	dua dena
rir (vi)	हसना	hansana
romper-se (corda, etc.)	फटना	fatana
roubar (vt)	चुराना	churāna
saber (vt)	मालूम होना	mālūm hona
sair (~ de casa)	बाहर जाना	bāhar jāna
sair (ser publicado)	छापना	chhāpana
salvar (resgatar)	बचाना	bachāna
satisfazer (vt)	संतुष्ट करना	santusht karana
saudar (vt)	स्वागत करना	svāgat karana
secar (vt)	सुखाना	sukhāna
seguir (~ alguém)	पीछे जाना	pīchhe jāna
selecionar (vt)	चुनना	chunana
semear (vt)	बोना	bona
sentar-se (vr)	बैठ जाना	baith jāna
sentenciar (vt)	सज़ा देना	saza dena
sentir (vt)	महसूस करना	mahasūs karana
ser diferente	फ़र्क़ होना	fark hona
ser indispensável	ज़रूरी होना	zarūrī hona
ser necessário	आवश्यक होना	āvashyak hona
ser preservado	बचाना	bachāna
ser, estar	होना	hona
servir (restaurant, etc.)	सेवा करना	seva karana
servir (roupa, caber)	फिट करना	fit karana
significar (palavra, etc.)	अर्थ होना	arth hona
significar (vt)	अर्थ बताना	arth batāna
simplificar (vt)	सरल बनाना	saral banāna
sofrer (vt)	सहना	sahana
sonhar (~ com)	सपने देखना	sapane dekhana
sonhar (ver sonhos)	सपना देखना	sapana dekhana

| soprar (vi) | फूंकना | fūnkana |
| sorrir (vi) | मुस्कुराना | muskurāna |

subestimar (vt)	कम आंकना	kam ānkana
sublinhar (vt)	रेखांकित करना	rekhānkit karana
sujar-se (vr)	मैला होना	maila hona
superestimar (vt)	ज़्यादा आंकना	zyāda ānkana

supor (vt)	अंदाज़ा लगाना	andāza lagāna
suportar (as dores)	सहना	sahana
surpreender (vt)	हैरान करना	hairān karana
surpreender-se (vr)	हैरान होना	hairān hona

suspeitar (vt)	शक करना	shak karana
suspirar (vi)	आह भरना	āh bharana
tentar (~ fazer)	कोशिश करना	koshish karana
ter (vt)	होना	hona

ter medo	डरना	darana
terminar (vt)	ख़त्म करना	khatm karana
tirar (vt)	हटाना	hatāna
tirar cópias	ज़ीरोक्स करना	zīroks karana

tirar fotos, fotografar	फ़ोटो खींचना	foto khīnchana
tirar uma conclusão	नतीजा निकालना	natīja nikālana
tocar (com as mãos)	छूना	chhūna
tomar café da manhã	नाश्ता करना	nāshta karana

tomar emprestado	कर्ज़ लेना	karz lena
tornar-se (ex. ~ conhecido)	हो जाना	ho jāna
trabalhar (vi)	काम करना	kām karana
traduzir (vt)	अनुवाद करना	anuvād karana
transformar (vt)	रूप बदलना	rūp badalana

tratar (a doença)	इलाज कराना	ilāj karāna
trazer (vt)	लाना	lāna
treinar (vt)	प्रशिक्षित करना	prashikshit karana
treinar-se (vr)	प्रशिक्षण करना	prashikshan karana
tremer (de frio)	कांपना	kāmpana

trocar (vt)	बदलना	badalana
trocar, mudar (vt)	बदलाना	badalāna
usar (uma palavra, etc.)	उपयोग करना	upayog karana
utilizar (vt)	उपयोग करना	upayog karana

vacinar (vt)	टीका लगाना	tīka lagāna
vender (vt)	बेचना	bechana
verter (encher)	डालना	dālana
vingar (vt)	बदला लेना	badala lena
virar (~ para a direita)	मोड़ना	morana

virar (pedra, etc.)	उलटना	ulatana
virar as costas	मुड़ना	murana
viver (vi)	जीना	jīna
voar (vi)	उड़ना	urana
voltar (vi)	लौटाना	lautāna

votar (vi)	मतदान डालना	matadān dālana
zangar (vt)	क्रोध में लाना	krodh men lāna
zangar-se com …	क्रोध में आना	krodh men āna
zombar (vt)	मज़ाक उड़ाना	mazāk urāna

www.ingramcontent.com/pod-product-compliance
Lightning Source LLC
Chambersburg PA
CBHW062052080426
42734CB00012B/2622